全国高等院校学生素质提升系列教材
全国大学生就业能力训练系列教材
全国企事业单位职工职业能力提升教材

职业生涯规划

主　编：许湘岳　　黄东斌

副主编：焦莹莹　　林泽慧　　文智勇

编　者：郭小燕　　王　璐　　李　萌

　　　　林壬璇　　邢　丽　　周　琳

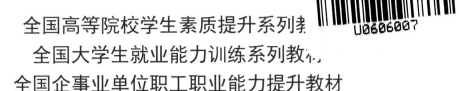

人民出版社

责任编辑：靳 丽 宫 共

责任校对：吕 飞

图书在版编目（CIP）数据

职业生涯规划/许湘岳，黄东斌 主编． -北京：人民出版社，2017.4（2020.6 重印）
ISBN 978-7-01-017476-1

Ⅰ.①职…　Ⅱ.①许…　②黄…　Ⅲ.①职业选择-高等职业教育-教材　Ⅳ.①G717.38
中国版本图书馆CIP数据核字（2017）第054019号

职业生涯规划

ZHIYE SHENGYA GUIHUA

许湘岳　黄东斌　主编

焦莹莹　林泽慧　文智勇　副主编

人 民 出 版 社　出版发行

（100706　北京市东城区隆福寺街99号）

北京市通州兴龙印刷厂印刷　　新华书店经销
2017年4月第1版　2020年6月北京第5次印刷
开本：787×1092毫米　1/16印张：18.25
字数：440千字
ISBN 978-7-01-017476-1 定价：39.00元
邮购地址 100706 北京市东城区隆福寺街99号
人民东方图书销售中心　电话（010）65250042　65289539

官方微信：CVCC2006　　官方网站：www.cvcc.net.cn
教材订购电话：010-84824728　13910134319　邮箱：935491664@qq.com

前言
PREFACE

自 2010 年 5 月全国职业核心能力培训认证（CVCC）项目正式推广以来，我们已经先后编辑出版了《职业沟通教程》《团队合作教程》《自我管理教程》《礼仪训练教程》《创新创业教程》《解决问题教程》《信息处理教程》和《职业素养教程》等系列教材和《全国职业核心能力认证测试大纲》，逐步构建了完整的职业核心能力培训和认证体系。CVCC 项目也在全国数百所大中专院校和企业得到推广，迄今已有数万人次的教师接受了职业核心能力师资培训，每年 20 多万学生系统学习了职业核心能力课程，其中有很大一部分参加了CVCC 测评，并拿到了职业核心能力各模块的证书。职业核心能力理念逐步为广大教师、学生和企业所认可，并从中受益。

我们得到了很多一线教师、学生和企业人士的反馈，组织了相关专家对这些反馈进行了研讨，决定对已经出版的核心能力认证系列教材陆续进行修订和完善，并开发新的模块教材内容，我们试图为受训者提供更优质的教材。

此次新出版的《职业生涯规划》在理论体系、案例分析、训练活动、能力测评和表现形式几个方面进行了全新的探索。

职业生涯规划是每个即将就业和已就业人士要严肃思考的一个话题。

"我是谁？"

"我从哪里来？"

"我要去哪里？"

这是我们每一个个体甚至整个人类面临的最经典，又最难回答的问题。我们一直在苦苦追寻这些问题的答案。这些问题恐怕不是一两天就可以回答的，我们可能需要用一生的时间来寻求答案。

还是让我们来回答几个简单的问题吧。

"我们如何度过我们的一生？"

"如何打造我们的职业生涯？"

"如何获得职业的成功和人生的幸福？"

这都是我们每一个人都面临的实际问题。奥斯特洛夫斯基（1904—1936 年，俄国作家）说得好："人的一生应该这样度过：当回首往事的时候，他不会因为虚度年华而悔恨，也不会因为碌碌无为而羞愧。在临死的时候，他能够说：我的整个生命和全部精力，都已经献给了世界上最壮丽的事业——为人类的解放而斗争。"

是的，我们每一个人的努力都是在为全人类从繁重的劳动中解放出来，从时间、空间和资源等的制约中释放出来，同时也都是在为自己的解放、为自己的梦想而奉献。

　　300万年前一个非常不起眼的没有多大力量的物种，一直处于地球食物链的中低端，经过漫长进化和艰辛拼搏，直到十万年前，仍然看不出有什么制胜的迹象。但是，就从那时开始，这个物种——人类，突然大爆发，奋勇发力、坚强逆袭，一举登上了地球食物链的顶端。同样，作为个体的你，只要你有规划、有准备、有目标，你也可以达到"会当凌绝顶，一览众山小"的境界！

　　全球职场人士的偶像——沃伦·巴菲特（Warren Buffett，1930年生，美国著名投资人）的传记中提出过"子宫博彩"这个概念。意思是说，他生而有幸养育在美国妈妈的子宫里，生下来就有充分的机会通过努力实现他的美国梦，而如果生在其他落后国家，就没有那么幸运了。然而，时过境迁，发达国家与落后国家之间的这种"数字鸿沟"已慢慢在填平。如今，我们有幸生活在一个大国崛起、辉煌重现的进程中，这一进程为我们提供了千载难逢的机会，我们不要辜负了这个时代。抓住时机，建立自信，获取技能，完善自我，规划自己的人生以实现真正属于我们自己的中国梦！

　　是的，没有规划，就没有成功的事业和幸福的人生，那么，你准备好了吗？

许湘岳

高校毕业生就业协会核心能力分会秘书长

北京桑博国际教育科技有限公司董事长

2017年4月8日于北京

目　录
CONTENTS

导 读

　　人生的成功与否要以我们的职业生涯来衡量。上学、选专业和找工作都是为职业成功和人生幸福做准备。我们成年后至退休前的时间都是要在职业中度过的，职业生涯涵盖了人生精力最旺、效率最高的黄金时段。可以说，职业生涯阶段是人们生活中最重要的阶段。英国哲学家罗素说："选择职业是人生大事，因为职业决定了一个人的未来。……选择职业就是选择自己的未来。"（Choice of occupation is the major event in life,as a career decision for the future. ……The choice of occupation is to choose their own future.）

　　野蛮社会，环境早已为我们规划好了人生，甚至不用规划：爬树、采野果子、打猎，这就是我们的职业。草莽时代，即使你使出洪荒之力，我们也只能听天由命。

　　农耕社会，我们大部分人只能永久地挥汗如雨，辛勤劳作，面朝黄土背朝天。子承父业是我们绝大多数人的选择。但变化开始出现，也有可能是通过层层的科举选拔，成为秀才、举人，直至进士及第。此时，职场成功与人生幸福，更多是靠亲情和血缘关系。

　　工业社会，岗位与职业的变化日益增多，我们中的很多人可能具备某种技能，为生产线上某一产品装配螺丝，为某个电子产品接插电子元器件，这样成为"蓝领"；也有可能获得某种其他的技能，在办公室做设计、人力资源等，成为"白领"。

　　信息社会，科技发展日新月异，技能需求瞬息万变，物质极为丰富，我们不太需要像野蛮时代和农耕时代那样辛勤劳作。职位的变化日新月异，每一个人都有无限的潜能，驾驭自己、规划自己，在喧嚣多彩的世界中获取属于自己的那一片独享的小天地。只要你愿意，任何一个人都有可能成为自己想要成为的那个人。

　　世界上的职业超过两万种，由此而衍生出来的职业岗位就更是不计其数。人力资源专家发现，在这些职业中，有50种职业由50%的劳动者在从事；有250多种职业由86%的劳动者在从事；有1000多种职业由95%的劳动者在从事；而其余约19000种职业是从这1000多种职业派生演变而来的。从学校走向社会，职场新人面对一个全新的、未知的世界，我们只有以所选职业立足，它是我们生活的基础，同时，它更体现出每个人存在的价值。很多就业机构的调查显示，很大一部分学生对于自己将来的职业没有清晰的定位，不知道将来要干什么，抱着一种"车到山前必有路"的心态，没有具体的方向。职业的选择和生涯的规划是每一个人一定要做的事情，不然，我们就没有目标，你的力量就会分散在各个不确定的地方，而不会有任何结果。

一、变化的环境

　　我们处在一个急剧变化的年代。在我们刚进入大学的时候，某个职业还热火朝天，但经过几年的变化，它的岗位需求已大为下降。而它所依赖的产业环境也今非昔比。我们所处的形势就这样每天都给你提供不一样的信息。这就是新时代的特点，变化是永恒的，我们得有能力面对。

你的职业规划要跟得上环境的变化和发展趋势。下面这些工作环境的信息是在规划自己的职业和人生时，你必须要面对的，而且一定要理解的：

◆ 全国有 4300 万家企业，民营企业占 92%；全国有 7.79 亿就业人口，国营企业只有 0.63 亿就业人口，而民营企业解决了 92% 的就业压力。

◆ 成立不到 20 年的腾讯和阿里巴巴先后登顶亚洲市值最高公司的前两位。

◆ 现代金融极为发达国家曾苦苦追求的无现金支付，竟然在中国这个庞大的发展中国家率先取得令人瞩目的进展。各种支付软件和平台纷纷登场。很多年轻人甚至中老年人不带现金出门购物。2015 年开始，你完全可以过无现金的生活。

◆ 学习大学课程可以不进入大学，可汗学院等 MOOC 课程给你提供无穷的选择。只要你愿意，你就能学到你想学的任何东西。

◆ 2014 年，拿到 A 轮投资的企业高达 846 家，但到了 2015 年下半年它们之中绝大部分均已倒闭，剩下的也是半死不活。

◆ "勤劳辛苦"不等于"敬业"。盖洛普公司（Gallup Consulting）调查发现，2012 年全球雇员敬业的比例仅为 13%，而中国远远低于世界水平，只有 6%。只有 7% 的本科学历员工敬业，与 5% 的小学教育程度以下的员工敬业相比，两者差不多。

◆ 随着网络购物越来越流行，实体店铺的利润越来越低，以致大量倒闭。

◆ 2015 年美国和日本的成年人年平均阅读量分别是 25 本书和 18 本书，而中国是 4.58 本书。

◆ 一个职业人一生中平均有 5 次职业变化，有的人达到 10 次甚至更多。

◆ 2016 年，中国高铁里程达到 20000 公里，占全世界高铁里程 50% 以上。

◆ 美国彭博社（Bloomberg News）称，中国每年过劳死人数达 60 万人。分析人士认为，中国人过劳死的原因很大程度上受"不顾健康追求财富"的社会潮流影响。

◆ "网红"是现在很多年轻人的梦想。2016 年，网红经济与电商的结合产生爆发性效应。人气火爆的网红主播既能在虚拟世界里赢得"粉丝"青睐，又在现实中赚得钵满盆满。技术革新降低了网红准入门槛，把一些原处于边缘位置的网络文化带入大众视野。

这是一个充满机会和挑战的时代，我们中的很多人对这个时代以及它的环境带给我们的可能性估计不足，缺乏了解。但是，为在这个日益变化的环境中生存并获取成功而做好准备是必需的，也是有用的。了解自己，了解他人，利用资源和机遇，建立人生的自信，去开拓属于你自己的成功的职业与人生吧！

二、生涯规划的起源和发展

生涯规划的概念最先来源于美国。

1. 帕森斯的生涯规划的概念

1908 年，弗兰克·帕森斯（Frank Parsons）在波士顿某一个社区的一栋住宅里创建了职业局，来帮助求职者认识自己的个性、调查就业状况，选择职业机会。他提出了人们正确选择职业应遵循"人职匹配论"（Person-vocation Theory）。帕森斯的做法其实比一百多年后我们中的许多人的做法都要先进，他的咨询内容包括三个步骤：

（1）评估兴趣、技能、价值观、目标、背景和资源；

（2）考察学校学习、业余培训、就业机会和各种职业机会；

（3）基于前两个阶段的信息，做出最佳的决策。

一百多年来的发展可谓"两岸猿声啼不住，轻舟已过万重山"。社会、经济、环境的变化已深深地影响到我们每一个人的生活和工作，职业生涯规划有了极大的发展。如今，职业生涯规划的专家们认为，职业生涯不仅仅是一份职业或一个工作，它也是决定人们如何生活的、贯穿一生的过程。

2. 其他生涯规划和人格认知理论

在帕森斯之后，约翰•霍兰德提出了一种 RIASEC 类型学的理论，他的方法被广泛应用于社会、工作环境，包括职业、职位、组织、学校和人际关系等方面的研究。

在发现传统的智力测评的缺陷后，霍华德•加德纳提出了"多元智能"理论。这为我们考察人类的智力、兴趣和能力提供了新的依据。

在研究生命的成长与发展之后，唐纳德•舒伯提出了"生命彩虹"理论，他的九种生命角色的理论是我们理解生涯概念很好的理论。

美国麻省理工大学斯隆商学院、美国著名的职业指导专家埃德加•H．施恩（Edgar H. Schein）教授领导一个研究小组在对该学院毕业生的职业生涯进行研究后提出来了著名的"职业锚"理论。

人格认知是生涯规划的必经步骤，MBTI 则是国际上最权威、使用最普遍的人格类型理论之一。

20 世纪 40 年代，美国两位心理学家伊莎贝尔•迈尔斯（Isabel Myers）和凯瑟琳•布里格斯（Katharine Briggs）母女在瑞士心理学家荣格（Carl Jung）的心理学类型理论的基础上提出了一套个性测验模型——MBTI（Myers-Briggs Type Indicator），作为一种对个性的判断和分析。它是一个理论模型，从纷繁复杂的个性特征中，归纳提炼出 4 个关键要素——动力、信息收集、决策方式、生活方式，进行分析判断，从而把不同个性的人区别开来。MBTI 人格分类模型和理论的意义在于"解释人与人之间的差异现象"以及优化决策，对决策流程"进行理性的干预"。

上述理论在本书后文中将有介绍。

三、如何做职业生涯规划

"职业生涯"，这是一个舶来的概念，英语国家习惯叫作"生涯"（Career)，中国人称为"职业生涯"。美国全国生涯发展协会（National Career Development Association）对"生涯"一词的定义是："个人通过从事工作所创造出的一种有目的的、延续不断的生活模式。"

职业生涯规划就是根据自己的个性特质、兴趣和价值观对自己的人生目标合理计划安排，并根据不同时期的目标变化制订不同的行动计划，以达成自己的人生目标。

本册教材并不是致力于让学生和职场新人记住职业生涯规划的理论，而是学会如何进行规划和管理自己的职业生涯。本册教材中，有更多的案例和训练方法，来一步步指导你如何进行生涯规划。

我们很多同学其实在上大学之前填报志愿时就已开始职业生涯规划了。生涯规划无论怎么进行，都离不开如下步骤：

1. 剖析或评估自己和环境

你有什么样的气质？你的兴趣在哪里？你的价值观是什么？你有何种技能？同时，对周遭的职业环境也要有清醒的认识。这些都是你应该评估的范围。有效的职业生涯设计，必须是在充分且正确地认识自身的条件与相关环境的基础上进行。对自我及环境的了解越透彻，职业生涯的设计就越好。

2. 树立切实可行的目标

没有切实可行的目标做驱动力，人的行动是盲目的，力量是分散的，且很容易妥协于现状，你的工作会显得没有效率。没有效率的投入，是永远不可能达成自己期望的状态。目标可以聚焦你的能量和资源，可以引导你努力的方向。

3. 确立可操作的行动计划

有了目标，你还要有实现目标的、细分的行动计划。主要活动何时实施、何时完成，都应有时间及顺序上的妥善安排，以作为检查行动的依据，会帮助你一步一步走向成功，实现目标。

本书将告诉你如何操作。

四、"成功五问"

工作和生活中肯定会有暂时的困难，不要灰心丧气。没有风平浪静的生活，没有不花力气、随随便便就成功的故事。当你在工作学习中遭遇挫折时，不妨尝试与你自己的内心或与你的学习、工作伙伴用下面的"成功五问"进行一次对话：

"这件事情对你的好处和机会是什么？"

"到目前为止，你还有什么做得不完美的地方？"

"这件事情你如何转换它的定义？"

"你从处理这件事情中期望得到什么？"

"如何行动你才能达到预期效果？"

每当你不顺心的时候，当你有绕不过去的坎的时候，你都可以用上述"成功五问"来与自己对话。只要你认真挖掘自己的内心，你就会有一种醍醐灌顶的感觉。

那么，让我们开始行动吧！

第一章　自我认知

我们先来一起来问自己如下问题：

（1）要规划自己的人生，你首先必须了解自己、分析自己。但是，你是不是真正了解自己？

（2）你真正了解自己的性格、兴趣、价值观、优势和劣势吗？

（3）你知道如何分析自己的性格吗？你知道在你人生中做出某种选择的真实原因吗？

（4）外在的你和内心的你完全一致吗？

（5）如今这一切，都是你自己理性分析和选择后的结果吗？这些结果都是你想要的吗？某些结果非己所愿，是你不得已的选择，你想改变它吗？

上面这些问题是你做生涯规划非常重要的问题。所以，你必须了解真实的自己。

本章知识要点：

◆运用"窗户理论"来了解真实的我；

◆我过去的经历、喜好、价值观；

◆我职业准备期的学习和经历。

> 你的过去选择了你的现在，你现在所做一切，同样选择着你的未来。
>
> ——[美]托马斯·弗里德曼

第一节　我的自画像

职场在线

　　小陈很喜欢唱歌。

　　大学毕业后，妈妈建议她进一所中学当数学老师，因为小陈的父母都是教师，他们认为教师这个职业很稳定，而且很适合女孩子。于是，小陈听取了父母的建议当了一名中学数学老师。然而两年过去了，小陈却对这份工作产生了厌倦，她觉得这份工作太一成不变了，同时，她的唱歌的爱好被工作压抑着。工作上进步速度也慢下来了，自己的兴趣也不能得到发挥。

　　特别是每当静下心来，她总感觉到曾经活泼开朗的自己再也找不到了，但童年时期曾拥有的音乐梦想仍在她心中。

　　"我要干什么？我该怎么办？我将往哪条路上走？"她在向自己的内心发问。

　　思考：小陈的第一份工作选择是否遵从了她自己的内心愿望？显然，她已到了重新规划自己的职业生涯，并着手行动的时候了。

一、能力目标 Competency Goal

　　我的所做，是不是根据我的所想；我的所想，是不是依据我内心的喜好；我内心的喜好，是不是真正与我的性格和兴趣相符。这些都非常重要，而且对我一生的职业和生活发挥着不可替代的作用。

　　不管是因为环境还是因为自己的主观意愿，在你心里必须要清楚地知道你自己是个什么样的人，只有真正清楚地了解自己，才能发掘和利用自己的优势，以便在感兴趣的领域做出期望的业绩。

　　通过本节的学习，能够根据一些经典、实用的工具查找自己的优缺点、发现自己的潜能，并根据自己的经历、喜好和性格等勾勒出你的自画像，为你在后面的生涯规划中奠定基础。

通过本节的学习，你将了解：

1. 用"约哈里窗"进行自我分析；
2. 回顾青少年时期；
3. 分析喜好与职业目标。

> 曾子曰："吾日三省吾身，为人谋而不忠乎？与朋友交而不信乎？传不习乎？"
> ——《论语·学而》

（一）"约哈里窗"与自我认知

　　孔子的学生曾子说过："吾日三省吾身。"这说明了古人明白内省的重要。我们不仅应该依据他人的态度来观察自己，认识自己，也要通过内省来认识自己。

　　美国社会心理学家约瑟夫·勒夫特 (Joseph Luft) 和哈林顿·英格拉姆 (Harrington Ingram) 于 20 世纪 50 年代发现了一个典型的、有效的"省吾身"、描画自己形象的工具——"约哈里窗户理论"（见图 1-1），该概念名称是以他俩的名字合并而成的。

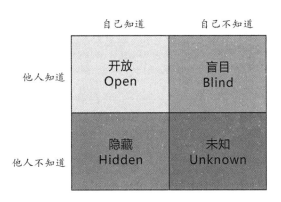

图 1-1　约哈里窗（Johari Window）

　　"约哈里窗"也被称为"自我意识的发现—反馈模型"，它将人的全部自我信息、自我表露比喻为一扇由四个区域组成的窗户：开放区、盲目区、隐藏区和未知区。

　　通过这一模型，我们可以发现通过建立在任务、信任基础上的交流，扩大开放区，缩小盲目区和隐蔽区，揭明未知区，从理论上揭示了一个人可以从别人对自己的态度来了解自己，通过和别人比较认识自己，利用回馈客观认识自己。通过"约哈里窗"了解和评价自己，要比从自我观察的材料中分析、评价自己更客观、准确、可靠。

表 1-1　约哈里窗的特征及处理方法

区域	构成	特征	处理方法
开放区	自己知道 他人知道	姓名、性别、年龄、外貌特征、学历、公开的喜好等，自己和他人很容易感知和辨识的一些信息。	扩大自我信息的开放区，适度自我暴露，尽可能向他人传递自己的正能量和正面信息，充分展示自我人格魅力，可缩小自己与他人的心理距离，增加彼此的接纳、信任感和互动的亲密度，太少和太多的暴露都会被看作难以与人相处，不利于自己树立良好形象。
盲目区	自己不知道 他人知道	自己没有觉察、而别人知道一些习惯性动作、情感表露，我与他人之间认知差异等。以自我为中心，盲区比自己想象得还大。	当局者迷，旁观者清。虚心向他人请教自己的不足或者看不到的方面，不断反思与改进，挖掘自我盲点，突破思维局限，使个人潜能得以开启，用倾听与换位思考等来缩小盲区，这样才能够更好地认识自己。心理咨询的任务之一便是借由外在的反馈，帮助每个人发觉这一部分。
隐藏区	自己知道 他人不知道	内心感受、希望、心愿、情感秘密、生活隐私、不被社会所接受的一些态度、想法和行为等。这是个人隐私方面的东西。	通过自我袒露，这部分可以变成我的开放区。一旦我想把自己的担忧告诉别人，跟别人说我的感受，隐藏区就转变成开放区。这个"自我泄密"对我们培养自我意识很有用。如果我把自己的某些东西公之于众，这往往表示我更愿意接受事实，而不是去否定或隐藏。
未知区	自己不知道 他人不知道	一些潜在特质、创造能力、潜意识的心理，它影响我们的语言、思维和行为，有时大脑却意识不到。	通过倾听、学习、实践、反思和领悟等行为，来开放我的未知区域。向专业人士如心理咨询师、生涯规划导师或成功人士或长辈咨询，可以让专业和经验暂时欠缺的我尽快收获职场需要的方法和技能。如何开发未知区，对我们职业成功意义极大。

　　"约哈里窗"不是静止的，而是动态的，我们可以通过内、外部的努力改变"约哈里窗"四个区域的分布。也就是说，当我们公开的、隐私的事实放大了，那么我们的盲点和隐藏潜能相对就变小。

　　盲点、隐私这些制约和影响我们潜能发挥的根本性因素，必须依据全新的团队互动式学习方法，理性而大胆地应用咨询和教练技巧中的反问、回应、分享等手段，才可以不断冲破我们内心的本能阻力，使个人思维中盲点越来越少，隐私充分披露，从而达到个人素质提升和组织效能的根本改变。

（二）青少年时期

我们大多数人的青少年时期，是人一生中最无忧无虑的时光。青少年时期总有一些事情让人难忘，或让人激动的，或悲伤的，或高兴的。

心理学研究证明：青少年经历对个人性格起着至关重要的作用，对个人的生活会产生长期、深远的影响，甚至会决定个人的一生幸福。

处于青少年时期的孩子像是一张白纸，由周围的环境染色。父母、兄弟姐妹、爷爷奶奶、其他亲戚朋友，以及周围的邻居等人际关系，家庭的氛围，生活的压力等都可以对人产生影响。青少年是人的性格、态度形成的重要时期，在这个阶段形成的性格和态度会储存在潜意识里，长期影响着人的成长和发展。所谓"三岁看大，七岁看老"，道理也在于此。

▶ 小案例

牛顿少年时善于动脑筋，喜欢制作各种精巧的玩具。12岁时，他上了中学，寄宿在一个开药店的人家里。他是个好动的小房客，不断地搞一些小把戏。他曾制作了一架用老鼠驱动的小风车，他用木箱和玻璃瓶做了一只能按时滴水到他脸上，叫他醒的水钟，催他早读。除了喜欢制作各种复杂的机械玩具和模型外，他还钻研反射镜和透镜，钻研化学。他也很喜欢绘画，常在卧室的墙壁上用木炭画素描。在他安静的时候，他也喜欢写诗。

他充满理想，不停地思考学习中的问题。然而，他的亲戚却不让他读书，却要他种田谋生，并学做生意。牛顿却不喜欢这一套，常常偷偷地躲在小树林后面读书。他的舅父发现了，无可奈何地说："还是回去念你的书吧。"

人类是环境的产物，在心智、能力、性格均不够成熟稳定的童年时期，一旦遭遇意外的"悲惨、不幸"，或缺乏双亲关爱，没有良好的教育环境，就容易导致性格扭曲，造成人际关系紧张、情感障碍。

英国伦敦大学国王学院的科学家研究了出生在1950—1955年间的7100人后发现，小时候"悲惨"或"不幸"的人成年后的性格都比较忧郁，生活上遇到问题时也比较难走出来，同时，他们因健康原因下岗的风险比一般人要高5倍。

> 一个人放对了地方就是人才，放错了地方就变成蠢材。

> 生涯要规划，更要经营，起点是自己，终点也是自己，没有人能代劳。

> 对于没有航向的船来讲，任何风都不是顺风。

因此，儿童时期也是维护心理健康的最佳时期，稍不注意，就有可能影响一个人的美好未来。

回想一下你的成长环境，有什么能影响到你看待生活的态度吗？这些影响是正面的，还是负面的？如果有些是负面的东西，你能否在将来克服它们呢？不要错过任何随意无目的的想法，它们有时非常重要。

1. 思考童年对自己的影响

（1）是否遭遇到家庭创伤：某位家族成员的离世、父母离异或再婚、搬家、父母中有人失业等等。

（2）是否遭遇到个人创伤：你受到过某些疾病或意外事故的伤害、新添了弟弟或妹妹、失去某位密友、转校、家庭关系发生变化等等。

（3）是否感受到任何家庭压力？家族成员会对你的人生观产生怎样的影响？

（4）你的名字、外貌或体格、家庭环境等是否给你带来任何阻碍或好处？他们是否左右了你的行为举止？

▶ **小练习**

描述青少年时期你印象最深的一件事，然后分享给大家，试着挖掘影响你深层次的原因。

2. 思考求学的影响

（1）我目前受教育的程度到了哪个阶段？高中、职校、高职高专、本科还是研究生？

（2）我对哪些课程比较感兴趣？有没有因为兴趣或消遣所学的课程？这些课程你最喜欢哪些？

（3）列出你掌握的所有通过实践而非系统理论学习得来的技能，如照顾老幼病残人士、园艺、一门外语、驾驶、课程外软件的使用等等。

▶ **小练习**

试做一份表格，描述你的求学经历，如果把这样一份表格放入你的简历中，你会怎样描述你的求学过程呢？

（三）喜好

我们的好恶观点有多少是来自本身的生活体验，又有多少是受到他人影响的？我们很少有人，尤其是在孩提时代，能够免于受到周围

> 成功不是一蹴而就的事。成功人士一个阶段一个阶段地树立目标，并不断付出努力。仔细研究成功人士的生涯路径，我们就会发现他们的成功不是偶然。了解成功人士的成长经历，有助于减少我们失败的机会。

人的观点的影响。在我们的成长过程中，处处伴随着不同的生活态度，即使我们的生活经历日渐丰富，其中有些看法对我们的影响仍需要花上数年乃至数十年去改变，或是重新思考的。

试着回答以下问题：

◆我最喜欢的学科有哪些？

◆我最不喜欢的学科有哪些？

◆我认为比较简单的学科有哪些？

◆我认为比较难的学科有哪些？

◆哪些学科是你想要学习而又没有学习的？

◆我最喜欢的活动有哪些？

◆我最不喜欢的活动有哪些？

◆我比较擅长的学科或活动有哪些？

这些问题的回答有助于帮助你明确界定自己的喜好，回答这些问题的时候一定要遵从内心的感受，也许你喜欢或讨厌哪门学科只是因为授课老师的教学方式，这种情况下请你考虑一下，如果换另外一位老师来授课，你是否对这门学科有不同的感受？

> 成功并不是重要的事，重要的是努力。

（四）我的职业目标或展望

每个人心里都有一个梦想，你的梦想是什么呢？有没有计划怎样去实现呢？你觉得自己更适合做什么呢？

经过了青少年、喜好几个步骤的问答后，你现在大概对自己有了一个清晰的认识了。那么，接下来就可以考虑职业目标了。如果你无法马上确定某一个职业怎么办？别着急，事实上，在现阶段就试图把自己定位在某个特定的职业上，仍有太多的限制因素需要考虑。这时你可以采用大面积扫视的办法，想出一些概括性的办法，例如：

> 人无远虑，必有近忧。
> ——《论语·卫灵公》

◆我喜欢和人打交道。

◆我不喜欢老是待在办公室里。

◆我希望得到弹性工作时间。

◆我想做有创造性的工作。

◆我喜欢四处旅行。

◆我喜欢网上购物。

◆我不喜欢和人面对面直接打交道，但我喜欢在网上和人交流。

◆我喜欢一个人待在实验室做实验。

……

尽可能多地列举出你的想法，并尽量引申，用来对你原有的想法加以调整和修正，然后把你的想法放到工作环境中。

古人云："千里之行，始于足下。"有了一些概括性的想法之后，我们还是应该脚踏实地地做一些具体工作，你可以针对目前的现状做出相关的计划：

◆短期计划：考虑目前阶段的学习、生活等现状，综合自己的优势和弱势，制订出适合现阶段的学习计划。

◆中期规划：毕业之后的第一份工作，你打算做什么呢？有没有什么职业是你特别想去做的？如果有，那就去争取机会吧；如果没有，也可以根据自己的优势先找准自己擅长的领域，然后再在工作中慢慢探索和调整。

◆长期规划：未来的30年，你想达到一个什么样的高度？"活到老，学到老"，人一辈子都处在学习中，只有持续不断的学习，才能够不断进步。社会在不断发展，计划也需要根据情况随时进行调整。

以上这些计划，当你读完本书之后，会有更加清晰的思路，然后再回过头来修订、完善各项计划。

中国人对未来生涯的重视，可从小孩满周岁"抓周"的习俗中体现出来。北齐颜之推《颜氏家训》里就有记载：江南风俗，儿生一岁，为制新衣，盥洗装饰，男则用弓矢笔墨，女则用刀尺针缕，并加饮食之物及珍宝服玩，置之儿前，观其发意所取，以验其贪廉愚智，名之为试儿。

（五）舒伯的生命彩虹图

美国生涯理论研究专家唐纳德·舒伯（Donald Super）于20世纪50—90年代提出了其修订后的生涯理论，为我们贡献了"生涯彩虹图"（见图1-2）。他认为，人一生当中必须扮演九种主要角色，依次是：儿童、学生、休闲者、公民、工作者、夫妻、家长、父母和退休者。各种角色之间是相互作用的，一个角色的成功，特别是早期的角色如果发展得比较好，将会为其他角色提供良好的关系基础。但是，在一个角色上投入过多的精力，而没有平衡协调各角色的关系，则有可能导致其他角色的失败。

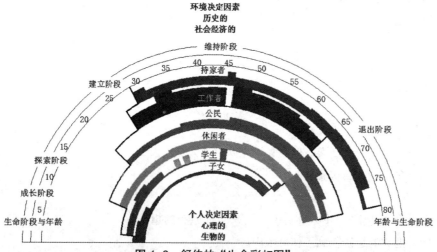

图1-2 舒伯的"生命彩虹图"

小问答

你预期在生命中，将如何扮演这生命彩虹图中的哪几种角色？

到现在为止，你已经实现的各种角色的影响力如何？它有没有给你带来一些乐趣或成就感？

你是怎样参与到这些角色中的？

在这些角色中有哪些外部力量在起作用？

二、案例讨论 Case Discussion

案例一：阿梅与小晴的对话

时间：星期一晚上 21 点 55 分。

地点：北京地铁 5 号线上。

人物：阿梅，24 岁，大学毕业，瑜伽教练；小晴，23 岁，大学毕业，保险经纪人。

阿梅：累得要死，本来不想上朝九晚五的呆板的工作，才做了瑜伽教练，以为可以自由支配时间，没想到现在天天都是晚上九点半才下班。回到家都不想吃饭，就想睡觉。

小晴：累一点儿可以忍受，慢慢就会适应。可我压力还大得不得了：每天要打出 300 个电话给客户，有效通话时间还必须达到 4 小时。每个月的业绩压力叫我喘不过气来，问题还不在这儿，每天打出的电话还有好多骂人的电话，不仅体力吃不消，心理上特别承受不了。

阿梅：你还好啦，你做的是对人有好处的东西。我有一个朋友大龙，他偏偏要做什么 P2P 业务，结果把亲戚朋友的钱 200 多万拉进来之后，公司投资回报根本就没有宣传的那么高，资金链断裂，公司老板卷款潜逃。现在，派出所天天打电话给他，要他把提成退回去。问题是，如何应付那些亲戚啊！人生第一份工作就碰到这样的事情，以后怎么办啊？整个心态就彻底坏了。那才叫压力啊！

阿梅和小晴的工作是很多职场新人的缩影。刚毕业的学生由于没有清晰的职业规划，在走入工作岗位时都还没有准备好就已身临其境了，没有规划、没有技能、没有目标，有些人只能听天由命。

讨论：

1. 想象一下你的第一份工作是什么样的工作，设想一下你的第一

刚刚走入职场就职业倦怠了，这是一个普遍现象。其原因是缺乏对个体的职业指导和职业管理。职业选择被动而盲目，没有重视自己的兴趣和规划，也没有对职场环境做深入了解。有了职业倦怠，工作热情降低，自我评价消极，生活体验无趣，工作效率衰减。

份工作的情境。或者与伙伴分享一下你的职业梦想。

2. 如果你的第一份工作像阿梅和小晴那样，你将如何规划自己的职业生涯？

3. 你通过什么办法和途径来给自己减压？如果你碰到大龙那样的极端情况，你将如何应对？

案例二：施瓦辛格的职业规划

四十多年前，一个十多岁的奥地利穷小子，身体非常瘦弱，却在日记里立志长大后做美国总统。如何能实现这样宏伟的抱负呢？经过思索，他拟定了一系列目标。

做美国总统首先要做美国州长——要竞选州长必须得到雄厚的财力后盾的支持——要获得财团的支持就一定得融入财团——要融入财团最好娶一位豪门千金——要娶一位豪门千金必须成为名人——成为名人的快速方法就是做电影明星——做电影明星前得练好身体，练出阳刚之气。

按照这样的思路，他开始行动。某日，当他看到著名的体操运动主席库尔后，他相信练健美是强身健体的好点子。他开始刻苦而持之以恒地练习健美，渴望成为世界上最结实的壮汉。借着发达的肌肉，一身似雕塑的体魄，在以后的一段时间里，他囊括了各种世界级的"健美先生"称号。

22岁时，他踏入了美国好莱坞。在好莱坞，他花费了十年时间，利用自身优势，刻意打造坚强不屈、百折不挠的硬汉形象。终于，他在演艺界声名鹊起。当他的电影事业如日中天时，女友的家庭在他们相恋九年后，也终于接纳了这位"黑脸庄稼人"。他的女友就是赫赫有名的肯尼迪总统的侄女。

2003年，年逾57岁的他，告老退出影坛，转而从政，成功竞选为美国加州州长。

他就是阿诺德·施瓦辛格。他的经历告诉我们科学规划，行动有力，就有成功的可能。

从这个职业规划案例可以看出职业规划制定得越早、步骤越详细，越能早日实现自己的梦想。不管这个目标多么艰难、自己的现实和理想之间相差多远，只要自己有恒心、有切实可行细致的计划，并一步一个脚印踏踏实实地去完成，就一定能实现自己远大的理想。

> 成功者喜欢自己，憧憬自己最美好的一面，用言辞和行动有意识地肯定自我以强化其成功的自我形象。

> 吾生也有涯，而知也无涯。
> ——庄子

讨论：

1. 你有没有类似于施瓦辛格一样的目标？如果有，你有没有行动计划？有没有开始着手实施？

2. 到目前为止，你有没有让你学习的人生偶像？如果有，他（她）的哪些精神让你感动？

三、过程训练 Process Training

活动一：你的"约哈里窗"

（一）与学习伙伴讨论

1. 我的开放区、盲目区、秘密区和未知区的信息都是什么？

2. 我如何向他人展示这四个部分信息才能取得最好的效果？

3. 我的盲区中有什么问题我没有发现？

4. 我的未知区域中，有什么可以急需发掘的？

5. 我可以通过什么途径才能发现我的盲区和未知区？请举例说明。

6. 我的开放区、盲目区、秘密区和未知区的最关键信息是什么？

> 自我认知中的心理认知是一种比较高级的认知能力。对于教育程度低，或者智力程度比较低的人，也许终身也不具备这种自我的认知。而有些人则能够超越这种心理认知。心理认知一般来说是一个无限的过程，因为心理活动本身是无限的，它会跟着个人经历和记忆以及思想和想象力不断发展。

（二）训练

1. 请几个非常要好的朋友，列出你的优点和缺点，同时，也请一些与你关系一般的同学或同事列出你的优缺点。目的是让别人成为你的镜子，通过别人的眼光和给你的回馈来帮助认识自己和评价自己。

2. 你自己也来做一个自检吧：自己列出自己的优点和缺点，然后与别人列出的优缺点进行对比。由"约哈里窗"你也许会发现自己有许多优点，别人并不知道，也可能出现别人认为你的优点，你自己反而不觉得，这样你可进一步了解自己。你的缺点也可能有类似的情形。

通过这种方法了解和评价自己，要比从自我观察的材料中分析、评价自己更客观、更准确、更可靠。

活动二：你的人生轨迹

回顾有关你的人生轨迹的情况。我们可以注意到，这些对人生阶段的描述说明我们在不同的人生阶段有着不同的侧重点。我们可以按照如下的年龄阶段来回顾：

0~12 岁：

影响我的事件和人物是：	
我最大的成绩是：	
我的低谷是：	
我的经验和教训是：	

12~15 岁：

影响我的事件和人物是：	
我最大的成绩是：	
我的低谷是：	
我的经验和教训是：	

16 岁至今：

影响我的事件和人物是：	
我最大的成绩是：	
我的低谷是：	
我的经验和教训是：	

四、效果评估 Performance Evaluation

评估：你对职业生涯规划的认识

（一）情景描述

下面给出一些有关职业生涯规划的观点，根据你自己的认识，哪些符合你的看法？

1. 职业生涯规划与成功没有太大关系。
2. 不制订职业生涯规划一样能取得成功。
3. 计划不如变化大，没有必要制订职业生涯规划。
4. 现实过于残酷，职业生涯规划过于理想化。
5. 职业生涯规划与学校学习没有关系，不用上学期间做。
6. 职业生涯规划挺浪费时间，效果也不太好。
7. 没有参加过社会实践，无法规划。
8. 职业生涯规划是工作后才需要考虑的事情，大学期间考虑有点太早啦。
9. 职业生涯规划是毕业时候才考虑的事情，刚进入大学用不着考虑。
10. 职业生涯规划不如介绍一份好工作实惠。

除"抓周"外，传统中国社会还有一个预测命运的工具，那就是命盘。命盘是算命术士所使用的工具，其历史可远溯至宋朝。排盘时，除了必备的性别、生辰八字外，还备一个空白命盘，在其十二空格右下角分别有十二地支，每人相同，不可变动。代表中国人生活空间的十二个命宫，是与我们生活经验相通的。

11. 职业生涯规划等同于介绍一份好工作。

12. 职业生涯规划只是求职技巧而已。

13. 有了职业生涯规划，我们人生各个阶段就可以高枕无忧。

14. 职业生涯规划是在带我们走弯路。

15. 有了职业生涯规划，我们很多人生目标就可以实现。

16. 我的工作职位愈高，就显得我这个人愈有价值。

17. 由父母亲替我决定未来的职业方向，要比由自己来决定更为妥当。

18. 这个世界变化得太快，计划未来是很难做到的事。

19. 选择一个职业或科系之后不能再做改变。

20. 如果我对我的职业感兴趣，那么我就能拥有成功的事业。

（二）评估标准及结果分析

请仔细清点一下，以上 20 种说法您有多少是赞成的，有多少是反对的。通过本测试回答，你可以更好地理解职业生涯规划的含义与作用。（注：情景描述中的 20 种说法都是错误的。）

第二节　我的价值观

职场在线

大学毕业开发作弊软件　3 万网约车司机购买

《北京青年报》2016 年 9 月 22 日消息：7 月 29 日，北京某网约车公司到北京市公安局网络安全保卫总队报案称，他人通过开发司机端 APP 作弊器，可对该公司计算机信息系统运行的数据进行干扰，进而实现司机对派发的行车请求"拒单""挑单"而不受规则限制，拒绝低利润的单，只挑利润高的单，甚至可以位置欺骗，虚增公里数，多收乘客的钱，专门针对网约车软件漏洞非法牟利。由于该作弊器价格较为低廉，并使司机获利最大化，目前全国已有 3 万余名司机购买、使用，造成公司 600 余万元的经济损失。

据网约车公司一位负责人介绍，基于公司后台一套公平有效的规则，乘客利用网约车软件能够在一两分钟内叫到车。有人不遵守规则，对公司来说造成了巨大损失，对乘客来说也非常不利。乘客可能需要等好久才能叫到车，或者叫到车了却被拒单，长此以往，整个打车的生态环境都会被破坏。

在查明作弊器的原理后，侦查员很快锁定了开发并销售这款软件的五人团伙。头目庞某，想利用软件的漏洞来挣钱。在一次偶然的机会认识了编程能力很强、刚刚大学毕业的小伟，于是拉小伟入伙，开发了这个作弊器。团伙中还有两名人员负责销售及售后服务，并形成了一个庞大的网络，在业内小有名气。

天网恢恢，疏而不漏。其他人姑且不谈，就说这个刚刚毕业的大学生小伟，明明知道这是钻法律的漏洞，谋取非法利润，知道不可为偏要为之，可见其价值取向出现了偏差。即将走入职场或是刚刚走入职场的我们，一定要有正确的价值取向，不要因为价值观的错误毁了自己的大好前程。

价值观引导我们思维，思维指挥我们行动。一旦价值观发生偏差，所有的行为都会失去正确的方向。培养正确的价值观是从根本上保障我们不会走错路、做错事。如果我们在价值观上迷失方向，我们所有的职业声誉都将毁于一旦，我们所有的辛勤和努力都将付诸东流。

一、能力目标 Competency Goal

价值观是一种能够引导并影响你生活中重大决策的无形力量。价值观代表一个人对周围事物的是非、善恶和重要性的评价。人们对各种事物的评价，如对自由、幸福、自尊、诚实、服从、平等等，在心中有轻重主次之分。这种主次的排列，构成了个人的价值体系。价值观和价值体系是决定人们期望、态度和行为的心理基础。在同样的客观条件下，具有不同价值观的人会产生不同的行为。比如在同一环境，有的人对地位看得很重，有的人则注重工作成就，这就是因为价值观不同所致。

命运并不在于机会，而在于选择。
——[美]威廉·詹宁斯·布莱恩

通过本节的学习，你将能够：

1. 理解价值观及其特性；
2. 学会探索自己的价值观；
3. 理解价值观与职业的关系。

（一）价值观

1. 什么是价值观

价值观是我们在生活中所看重的原则、标准和品质。价值观指向我们内心最重要的东西，它是我们强大的内在驱动力，它引导我们行为的方向。

价值观有时可能会与兴趣相混淆，后者更多指"你为了享受其中的乐趣而做的事"。人们若对某种事物或某项活动感到需要，他就会热心于接触、观察这件事物，积极从事这项活动，并注意探索其奥妙。不过，无论是价值观还是兴趣，都是自我需要认知的重要部分。

你不要去问生命，你应该要回答生命对你的质问。
——[奥]维克多·弗兰克

价值观受到个人成长环境的影响。10岁之前，我们大部分人会无意识地接受周围人，包括父母、老师、亲戚朋友等的价值观的影响。当我们在10岁之后直至成人的这个过程中，价值观仍然会受到周围人的影响，但我们已经具有了一定的判断能力。在这个过程中，我们的价值观会慢慢成型，逐渐形成价值观体系。

> **小练习**
>
> "我希望工作……"，请你在一分钟之内写下所有你能联想到的任何短语。

价值观是一种内心尺度。它凌驾于整个人性当中，支配着人的行为、态度、观察、信念、理解等，支配着人认识世界、明白事物对自己的意义和自我了解、自我定向、自我设计等；也为人自认为正当的行为提供充足的理由。

不光人是有价值观的，企业、民族、国家和社会同样也有价值观。比如，波音公司的核心价值观是"永为先驱，尽善尽美"；福特汽车的核心价值观是"客户满意至上，生产大多数人买得起的汽车"；我国社会主义核心价值观是"富强、民主、文明、和谐，自由、平等、公正、法治，爱国、敬业、诚信、友善"。

有很多知名企业，比如美国强生公司把道德素质看成是择业和企业发展的第一资源，他们在录用员工时坚持如下原则，如图 1-3 所示：

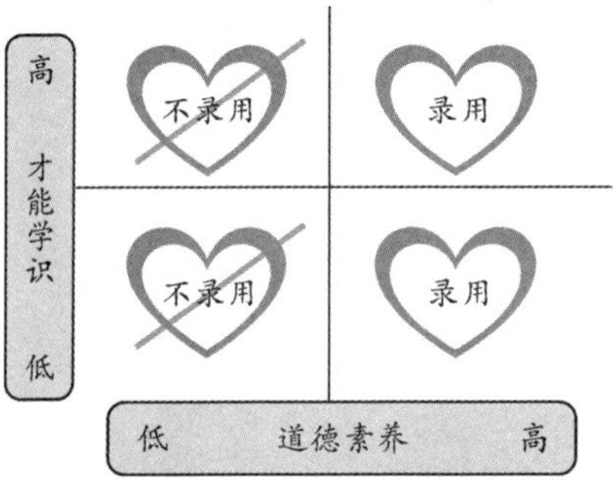

> 君子喻于义，小人喻于利；君子怀德，小人怀惠。
>
> ——孔子

图 1-3　强生公司员工录用原则图

小案例

山脚下有三个年轻石匠在凿石头，有人走过去问他们在干什么。

第一个石匠说："我在凿石头。"

第二个石匠说："我在盖房子。"

第三个石匠说："我要建一所学校，让这里的孩子们有一个读书的地方。"

几年之后，第一个石匠仍然是石匠，过着卖苦力养家糊口的生活；第二个石匠成了工程师；第三个石匠则成了一家大型地产公司的总经理。

> 子曰："弟子入则孝，出则悌，谨而信，泛爱众，而亲仁，行有余力，则以学文。"
>
> ——《论语》

人生的前途和命运，往往取决于一个人对待工作和生活的态度和看法，也就是一个人的人生观和价值观。

2. 价值观的特性

（1）因人而异

每个人的先天条件和后天环境不同，人生经历也不尽相同，每个人的价值观的形成会受到不同的影响，因此，每个人都有自己的价值观和价值观体系。在同样的客观条件下，具有不同价值观和价值观体系的人，其动机模式不同，产生的行为也不同。

（2）相对稳定

价值观是人们思想认识的深层基础，它形成了人们的世界观和人生观。它是随着人们认知能力的发展，在环境、教育的影响下，逐步培养而成的。人们的价值观一旦形成，便是相对稳定的，具有持久性。

（3）可以改变

由于环境的改变、经验的积累、知识的增长，人们的价值观有可能发生变化。

（二）个人价值观探索

个人价值观是指一个人对周围的客观事物（包括人、事、物）的意义、重要性的总评价和总看法。像这种对诸事物的看法和评价在心目中的主次、轻重的排列次序，就是价值观体系。价值观和价值观体系是决定人的行为的心理基础。

1. 价值观澄清

对自己的价值观有清晰认识的人在职业生涯规划中遇到的困难和问题较少。一些专家认为，最重要的是价值观的澄清过程，而不是价值观本身的内容。

▶ **小活动**

利用头脑风暴法，在 10 分钟时间内，写下同学们所认为的价值观。然后请每位同学写出你最看重的 5 个价值观，抽取部分同学讲述他（她）为什么这样认为。

我们成人之后，一般很少有意识地重新评估自己的价值观，但是，人们职业生涯或生活中做出某种改变时，往往是因为他们的价值观发生了变化。所以，重新审视或澄清自己的价值观是很有必要的。我们不妨从下面几个步骤来审视它：

（1）在不考虑来自他人和环境的压力下自由选择一种价值观；

（2）在多种人生决策方案中进行选择；

（3）考虑每种价值观选择的结果以及它带来的影响；

（4）珍视、喜爱你的价值观选择；

（5）在适当的时候乐于向他人公开自己的选择；

（6）做与你选择的价值观有关的行为；

（7）以与你的价值观选择一致的模式行动。

某名牌大学为你提供四年每年 20 万元奖学金，但同时，你又获得了国内某个名导演的演出机会。你只能二选一。你会如何选择？前者是重声誉、教育、智力开发、职业安全，后者则重创造、声誉、金钱、冒险精神。

你考上了你家乡市政府的公务员，但同时，深圳一家证券公司以五倍公务员年薪的待遇诱惑你，你怎么办？

请想一想你的价值观，看看能否用以上七个步骤来澄清。

一个人价值观的形成不是一朝一夕的事，基本上要经历一个"认知—自我评估—选择—强化—内化"的过程。一旦形成某种价值观，就难以改变，呈相对稳定的状态。心理学的研究表明，人成长到17岁时，心智基本发育成熟，世界观基本成型。也就是说，已形成基本稳定的价值观。

俗话说"一样米养百样人"，人与人之间的差别主要在于其思想观念，也就是价值观不同。从价值观的不同取向可以衡量一个人的思想境界和品位。

> 生命究竟有没有意义，并非我的责任，但是怎样安排此生却是我的责任。

2. 洛克奇的价值观理论

美国心理学家洛克奇1973年提出了13种价值观，包括成就感、美感的追求、挑战、健康、收入与财富、独立性、爱、家庭、人际关系、道德感、欢乐、权力、安全感、自我成长、协助他人。

人们对这13种价值观进行了扩充和细化，增加了其他新的内容，一些重要价值观列表如下（见表1-2）：

表1-2　价值观列表

1. 被认可	2. 受尊重	3. 收入	4. 稳定的工作
5. 安全感	6. 创造性	7. 成就感	8. 能帮助他人
9. 有发展潜力	10. 权力	11. 挑战性	12. 竞争
13. 家庭和谐	14. 友谊	15. 成功	16. 名誉
17. 地位	18. 自主独立	19. 有学习机会	20. 工作环境
21. 健康	22. 信仰	23. 自由	24. 乐趣
25. 新鲜感	26. 成就感	27. 创造性	28. 有益于社会
29. 诚实正直	30. 快节奏生活	31. 工作生活的平衡	32. 良好的人际关系
33. 快乐	34. 追求美感	35. 责任	36. 身心和谐
37. 升迁	38. 专业	39. 爱	40. 财富

小活动

对于你在上一个活动中选择出来的5种价值观，如果现在你不得不放弃其中的一个，你会选择放弃哪一个呢？

现在，如果你不得不继续放弃剩下4条中的一条，你又会放弃哪一条？

继续下去……直到最后一条；这一条是否是你无论如何也不愿放弃的？

> 不要管别人关心什么或希望你做什么，为了你的快乐，最终的决定只能由你自己做出。

（三）价值观与职业

职业价值观是人生价值观在职业问题上的反映，是人生目标和人生态度在职业方面的具体表现。

职业价值观蕴含社会的责任要求和个人希望实现自我价值的双重意义，既受社会文化、环境、教育等方面的影响，又受个体特质、兴趣等内在性质的影响。

美国著名心理学家赫兹伯格提出：员工的工作满意度取决于内、外部激励因素之间的平衡。

（1）外部激励因素包括工资、工作条件、公司政策和晋升机会等满足生理和安全需求的因素。

（2）内部激励因素包括工作责任及压力大小、人际关系好坏、得到的认可和尊重程度、获得的成就感等内心感受。

> 路是脚踏出来的，历史是人写出来的。人的每一步行动都在书写自己的历史。
>
> ——吉鸿昌

目前职场上占主流地位的职业价值观如表 1-3 所示。

表 1-3　职业价值观

利他主义	总是为他人着想，把直接为大众的幸福和利益尽一份力作为自己的追求
智力刺激	不断进行智力开发、动脑思考、学习和探索新事物，解决新问题
成就动机	不断取得成就、不断得到领导和同事的赞扬或不断实现自己想要做的事
自主独立	充分发挥自己的独立主动性，按自己的方式、想法去做，不受他人干扰
社会地位	所从事的工作在人们的心目中有较高的社会地位，并获得他人尊敬
权力控制	获得对他人或某事的管理权，能指挥和调遣一定范围内的人或事物
经济报酬	获得优厚的报酬，有足够的财力获得想要的东西，使生活过得较为富足
社会交往	能和各种人交往，建立广泛的社会联系和关系，甚至能和知名人物结识
安全稳定	工作安稳，无须担心失业及收入，不因福利、调动工作或领导训斥等而提心吊胆
轻松舒适	把工作作为一种消遣、休息或享受的形式，追求较舒适、自由、优越的工作环境
人际关系	希望一起工作的大多数同事和领导人品好，相处在一起感到愉快、自然
追求新意	希望工作的内容经常变换，使工作和生活显得丰富多彩，不单调枯燥

每个人的价值观不同，相同环境下做出的选择也不同，他们的结果与收获也完全不一样。

影响价值观的因素很多，包括我们家庭的价值观、社会价值观，我们的民族与文化传统，学校的教育经历，我们的宗教信仰，以及我们的朋友和其他社会关系。一个人可能是多种价值观类型的交叉和综合体，一般偏重于哪一面，即是倾向于哪种类型的人，选择适合本人价值观的职业，在工作中会得到更多愉悦感，也更能实现自己的理想和达到自己的目标。

不管处于什么样的职业环境和岗位，个人应该树立正确的职业价值观：

（1）处理好职业价值观和金钱的关系；

（2）处理好职业价值观和个人兴趣爱好的关系；

（3）处理好职业价值观和个人价值观之间的关系。

小思考

现在有些年轻人认为的好工作是这样的：

位高权重责任轻；

钱多事少离家近；

每天睡到自然醒；

数钱数到手抽筋；

别人加班我加薪。

你怎么看？

> 人类经常把一个生涯发生的事，撰写成历史，再从那里看人生；其实，那不过是衣服，人生是内在的。
> ——［法］罗曼·罗兰

二、案例讨论 Case Discussion

案例一：孔子的价值观

孔子 62 岁时，曾这样形容自己："其为人也，发愤忘食，乐以忘忧，不知老之将至云尔。"当时孔子已带领弟子周游列国九个年头，历尽艰辛，不仅未得到诸侯的任用，还险些丧命，但孔子并不知难而退，仍然乐观向上，坚持自己的理想，甚至是明知其不可为而为之。

子曰"不义而富且贵，于我如浮云"，在孔子心目中，行义是人生的最高价值，在贫富与道义发生矛盾时，他宁可受穷也不会放弃道义。但他的安贫乐道并不能看作是不求富贵，只求维护道，这并不符合历史事实。孔子也曾说："富与贵，人之所欲也；不以其道，得之不处也。贫与贱，人之所恶也；不以其道，得之不去也。""富而可求也，虽执鞭之士，吾亦为之。如不可求，从吾所好。"

孔子（公元前 551—公元前 478 年）

孔子以好学著称，对于各种知识都表现出浓厚的兴趣，因此他多才多艺，知识渊博，在当时是出了名的，几乎被当成无所不知的圣人，但孔子自己不这样认为，孔子曰："若圣与仁，则吾岂敢？抑为之不厌，诲人不倦。"孔子学无常师，谁有知识，谁那里有他所不知道的东西，他就拜谁为师，因此说"三人行，必有我师焉"。

孔子生性正直。他曾说："吾之于人也，谁毁谁誉？如有所誉者，其有所试矣。斯民也，三代之所以直道而行也。"《史记》载，孔子三十多岁时曾问礼于老子，临别时老子赠言曰："聪明深察而近于死者，好议人者也。博辩广大危其身者，发人之恶者也。为人子者毋以有己，为人臣者毋以有己。"这是老子对孔子善意的提醒，也指出了孔子的一些毛病，就是看问题太深刻，讲话太尖锐，伤害了一些有地位的人，会给自己带来很大的危险。怀着与人为善的理念，孔子创立了以"仁"为核心的道德学说，他自己也是一个很善良的人，富有同情心，乐于助人，待人真诚、宽厚。"己所不欲，勿施于人""君子成人之美，不成人之恶""躬自厚而薄责于人"等等，都是他的做人准则。

孔子对后世影响深远，虽说他"述而不作"，但他在世时已被誉为"天纵之圣""天之木铎""千古圣人"。后世甚至尊称他为"至圣"（圣人中的圣人）、"万世师表"。所以，孔子思想的精髓永远是中华民族精神的支撑，孔子永远是我们学习的典范。

讨论：

1. 以上所提到的孔子的价值观中，你最欣赏哪一点？
2. 子曰："不义而富且贵，于我如浮云。"你如何理解孔子所说的"富"与"贵"？

案例二：职业价值观引导下的生涯

王丽渴望稳定的生活，获得英国某著名大学通信专业硕士学位后，在中国石油找到一份工作。8000元的月薪让她生活得很舒适，可是她却很迷茫：花了很多时间和金钱读来的学位和知识在工作中用到的很少，而且工作水平也没有得到显著提高。

于是，王丽向生涯管理咨询公司的职业咨询师求助。咨询师说："王小姐的迷茫，源自于对自己的职业价值观缺乏认识。从她的性格特点看，她希望自己的职业在相对稳定的同时还能体现自身价值，实现自我提升。"果然，包含52个问题的职业价值观测试显示，王丽的职业价值观属于"成就动机型"：不断接受挑战，不断超越以实现自我价值。这种性格类型的人，应该去竞争比较激烈的企业，以实现不断超越的过程。后来，王丽换了工作，去外企接受挑战，并实现了自己的人生价值。

工作和生活中经常有对自己的价值观认识不清，或价值观发生变化的时候，每当这个时候，人们就会陷入迷茫或矛盾的境地，因为行为必然会受价值观的影响。

比尔·盖茨说："随着成功，我得到了巨大财富。而巨大财富也带来了回馈社会的巨大责任，要确保这些资源以最佳方式得到利用，帮助有需要的人。"

讨论：

1. 你曾经有过价值观变化的时候吗？请描述一下当时的情形。是什么因素使你的价值观发生了改变？

2. 你的价值观与你最好的朋友是一样的吗？如果有差异，那是什么造成了你们的差异？

三、过程训练 Process Training

活动一：价值观澄清练习

请回答下列问题：

1. 我重视的价值观是什么？

2. 我的价值观在形成过程中是否有变化？

3. 价值观的改变是否曾经影响到我的生活方式？

4. 哪些价值观是我和父母共有的？哪些价值观是父母不认同的？

5. 我的行为是否能够反映我的价值观？

6. 我的价值观是否受到周围同学的影响？

7. 我是否因为某个人的一句话或者一件事，而对自己的价值观产生怀疑？

8. 我的职业价值观是否与我的性格相符？

9. 以前我曾经崇拜哪些人？他们对我有着什么样的影响？

10. 父母的有些价值观我是否认同？如果不认同，是因为什么？

> 进德修道，要个木石的念头，若一有欣羡，便趋欲境；济世经邦，要段云水的趣味，若一有贪著，便堕危机。
>
> ——《菜根谭》

活动二：自我了解

请完成下表：

1. 如果我有 1000 万人民币，我将：
2. 在生活中我最想得到的是：
3. 如果你只剩下 3 个月的生命，那你将：
4. 我的工作必须能给我：
5. 我将给我孩子的忠告是：
6. 如果在一场大火中，我只能救出一件东西，那将是：
7. 如果我能改变自身的一种事，它将是：
8. 列出 5 件我最爱做的事：
9. 如果我是富二代，有花不尽的钱，我将这样使用时间：

续表

10. 我会参加公益事业或慈善事业吗？若参加，会参加这种慈善事业：
11. 如果时光可以重来，我最希望在这件事上进行重新选择：
12. 我幻想最多的事是：
13. 我过往的经历中，我最感激的人是：

四、效果评估 Performance Evaluation

活动一：职业价值观测试

本问卷共有 52 个题目，请你根据自己的真实想法对这些陈述的重要性进行评价，5 分表示你认为非常重要，4 分表示比较重要，3 分表示一般，2 分表示较不重要，1 分表示很不重要。

（一）价值观描述

1. 你的工作必须经常解决新的问题。

2. 你的工作能为社会福利带来看得见的效果。

3. 你的工作奖金很高。

4. 你的工作内容经常变换。

5. 你能在你的工作范围内自由发挥。

6. 你的工作能使你的同学、朋友非常羡慕你。

7. 你的工作带有艺术性。

8. 你的工作能使人感觉到你是团队中的一分子。

9. 不论表现如何，你总能和大多数人一样晋级、加薪。

10. 你的工作使你有可能经常变换工作地点、工作场合或工作方式。

11. 在工作中你能接触到各种不同的人。

12. 你的工作上下班时间比较随便、自由。

13. 你的工作使你有不断取得成功的感觉。

14. 你的工作赋予你高于别人的权力。

15. 在工作中，你能实行一些自己的新想法。

16. 在工作中，你不会因身体、能力等因素被别人瞧不起。

17. 你能从工作的成果中，知道自己做得不错。

18. 你的工作经常要外出参加各种集会和活动。

19. 只要你干上这份工作，就不会再被调到其他意想不到的单位

> 儒吏或士是中国人的生涯目标，这个目标自周朝以来是以通才为取向的，宋、明之后才见分化的趋势。在儒家的价值观里，君子是最高的价值标准，"君子不器"，君子不能拘束于一技之艺。因此，中国士人的生涯观念是"反职业主义"的。
>
> ——金树人

或工种上去。

20. 你的工作能使你的世界更美丽。

21. 在你的工作中，不会有人常来打扰你。

22. 只要努力，你的工资会高于其他同龄人，升迁或加薪的可能性比干其他工作大得多。

23. 你的工作是一项对智力的挑战。

24. 你的工作要求你把一些事务管理得井井有条。

25. 你的工作单位有舒适的休息室、更衣室及其他设备。

26. 你的工作有可能使你结识各行各业的知名人士。

27. 在你的工作中，能和同事建立良好的关系。

28. 在别人的眼中，你的工作是很重要的。

29. 在工作中你经常接触到新鲜事物。

30. 你的工作使你能经常帮助别人。

31. 你在工作单位中，有可能经常变换工种。

32. 你的作风使你被别人尊重。

33. 你工作单位的同事和领导人品较好，相处比较随便。

34. 你的工作会使很多人认识你。

35. 你的工作场所很好，比如有合适的灯光，舒适的座椅，安静、清洁的环境，宽敞的工作空间甚至恒温等优越的条件。

36. 在工作中，你为他人服务，使他人感到很满意，你自己也就很高兴。

37. 你的工作需要计划和组织别人的工作。

38. 你的工作需要敏锐的思考。

39. 你的工作可以使你获得较多的额外收入，比如常发实物、常购买打折扣的商品、常发商品的提货券、有机会购买进口货等。

40. 在工作中你是不受别人差遣的。

41. 你的工作结果应该是一种艺术品，而不是一般的产品。

42. 在工作中不必担心会因为所做的事情让领导不满意而受到训斥或经济惩罚。

43. 你在工作中能和领导有融洽的关系。

44. 你可以看见你努力工作的成果。

45. 在工作中常常要你提出许多新的想法。

46. 由于你的工作，经常有许多人来感谢你。

47. 你的工作成果常常能得到上级、同事或社会的肯定。

48. 在工作中，你可能做一个负责人，虽然可能只是领导很少几个人，你信奉"宁做兵头，不做将尾"的俗语。

> 在男人身上，智慧和教养最要紧，漂亮不漂亮，对他来说倒算不了什么！要是你头脑里没有教养和智慧，那你哪怕是美男子，也还是一钱不值。
>
> ——[俄]契诃夫

49. 你从事的那一种工作，经常在报刊、电视中被提到，因而在人们的心目中很有地位。

50. 你的工作有数量可观的夜班费、加班费、保健费或营养费等。

51. 你的工作体力上比较轻松，精神上也不紧张。

52. 你的工作需要和电影、电视、戏剧、音乐、美术、文字等艺术打交道。

（二）价值观归类

请按以下题号统计分数（各小题分数加到一起），并找到最高的三项和最低的三项，并参照前面的 13 种价值观类型的含义进行解释。

价值观	题号	价值观	题号
利他主义	2，30，36，46	审美主义	7，20，41，52
智力刺激	1，23，38，45	成就动机	12，17，44，47
自主独立	5，15，21，40	社会地位	6，28，32，49
权力控制	14，24，37，48	经济报酬	3，22，39，50
社会交往	11，18，26，34	安全稳定	9，16，19，42
轻松舒适	12，25，35，51	人际关系	8，27，33，43
追求新意	4，10，29，31		

第三节　求学与培训

从父亲颤抖的手中接过四处借来的 4533 元的那一刻，他明白交完 4100 元学杂费和几十元的路费，这一学期他只有 300 多块钱了。"爹，你放心吧，儿子还有一双手，两条腿呢。"他笑着安慰父亲，转身走向那条弯弯的山路。

饭，只吃两顿，每顿控制在 2 块钱以内，这是他给自己拟定的最低开销。但他一狠心，花 150 块买了一部旧手机，只能接打电话和发短信。第二天，学校各个宣传栏里便有了一张张手写小广告："你需要代理服务吗？如果你不想去买饭、打开水、交纳话费……请拨打电话告诉我，我会在最短的时间内为你服务。校内代理每次 1 元，校外 1 公里内代理每次 2 元。"小广告一出，他的手机成了繁忙的"热线"。一位美术系师哥第一个打来电话："我这个人懒，早晨不愿起床买饭。这事就拜托你了！""行！每天早上 7 点我准时送到你的寝室。"他刚兴奋地记下第一单生意，又有一位同学发来短信："你能帮我买双拖鞋送到 504 吗？41 码，要防臭的。"

一入校，他便发现：一些同学整日缩在宿舍里看书、玩电脑，甚至连饭菜都不愿下楼去打。而他又是在大山里长大的，坑洼不平的山路给了他一双"快脚"。当天下午，一位同学打来电话，让他去校外的一家外卖快餐店买一份 15 元标准的快餐。他挂断电话，一阵风似的去了。来回没用上 10 分钟。这也太快了！那位同学当即掏出 20 元钱，递给他，说不用找了。他找回 3 元钱。因为事先说好的，出校门，代理费 2 元钱。做生意嘛，无论大小都要讲信用。

后来就凭这种效率和信用，他的业务不断。随着知名度的提高，生意越来越好，只要顾客需求，他总会提供最快捷最优质的服务。寒假回家，老父亲还在为他的学费发愁，他却掏出 1000 元钱塞到父亲的手里，说："爹，虽然你没有给我一个富裕的家，可你给了我善于奔跑的双腿。凭着这双腿，我一定能'跑'完大学，跑出个名堂来！"后来，他招了几个家境不好的朋友，为全校甚至外校的顾客做代理。代理范围也不断扩大，慢慢地从零零碎碎的生活用品扩展到电脑配件、电子产品。

如今，在网络上拥有了庞大的顾客群，还被一家大商场选中，做起了校园总代理。奔跑，奔跑，不停地奔跑，他一路跑向了成功。他说，大学四年，他不仅要出色地完成学业，还要赚取将来创业的"第一桶金"。

他的名字叫何家南，一个从大兴安岭腹地跑出，径直跑进黑龙江师范大学的学子。

在人生旅途中，当你遇到困难和挫折的时候，难免会怀疑生命的意义和价值。其实，挫折和苦难是人生的重要组成部分，生命的真正意义在挑战苦难、战胜厄运的过程中得以体现。

生命究竟有没有意义，并非我的责任，但我要过有意义的生活，所以怎样安排此生却是我的责任。人生的过程需要我们自己去规划、去创造。我们要让每一天都充实而有意义，积极挖掘自我的潜能，不断充实与完善自我，努力提升生命的意义与价值。

一、能力目标 Competency Goal

职业准备期，我们一般都在学校读书。学生生活对绝大部分人来说都是生命中最美好的一段时光。没有职场上的加班加点和钩心斗角，有的只是按照学校规定完成既定的课程，同时还有大把的时间可以做自己的事情。学习，听各种讲座，运动，参加各种聚会，谈恋爱等等。这样的生活维持短短的几年，然后我们开始走入职场，接受生命的另一种洗礼。很多职场人都对学生时代特别怀念，或是怀念学校图书馆的安静，或是怀念学生时代丰富的社团活动，或是怀念某一段感情的经历与终结……也有很多职场人感叹：职业准备期应该多学些东西才能在后面的职场上更加从容。

那么，怎样让自己的职业准备期更加充实，这就需要我们对自己的准备期的学习生涯有一个美好、全面、科学的规划。有效的计划将有助于更好地利用学习时间充分提高自己，为进入职场做准备。

通过本节的学习，你将能够：
1. 职业准备期应该怎样学习；
2. 职业准备期应如何度过。

> 一个顽强坚持自己在正义事业中的目标的人是不会因同伴发疯似的狂叫"错了"而动摇决心，也不会因暴君威胁恫吓的脸色而恐惧退缩。
>
> ——［古罗马］贺拉斯

（一）我的学习

大学是学生时代非常重要的一个阶段，它紧密联系着职场，所以，在这一阶段，除了考虑学业以外，还应该提前关注职场信息，培养职场上所需要的各种能力，以便毕业时能够顺利度过找工作—面试—职场适应这些阶段。

1. 必修课

必修课一般都是有学分的，有些必修课的学分还比较高，比如高等数学、英语、专业课等。如果你想要在毕业时拿到毕业证和学位证，这些必修课是必须要通过的。如果你想要出国深造，那就更不能马虎了，很多国外的大学申请针对本科的课程都有相关的 GPA 要求，也有很多学校的奖学金的设定也与课程的学分和 GPA 有关系。

如果你说我的要求比较低，能顺利毕业就可以了。那么，顺利毕业的前提也是这些必修课要顺利通过，大学时学习的一些基础课程中，大学语文很多人不重视，这种观念非常错误，母语掌握得好，对职场工作的开展非常有帮助；高等数学是理工科深入研究的基石，不能不认真对待。在国际化的今天，如想获得更大的发展，离不开与其他国家的交流，要把英语或其他外语作为一门真正的语言去学习，而非应付考试。同理，在信息化的今天，每个人都应具备一定的计算机水平。

2. 选修课

选修课，是所有的学生都可选的公共课（不是公共基础课），是为了让学生多拓展知识，同时可以积攒学分。

选修课一方面对必修课的内容进行拓展或深化，另一方面还承担着发展学生的兴趣特长、激发学生个性的任务。由于学生的个体差异，他们在知识经验、兴趣爱好、性格特征方面都存在着一定的差异，因此学校开设的丰富多样、富于弹性的选修课，是为了促进我们潜在能力和个性特长的充分发展。

小案例

小王在大二时选择了一门讲解图像处理软件Photoshop（PS）技术的选修课。他想我要好好学习一下这个软件的使用，说不定将来找工作用得上呢？

半个学期过去了，小王在兴趣的驱使下，不仅能够熟练应用该软件，同时还在网上找了各种案例进行实战。在学习和使用的过程中，小王不仅提高了动手能力，而且也提高了自我学习和钻研的能力。

很快，小王成了班级里的PS达人。他还经常在一些网站查看别人发布的任务，然后单独完成，如果被采用了，他还能够有一笔小进账。

大四开始找工作了，小王的简历里面显然比其他同学多了一个亮点，这一亮点使得小王的求职之路异常顺利，他很快就找到了自己满意的工作。

> 你大学的朋友很可能就是你将来事业的一部分，他们会帮助你。但是，你也应该让自己有能够帮助他们的实力。所以，你要努力。

3. 学会思考与自修

在大学里一切都需要靠自己，掌握自我学习的能力非常重要。正如李开复曾经说过："电脑的发展日新月异。我们不能保证大学里所教的任何一项技术在五年以后仍然管用，我们也不能保证学生可以学会每一种技术和工具。我们能保证的是，你的孩子将学会思考，并掌握学习的方法，这样，无论五年以后出现什么样的新技术或新工具，你的孩子都能游刃有余。"以不变应万变是适应社会的捷径，是大学生应当学会的能力。

4. 学习并考取一些技能证书

这里的"证"不仅是指英语四六级证书，还包括计算机等级证书、注册会计师证、英语专业等级证书、国家司法考试证书、各类竞赛证书、托福、雅思、高级口译证、导游证、教师资格证、各行业从业资格证、普通话水平测试证、专项技能计算机证书等等。还有一些学生发表了一些论文或者有专利发明，这些成果的证书也是毕业求职时的巨大优势。

5. 与老师、同学建立良好的关系

（1）与老师的关系

学生与老师之间的关系一般是单纯的师生关系，老师作为授课载体，学生作为接收对象，二者之间没有实质的利益冲突。老师的职责是"传道，授业，解惑"，作为学生，在与老师沟通时应怀着谦虚、尊重师长的心理，虚心向老师请教。

（2）与同学的关系

与同学相处过程中，要学会换位思考，以诚待人。站在别人的位置上考虑问题，自然能赢得别人的尊重。真诚之心能使交往双方心心相印，彼此肝胆相照，真诚的人能使交往者的友谊地久天长。

现实生活中，不良人际关系多半是因为自我的因素，如以自我为中心，缺乏同情心、待人不真诚、性格孤僻等。培养良好的人际关系，首先要改变观念，由被动式的"别人怎样待我，我就怎样待别人"变为主动式的"你想别人怎样对待自己，自己就应该怎样对待别人"。

英国教育家约翰·亨利·纽曼说："如果一定要赋予大学教育一个切实的目的，我的主张是培养社会的好公民。……大学教育旨在提高社会的知识氛围，培养国民的公心，净化国民的情趣，为浮躁的公众提供真正的公理，为公众的理想提供确定的目标，扩大时代的思想库并注入冷静的思考，促进政治权力的行使，提高人际交流的质量。大学教育使人做好准备，可靠地胜任任何职位，轻松自如地掌握任何科目。"

▶ **小案例**

小李是大四学生，身材很好，也很漂亮，却因与舍友关系问题进行了长达两年的心理咨询。

因为性格原因，小李在宿舍里，不愿意和别人分享自己的东西，而被室友们认作"小气"。久而久之，她与室友们的关系也处得不是很好，一直游离于这个集体之外。小李好像也看到了自己的问题，她显得很焦虑，在大三时就主动向学校心理老师求助。

"这个女孩本来个子挺高，挺有气质，但每次来办公室都是弓着腰，没有精神，就是因为和室友处不好关系，而没有了自信。"心理咨询老师说，从大三开始，小李前前后后进行了20多次心理咨询，每次都会带来新的问题。经过20多次的咨询和交流，得到了不小的效果。小李尽量站在对方的角度去思考问题，或者干脆接受一些事实，最终自我感觉好了许多，和室友关系也缓和了不少。

6. 进行新领域的尝试

很多大学生在选择专业时对专业并不了解，以致对本专业缺乏兴趣。在新领域的尝试不仅会开拓你的视野与见识，而且很有可能帮你找到真正的兴趣所在，一个人只有在自己感兴趣的领域，才能最快最好地发挥自己的潜能。如果你对该领域热情洋溢，愿意为其废寝忘食，认为自己在享受而非工作时，激情与快乐会使你成功。百度总裁张亚勤曾经说："那些敢于去尝试的人一定是聪明人。他们不会输，因为他们即使不成功，也能从中学到教训。所以，只有那些不敢尝试的人，才是绝对的失败者。"

（二）我的活动

1. 参加兴趣社团

人是过群体生活的，没有正常人可以脱离社会存在，那么与人打交道的能力便是必不可少的。你可以参加几个兴趣社团，多参与团体活动，这不仅可以从中交到很多不同性格的朋友，更可以丰富自己的生活和人生阅历，从中积累为人处世的宝贵经验，在相对宽松的环境里培养我们的社交能力，应该珍惜这样的机会。除此之外，更要完善自己的性格，改正自己的坏习惯，学会向更优秀的人学习，糅百家之长化为己用。还有一点就是学会团队作战，未来的社会多元复杂又细微，意味着个人的力量远远不足以适应这个社会，合作双赢才是正道。

> 只要你不计较得失，人生还有什么不能想法子克服的。
> ——[美]海明威

2. 参加学术活动

为了拓宽学生的视野，很多学校都会举办各种学术讲座，建立针对某一主题的学术组织，或者举办各类学术活动。对于学生而言，这些活动是可以让学生获得丰富的学术信息，碰撞出新的思想火花，扩大视野，拓宽知识面。

3. 参加社会实践

学校里的各种社团活动和实践活动相对来说目的比较单纯，并非是以营利为目的，更多的是要解决实际的、具体的问题。比如，有人去麦当劳等快餐店进行假期实践，这可以培养交往和沟通能力；有人去做售前或售后服务，这不仅可以学习一些知识，也能够锻炼口才等。

> 联合国教科文组织终身教育局局长保罗·郎格朗说过："未来的文盲，不再是不识字的人，而是没有学会怎样学习的人。"

4. 坚持体育锻炼

长期不懈地体育锻炼不仅是为了身体的健康，更可以保持精力的充沛，磨炼自己的意志，使思维变得更为清晰敏捷，工作完成得更快，而且与同学、老师之间的合作学习也更加顺畅、富有成效。

5. 坚持海量阅读

大学拥有着丰富的图书资源，涵盖各个领域，若不能充分利用这个机会，那么则是天大的浪费。如今各学科相互交叉的情况使得偏于一隅的人无法拥有足够的竞争力。博览群书，海量阅读，丰富的不仅是自己的知识量，更是对未来多元的把握。

合理科学地对大学生活进行规划，是对自己人生的负责，是在这个愈加激烈的竞争型社会里增加自己的砝码。另一方面，丰富的大学生活会留给你难以忘怀的美好回忆。

（三）学会生存

联合国教科文组织认为，教育既应是提供一个复杂的、不断变动的世界的地图，又应提供有助于在这个世界上航行的指南针。对我们来说，我们一方面应有认知地图的能力，又有使用指南针在迷失的世界中行走的能力。所以，联合国教科文组织号召全球各地的年轻人要理解并学好教育的四个支柱或者说四个技能，在《教育——财富蕴藏其中》报告中解释了这四个支柱的具体含义：

Learn to learn（学会认知或学会学习）；

Learn to do（学会做事）；

Learn to together（学会合作）；

Learn to be（学会生存或学会做人）。

下面我们来了解这四个技能。

1.学会学习

学会学习更多的是为了掌握认知的手段，而不是获得经过分类的系统化知识。既可将其视为一种人生手段，也可将其视为一种人生目的。作为手段，它应使我们每个人学会了解周围的世界，至少是使我们能够有尊严地生活，能够发展自己的专业能力和进行交往。作为目的，其基础是乐于理解、认识和发现。扩大知识面，可以令我们每个人更好地从各个角度来了解你自身所处的环境，有助于唤起对知识的好奇心，激发批判精神，并有助于在独立思考的基础上去辨别是非。

为了解知识而学习，首先要求学会运用注意力、记忆力和思维能力来学习。在视频图像占主导地位的社会里，我们从小就应开始学习将注意力集中在人和事上。同时，记忆力的训练是避免完全受传播媒体传播的即时信息影响的一种必要的方法。思维训练则是包括从具体到抽象，然后再由抽象到具体的反反复复的思维过程。

> 有嫉妒心的人自己不能完成伟大事业，乃尽量去低估他人的伟大，贬低他人的伟大使之与他本人相齐。
> ——[德]黑格尔

> 书籍一面启示我的智慧和心灵，一面帮着我在一片烂泥塘里站了起来，如果不是书籍的话，我就沉没在这片泥塘里，我就要被愚蠢和下流淹死。
> ——[苏]高尔基

▶ 小案例

学习改变命运

施瓦伯出生在美国乡村，没受过多少学校教育。18岁那年，他来到钢铁大王卡内基所属的一个建筑工地打工，他抱定了要做同事中最优秀者的决心。施瓦伯每天默默地积累着工作经验，并自学建筑知识。他有一个信念："我不只是为了老板打工，也是在为自己的梦想和远大前途打工。只有不断提升自己，使自己工作所产生的价值远远超过所得的薪水，才能获得机遇！"他坚信只有学习才能改变自己的命运。25岁那年，施瓦伯做了这家建筑公司的总经理。再后来，施瓦伯被卡内基任命为钢铁公司的董事长。

学习知识的过程永无止境。知识改变命运，能力引导成功。知识和能力是怎样获取的呢？是靠不断学习积累的。只有不断地学习，我们才能适应社会的变化和工作的需要，才能获得最终的成功和幸福。所有成功人士都有一个共同的秘诀——学习，不断地学习。未来企业间、人与人之间的竞争都是学习力的竞争。知识经济时代，职业人的竞争力最终将体现在学习能力与创新能力上。在工作中学习、在学习中创新将是每一个职业人的基本生存方式。如何学？学什么？怎么学？对这些问题的不同回答与选择将决定不同的职业成就和人生。

2. 学会做事

学会认知与学会做事在很大程度上是不可分的。我们在学习阶段一个重要任务是要充分利用现有的优质资源训练和培养我们的职业、岗位胜任能力。在工业时代，特别是对机器操作人员和技术人员来说，由于知识和信息对生产系统起着支配作用，个人能力的概念被置于首要地位。同时，雇主们越来越注重能力方面的要求，而不是资格方面的要求。被企业领导和人力资源经理常常视为生存技能的那些先天或后天的有很强个人色彩的素质便同知识和实际本领结合在一起，构成所需要的交往能力、与他人共事的能力、管理和解决冲突的能力等。

另外，我们可以想象到在未来高度技术化的组织里，人际关系上的困难可能造成严重的机能障碍，这就需要一种主要是基于行为表现而非基于知识的新型资格，这对那些没有文凭或文凭不高的人来说，可能是个好机会。直觉、觉察力、判断力和使一个组织紧密团结的能力不一定是有最高文凭的人所独具的能力。所以，我们任何时候都有机会。

3. 学会合作

教育如果能使人们通过扩大对其他人及其文化和精神价值的认识，以避免冲突或以和平方式解决冲突，那就是成功的教育。也就是说，我们的教育应该让我们能与他人和平相处，能与他人共同合作。我们应该懂得人类的多样性，同时，还要学会认识到地球上的所有人之间具有相似性又互相依赖。

人不是万能的，都有许多缺陷。很多事情不可能独自一人完成，这就需要寻求帮助，通过与别人的合作来达成自己的目标。可以说，团队就是一种能够弥补你的缺陷，带你走出困境，达成你的目标并让你走向成功的资源和平台。

4. 学会生存

我们应该明白，学习、培训和教育应该让我们能够全面发展，即身心、智力、敏感性、审美意识、个人责任感、精神价值等方面的发展，并形成一种独立自主的、富有批判精神的思想意识，以及培养自己的判断能力，以便由我们自己确定在人生的种种不同的情况下自己认为

> 在一个崇高的目标支持下，不停地工作，即使慢，也一定会获得成功。
> ——[美]爱因斯坦

应该做的事情。

　　我们个人的发展的目的在于使人日臻完善，使我们自身的人格丰富多彩，表达方式复杂多样，使我们作为一个人、作为家庭和社会的成员、作为一个公民来承担各种不同的责任。

二、案例讨论 Case Discussion

案例一：李嘉诚的学习管理

　　曾经有位记者这样问李嘉诚："今天你拥有如此巨大的商业王国，靠的是什么？"李嘉诚回答说："知识。"有位外商也曾经问过李嘉诚："李先生，您成功靠什么？"李嘉诚毫不犹豫地回答："靠学习，不断地学习。"的确，不断地学习知识，是李嘉诚成功的奥秘。

　　李嘉诚勤于自学，在任何情况下都不忘记读书。青年时打工期间，他坚持"抢学"；在经营自己的"商业王国"期间，他仍孜孜不倦地学习。一位熟悉李嘉诚的人说，晚睡前是他雷打不动的看书时间，他喜欢看人物传记，无论在医疗、政治、教育、福利哪一方面，对全人类有所帮助的人他都很佩服，都心存景仰。早在办塑料厂时他就订阅了英文塑料杂志，既学英文，又了解世界塑料行业最新的动态。在当时，懂英文的华人在香港是"稀有动物"。也正是因为懂得英文，使得李嘉诚可以直接飞往英美参加各种展销会，谈生意可直接与外籍投资顾问、银行高层打交道。如今，尽管李嘉诚已事业有成，但仍爱书如命，仍坚持不懈地学习。

　　李嘉诚说："在知识经济的时代里，如果你有资金，但缺乏知识，没有最新的资讯，无论何种行业，你越拼搏，失败的可能性越大。但是你有知识，没有资金的话，小小的付出就能够有回报，并且很有可能达到成功。现在跟数十年前相比，知识和资金在通往成功的道路上所起的作用完全不同。"

　　李嘉诚的故事告诉我们，人的一生就是一个不断学习的过程，只有主动激发自己的潜能，不断学习，才能保持强大的竞争力，获得成功。

讨论：

1. 我们可以从哪些方面学习李嘉诚的精神？
2. 你与李嘉诚之间的差距在哪里？

　　一个人追求的目标越高，他的才力就发展得越快，对社会就越有益，我确信这是一个真理。
　　——［苏］高尔基

　　成功之花，人们往往惊羡它现时的明艳，然而当初，它的芽儿却浸透了奋斗的泪泉，洒满了牺牲的血雨。
　　——冰心

案例二：让自己成为优秀的人中间的一员

下文摘自新东方董事长俞敏洪的演讲：

随着现代化的发展、大学的普及，现在的情况早就和古代不一样了。古代的时候一年只能考出一个状元、100个左右的进士，但对于我们现在来说，中国的一本大学，一年录取将近100万名学生。如果成为"状元"这个事情只有一个人能做到，我可以不做，但如果在这个省，有1万个人能够考上中国前30名的大学，你就应该是其中的一个。你不一定是最顶尖的那一个人，但必须是一群优秀人中间的那一个。

北京大学每年录取接近4000个本科生，你成为其中一个应该是有可能的。清华大学录取4000个本科生，你成为其中一个应该是有可能的。再加上复旦大学、南开大学、武汉大学就是接近10万人了，你不能成为10万人中间的一个吗？

我对自己的要求特别的简单，我希望自己能够成为在中国改革开放的30年里对社会有所贡献的一个人，我打算用60年的时间来做自己的事业。当所有的一切成为历史的时候，我希望我能够成为"为中国的社会做过贡献的人物排名"中的前1000位，不需要进入前10位、前100位，这个要求是可以达到的，因为你只需要变成千分之一就可以了。

大家都知道世界上有一个"二八原则"，80%的人占据了世界上20%的资源，而20%的人占据了世界上80%的财富。也就是说，你只要进入了前20%，就必然能够享受比后面的人要多得多的资源和发展的余地。其实成为20%太容易了，中国有13亿人。

所以我给大家提的要求很简单，你只需要进入全中国的20%，你就是胜利者。因为这20%的人掌握着世界上比80%的人还要多的财富。人的一辈子最重要的就是如何让自己变得更加优秀。

变得优秀的方法各有不同，刘同是年轻人的榜样，他也取得了很好的成绩，他的书一卖就是一百万本，这就是刘同的成就，他不会和李克强比，就只和自己比："我的书有人读，能够给年轻人鼓励。"这就够了，这是他的成就。

当然每个人都有不同的成就感。我特别希望我们在座的所有的同学，都能顺着自己的爱好，拓展自己的心胸，在自己未来的人生道路上做出一番成就，活出精彩！精彩是人生持续一辈子的过程，绝对不是高考和中考一锤子就可以定下来的，这一锤子只是你的精彩之一！

> 时间总不亏待那些珍惜它的人，如果你糟蹋它，它也会把你的生命化为废墟。

俞敏洪是北京大学毕业，从他的自述中可以看出，他考北京大学考了三次，考上北京大学后，他的成绩在全班排在最后几名。像他本人所说的，即便是最后几名，那也是优秀的人中的一员。

讨论：

1. 你周围优秀的人是怎样的？为什么你认为他很优秀？

2. 你是否曾有意和这些优秀的人交往？和优秀的人交往可以提升自己的水平，学习他们的优点和长处，有意识地改善和弥补自己的短板。

3. 你认为优秀仅仅反映在学习上吗？为什么？试举例说明。

三、过程训练 Process Training

活动一：帮老张做一份学习计划

老张是一个汽车维修公司的高级修理工，由于工作出色，人品又好，总经理决定提升他为主管。

老张甚是开心，但转念一想，自己从未做过管理工作，再加上负责的这个维修车间有 20 多个员工，各个和自己熟悉，又都是元老级人物，如果没有一定的管理能力肯定是无法胜任该工作的。但无论如何，他还是欣然接受了任命，并走马上任了。现在老张为做好这份工作，决定学习与车间管理相关的知识，虽然他具备了一定的现场管理经验，但现代化的管理水平仍然比较欠缺，为提高管理理论水平，增强管理能力，提升工作绩效，请帮助老张做一份目标明确、安排合理的学习计划。

活动二：帮助小李摆脱困境

小李刚刚大学毕业，供职于某家软件开发公司，负责软件的市场销售。公司规定，小李每个月必须完成 20 万元的销售额。为此，小李必须每天要拜访 5 位客户，打 20 个销售电话。最近，他越来越觉得工作有点力不从心，主要的原因有四个：一是与客户沟通的能力还存在许多不足；二是朋友之间的应酬特别多；三是父母身体不好，需要有人照顾；四是每天除了销售还需要完成领导交代的其他事项。

请根据本节所学知识，帮助小李摆脱困境，以提升小李充分利用时间的能力、沟通能力和学习能力。

反思型学习风格

这一类的人在行动过后，往往会回过头去，在得出任何结论之前从各种角度对自己的所作所为进行多方审查。他们所乐意选择的学习方式，是将众多的思想理论聚集在一起，然后把它们相互比较，找出其中最棒的。他们乐于坐在那里听别人的观点和思想。

四、效果评估 Performance Evaluation

评估：对你的大学生活进行评估

对你的大学生活进行评估，请完成以下问题：

1. 你经常翘课吗？
2. 你觉得和同学交往顺利吗？
3. 你和同宿舍的同学关系相处得好吗？
4. 你经常睡懒觉吗？
5. 你经常通宵达旦玩游戏吗？
6. 你经常抽空读英语或其他外语吗？
7. 你是否经常参加社团活动？
8. 你参加的社团活动是否影响到了正常的学习？
9. 你是否想在大学谈一场恋爱？
10. 你经常锻炼身体吗？
11. 你觉得自己周围是否存在三观不正的同学、朋友？
12. 别人是怎样在背后评价你的？
13. 你觉得自学其他学科知识吃力吗？
14. 社团活动是否有很多琐事？你是否对这些琐事感到不耐烦？
15. 你是否喜欢和同学组团参加各种竞赛？
16. 你是个自信心很强的人吗？
17. 如果你某一方面落后于别人，你会怎么办？迎头赶上，还是自暴自弃？
18. 你的口才好吗？是否能够面对全班同学，甚至全系同学侃侃而谈？
19. 你觉得自己善于协调各种关系吗？
20. 经常组织班级活动可以增加班级向心力，这种说法你认同吗？

请经常用以上问题来问自己，同时，衡量和评估自己的大学生活是否完全投入了精力。

第二章　个性探索

你越能了解自己的自然倾向和偏好，则越容易发现一条能够最大限度发挥你与生俱来的能力的职业轨道。如果你在走上职业道路时，能把自己的性格和兴趣考虑进去，你就极有可能从工作中得到乐趣和满足感。

人一生的任务恰恰是既要实现自己的个性，同时又要超越自己的个性。

——[美]弗洛姆

本章知识要点：

◆我的性格和兴趣；

◆我的 MBTI 定位分析；

◆我的"职业锚"。

第一节　我的性格和兴趣

职场在线

　　王丽大学毕业后进入一家大型公司做行政工作，工作一段时间后，王丽觉得自己对人力资源的岗位比较感兴趣，她对人力资源经理说："我想去人力资源部门做人事工作。"可是人力资源经理并没有什么特别的反应。王丽很伤心，但同时也暗自下决心要慢慢了解和学习相关人力资源方面的知识。随后，她报了一个人力资源方面的培训班，她给人力资源经理发邮件告知了这件事。在周末学习相关知识的过程中，她每周都会给人力资源经理发邮件，告诉他这周学到了什么，有哪些问题不明白，有时会请教一些不明白的地方。

　　转眼，四个月过去了。一天早上，人力资源经理又收到了王丽的邮件："这是我给您发的最后一封邮件了，谢谢您这几个月对我的帮助，有一家公司已经同意我过去做人力资源工作了，再次感谢您的帮助。希望以后有机会再和您合作。"中午，王丽正在整理资料，一抬头发现人力资源经理站在自己面前，人力资源经理向她伸出手："我们公司也希望你能过来做人力资源工作，你愿意吗？"

　　王丽的自我提高能力和执着为她争取到了公司的人力资源岗位。试想，如果王丽没有抱着从事这个行业的决心，那么她也不会去选择报培训班进行系统的学习，那也就没有后来的工作邀请了。

　　从案例中王丽的故事可以看出，在职场上，如果想要找到适合自己的工作，首先你需要了解自己的兴趣所在，结合自己的性格特点和专业知识技能，才能确定下来你适合什么样的工作。在工作中，还需要自我学习和自我激励的能力来不断学习、吸收新的知识和技能，这样才能使事业一步步走上顶峰。

一、能力目标 Competency Goal

自我分析是人在日常生活当中，对自己进行自我了解的一种手段。自我分析包括对自己的性格、兴趣、能力等的具体分析。

性格对于一个人的成功有着重要的影响，因此，对自己的性格进行全面的分析也显得尤为重要。如果能真正了解自己的性格，给性格一个很好的定位，进而从各种因素中培养自己的良好性格，那就能够把握成功，把握命运。

> 我的生活即是我想要传递的信息。
> ——[印]甘地

通过本节的学习，你将能够：

1. 分析自己的性格；
2. 了解霍兰德兴趣类型说等相关工具。

（一）兴趣与职业选择

从心理学的角度来看，兴趣是人们探究某种事物或从事某项活动的心理倾向，它以认识或探索外界的需要为基础，是推动人们认识事物、探求真理的重要动机。兴趣是最好的老师，它是职业生涯选择的重要依据，是保证职业稳定、职场成功的重要因素。有研究显示，如果一个人对他所从事的工作有兴趣，积极性高，就能发挥其全部才能的80% ~ 90%，否则只能发挥20% ~ 30%。因此，职业生涯的选择还必须与你的职业兴趣相结合。

> 一个人只有在低谷的时候才能学到东西。
> ——史玉柱

兴趣对事业的发展至关重要，所以兴趣自然是职业选择应考虑的重要因素。加拿大职业分类词典中明确了职业兴趣类型与相应职业选择的关系，如表2-1所示：

表 2-1　兴趣类型与相应职业对照表

类型	兴趣特征	类型解释与相应职业
1	愿与事物打交道	这一类人喜欢接触工具、器具或数字的职业，不喜欢与人打交道的职业。相应职业有：修理工、裁缝、出纳、会计、木匠、机器制造等。
2	愿与人打交道	这一类人喜欢与人交往，对销售、采访、传递信息一类的活动感兴趣。相应职业有：记者、推销员、服务员等。
3	愿干有规律的工作	这一类人喜欢常规的、有规律的活动，喜欢做有预先安排的细致的工作。相应职业有：邮件分拣员、图书馆管理员、统计员、档案管理员、办公室文员等。
4	愿从事社会福利和助人的工作	这一类人乐意帮助别人，试图改善他人的状况，帮助他人排忧解难。相应职业有：咨询人员、医生、律师、护士、科技推广人员等。
5	愿做领导和组织工作	这一类人喜欢掌管一些事务，希望受到众人尊敬和获得声望。相应职业有：行政人员、管理干部、辅导员等。

续表

6	愿研究人的行为	这一类人喜欢谈论涉及人的话题，他们爱研究人的行为举止和心理状态。相应职业有：心理咨询师、政治学教师、人类学研究人员、作家等。
7	愿从事科学技术工作	这一类人喜欢分析的、推理的、测试的活动，擅长理论分析，喜欢独立地解决问题，也喜欢通过实验获得新发现。相应职业有：生物学家、化学家、工程师、物理学家等。
8	愿从事抽象的和创造性的工作	这一类人喜欢创造性的式样和概念，大都喜欢独立的工作，对自己的学识和才能颇为自信，乐意解决抽象的问题。相应职业有：演员、创作人员、设计人员、画家等。
9	愿从事操作机器的技术工作	这一类人喜欢运用一定的技术，操纵各种机械，制造产品或完成其他任务。相应职业有：机床工、飞行员、驾驶员等。
10	愿从事具体的工作	这一类人喜欢制作看得见、摸得着的产品并从中得到乐趣，希望很快看到自己的劳动成果，并从完成的产品中得到满足。相应职业有：厨师、园林工、理发师、装饰工等。

根据上表，你可以初步判断你的职业兴趣类型，进而选择适合自己的职业。

（二）我的性格是什么样的

性格是指表现在人的态度和行为方式中较为稳定的心理特征的总和。性格是经常性的、习惯化的态度和行为方式，不是那种特殊条件下偶然表现出来的态度和行为方式。性格特征必须经过多方面地、持续地、科学地观察、归纳和总结。人的性格形成依赖于所处的社会和家庭环境。

1. 四种气质类型

在通常情况下，心理学家们认为，人的性格类型可分为胆汁质、多血质、黏液质和抑郁质四种，其性格特点分别是：

第一，胆汁质型：性情急躁，神经系统坚强，不怕困难，缺乏自制力，缺乏持久而有系统地进行工作的能力。

第二，抑郁质型：多愁善感，神经系统较敏感，抑制性较强，固执而容易生气，不善于交际，不能接受长期的紧张工作。

第三，多血质型：见异思迁，神经系统坚强，感觉和行动都是均衡的，活泼好动，善于交际，能适应各种情况，常常容易作出妥协。

第四，黏液质型：性格孤僻，感觉和行动是均衡的，表情不显于色，感情稳定，反应迟钝，难适应生活条件的改变，工作埋头苦干。

这四种是典型的气质类型，真正属于这四种气质类型的人并不太多，大多数人介于这四种类型之间。在不同条件和生活方式的影响下，当然还有各种各样的中间型、混合型和过渡型。

2. 九型人格

美国心理学及直觉论教师海伦·帕玛（Helen Palmer）根据人们不

公元前5世纪，古希腊著名医生希波克拉特认为人体内有四种体液：血液、黏液、黄胆汁和黑胆汁。四种体液谐调，人就健康；四种体液失调，人就会生病。他根据哪一种体液在人体内占优势把气质分为四种基本类型：多血质、胆汁质、黏液质和抑郁质。几个世纪以后，古罗马医生哈林（Galen）用拉丁语"emperametnum"一词来表示这个概念。这就是"气质"（temperament）概念的来源。

同的核心价值观和注意力焦点及行为习惯的不同，把人的性格分为九种，即九型性格，包括：完美型、助人型、成就型、感觉型、思想型、忠诚型、活跃型、领袖型、和平型。

表 2-2　九型人格的表现

1. 完美型	重原则，不易妥协，黑白分明，对自己和别人均要求高，追求完美
2. 助人型	渴望与别人建立良好关系，以人为本，乐于迁就他人
3. 成就型	好胜心强，以成就去衡量自己价值的高低，是一名工作狂
4. 感觉型	情绪化，惧怕被人拒绝，觉得别人不明白自己，我行我素
5. 思想型	喜欢思考分析，求知欲强，但缺乏行动，对物质生活要求不高
6. 忠诚型	做事小心谨慎，不易相信别人，多疑虑，喜欢群体生活，尽心尽力工作
7. 活跃型	乐观，喜新鲜感，爱赶潮流，不喜压力
8. 领袖型	追求权力，讲求实力，不靠他人，有正义感
9. 和平型	需花长时间做决策，怕纷争，祈求和谐相处

九型人格中，每一种性格都有不同的特点，很多人往往突出表现出一种比较典型的性格类型，实际生活中一个人往往也会有多种其他类型的性格，一个人的性格可能是这几种类型性格的混合。

海伦·帕玛

◢ 小测试

你的性格是属于什么类型的呢？你觉得平时有哪些突出的行为显示你是此种类型的性格呢？试举例说明。

（三）加德纳的多元智能理论

1983 年，美国哈佛大学教育研究院的心理发展学家、职业指导专家霍华德·加德纳（Howard Gardner）提出了多元智能理论。他认为我们每个人都拥有如下八种主要智能：

表 2-3　加德纳的多元智能分类

言语—语言智能 Verbal-linguistic intelligence	听、说、读和写的能力，表现为个人能够顺利而高效地利用语言描述事件、表达思想并与人交流的能力。
音乐—节奏智能 Musical-rhythmic intelligence	感受、辨别、记忆、改变和表达音乐的能力，表现为个人对音乐包括节奏、音调、音色和旋律的敏感以及通过作曲、演奏和歌唱等表达音乐的能力。
逻辑—数理智能 Logical-mathematical intelligence	运算和推理的能力，表现为对事物间各种关系，如类比、对比、因果和逻辑等关系的敏感以及通过数理运算和逻辑推理等进行思维的能力。
视觉—空间智能 Visual-spatial intelligence	感受、辨别、记忆和改变物体空间关系并借此表达思想和感情的能力，表现为对线条、形状、结构、色彩和空间关系的敏感以及通过平面图形和立体造型将它们表现出来的能力。

续表

身体—动觉智能 Bodily-kinesthetic intelligence	运用四肢和躯干的能力，表现为能够较好地控制自己的身体、对事件能够做出恰当的身体反应以及善于利用身体语言来表达自己的思想和情感的能力。
自知—自省智能 Intrapersonal intelligence	认识、洞察和反省自身的能力，表现为能够正确地意识和评价自身的情绪、动机、欲望、个性、意志，并在正确的自我意识和自我评价的基础上形成自尊、自律和自制的能力。
交往—交流智能 Interpersonal intelligence	与人相处和交往的能力，表现为觉察、体验他人情绪、情感和意图并据此做出适宜反应的能力。
自然观察智能 Naturalist intelligence	指个体辨别环境（不仅是自然环境，还包括人造环境）的特征并加以分类和利用的能力。

小活动

问一问自己，我在哪些方面比较在行？按照加德纳的多元智能理论，你的优势智能是哪一种智能？

多元智能理论告诉我们，我们每一个人都具有这种或那种技能，它为我们做职业选择提供了一个可信的理论参考依据，它也告诉我们，如果我们从我们自己独特的优势智能出发，我们就可造就更成功的自己。同时，你也大可不必为没有某一项智能而困扰，因为每一个人生来就是不一样的人。你也可以试着对照一下，看看自己在哪方面具有优势，这样你可以针对你的优势智能进行训练，这样很容易建立起你的职业自信和人生自信。

（四）霍兰德兴趣类型说

回忆一下，从小到大，你的兴趣是什么？某项运动，还是音乐，或者是阅读等等？可能有的人会说，我的兴趣很多啊，我喜欢打球、游泳、音乐……那么有没有那么一个兴趣，是你从小到大一直坚持的？这个兴趣你有没有考虑过将它变成你的职业？

20 世纪 70 年代初，约翰·霍兰德提出了一些新的方法来思考兴趣以及兴趣的测量。霍兰德提出，兴趣只是描述人格特点的另一途径，兴趣是人格中最重要的部分，是将人与职业进行匹配的依据。通过让人们按顺序列出他们最想从事的职业这一方法，可以快速、有效地测量出兴趣。他提出著名的六边形模型，这个模型用于比较一个领域的兴趣与其他领域的兴趣，最终用来进行人与职业的匹配。六边形模型如图 2-1 所示：

霍兰德类型理论把个人特质和适合这种特质的工作联合起来，巧妙地拉近了自我与工作世界的距离。借助霍兰德代码的协助，我们能迅速、有系统地在一个特定的职业群里进行探索活动。它提供和个人兴趣相近而内容互有关联的几种职业，而不是仅仅冒险地去建议个人选择一种特殊的职业或工作。霍兰德的职业性向论也可以引导我们走向主动、积极的行动方向，进行动态探索。

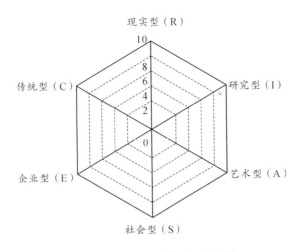

图 2-1　霍兰德兴趣类型图

表 2-4　霍兰德兴趣类型特点和职业

类型	共同特征	典型职业
社会型(S)	喜欢与人交往，不断结交新的朋友、善言谈、愿意教导别人。关心社会问题、渴望发挥自己的社会作用。寻求广泛的人际关系，比较看重社会义务和社会道德。	喜欢要求与人打交道的工作，能够不断结交新的朋友，从事提供信息、启迪、帮助、培训、开发或治疗等事务，并具备相应能力。如教育工作者(教师、教育行政人员)，社会工作者(咨询人员、公关人员)。
企业型(E)	追求权力、权威和物质财富，具有领导才能。喜欢竞争、敢冒风险、有野心、抱负。为人务实，习惯以利益得失、权力、地位、金钱等来衡量做事的价值，做事有较强的目的性。	典型职业：喜欢要求具备经营、管理、劝服、监督和领导才能，以实现机构、政治、社会及经济目标的工作，并具备相应的能力。如项目经理、销售人员，营销管理人员、政府官员、企业领导、法官、律师。
传统型(C)	尊重权威和规章制度，喜欢按计划办事，细心、有条理，习惯接受他人的指挥和领导，自己不谋求领导职务。喜欢关注实际和细节情况，通常较为谨慎和保守，缺乏创造性，不喜欢冒险和竞争，富有自我牺牲精神。	喜欢要求注意细节、精确度、有系统、有条理，具有记录、归档、据特定要求或程序组织数据和文字信息的职业，并具备相应能力。如秘书、办公室人员、记事员、会计、行政助理、图书馆管理员、出纳员、打字员、投资分析员。
现实型(R)	愿意使用工具从事操作性工作，动手能力强，做事手脚灵活，动作协调。偏好于具体任务，不善言辞，做事保守，较为谦虚。缺乏社交能力，通常喜欢独立做事。	喜欢使用工具、机器，需要基本操作技能的工作。对要求具备机械方面才能、体力或从事与物件、机器、工具、运动器材、植物、动物相关的职业有兴趣，并具备相应能力。如技术性职业(计算机硬件人员、摄影师、制图员、机械装配工)，技能性职业(木匠、厨师、技工、修理工、农民、一般劳动)。
研究型(I)	思想家而非实干家，抽象思维能力强，求知欲强，肯动脑，善思考，不愿动手。喜欢独立的和富有创造性的工作。知识渊博，有学识才能，不善于领导他人。考虑问题理性，做事喜欢精确，喜欢逻辑分析和推理，不断探讨未知的领域。	喜欢智力的、抽象的、分析的、独立的定向任务，要求具备智力或分析才能，并将其用于观察、估测、衡量、形成理论、最终解决问题的工作，并具备相应的能力。如科学研究人员、教师、工程师、电脑编程人员、医生、系统分析员。
艺术型(A)	有创造力，乐于创造新颖、与众不同的成果，渴望表现自己的个性，实现自身的价值。做事理想化，追求完美，不重实际。具有一定的艺术才能和个性。善于表达、怀旧、心态较为复杂。	喜欢的工作要求具备艺术修养、创造力、表达能力和直觉，并将其用于语言、行为、声音、颜色和形式的审美、思索和感受，具备相应的能力。如艺术方面(演员、导演、艺术设计师、雕刻家、建筑师、摄影家、广告制作人)，音乐方面(歌唱家、作曲家、乐队指挥)、文学方面(作家、诗人、剧作家)。不善事务性工作。

小测试

你的性格是属于哪种类型的呢？你觉得你的兴趣爱好是否能显示你是此种类型的性格？试举例说明。

一个没有任何个性的人，只能做出一般产品。只有在工作中发挥个性，才能有新的点子，找出新的方向。

——[日]大松博文

大多数人都并非只有一种倾向。霍兰德认为，这些倾向越相似，相容性越强，一个人在选择职业时所面临的内在冲突和犹豫就会越少。

当人格和职业相匹配时，会产生最高的满意度和最低的流动率。例如，社会型的个体应该从事社会型的工作，社会型的工作对现实型的人则可能不适合。

（五）ACT 工作世界地图

美国大学考试中心（ACT）开发的一个职业生涯规划项目中描绘了一个工作世界地图。ACT 工作世界地图将 26 种职业领域分为 12 个区域，它涵盖了当今几乎所有职业。每种职业领域都按以下四种工作任务族群来确定其在工作世界地图（见图 2-2）中的位置：

1. 数据：事实、数字、文件、计算机、商业程序。
2. 观念：洞见、理论、新的表达或行动方式，可以是文字、方程式或音乐等形式。
3. 人：你能够为之服务、提供帮助、提供信息或照料的人，或是你向其售卖商品的人。
4. 物：机器、工具、生物、食物、木材、金属等材料。

你是最重要的一个人，停下来，思考一下自己：在世界的历史长河中，没有人与你一模一样，在未来所有无限的时间里，也没有另一个人……

你可以指引自己的思想，控制自己的情绪，决定自己的命运，以积极的心态去思考。

——[美]拿破仑·希尔

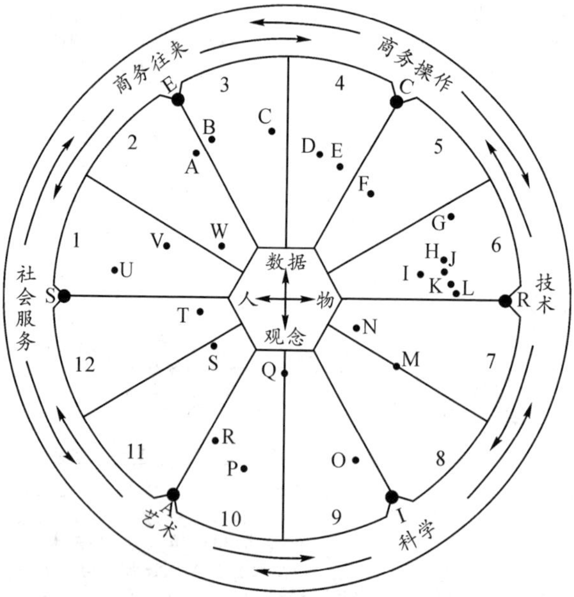

图 2-2　ACT 工作世界地图

从图 2-2 可以看出，将近 500 种职业划分为 6 个工作族群和 26 个工作领域。6 个族群的分类与霍兰德的代码类型非常相似。

二、案例讨论 Case Discussion

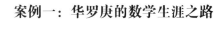

案例一：华罗庚的数学生涯之路

1910 年，华罗庚出生在江苏省的一个小县城金坛。他小时候，家中清贫，父亲在小镇上开了个小杂货铺，代人收购蚕丝，一家人过着半饥不饱的生活。华罗庚上初中时，对数学产生了特殊的兴趣，他的老师王维克很喜欢这个聪明机灵的少年，常常单独辅导他，给他出一些难题做，这使少年华罗庚受益匪浅。

华罗庚在金坛中学读完初中后，因家里无力再供他上学，只得辍学到父亲的小杂货店里帮助料理店务。可这位酷爱数学的年轻人，人虽然守在柜台前，心里经常琢磨的还是数学。王维克老师借给他几本数学教材：一本大代数、一本解析几何、一本微积分。华罗庚便跟着这几位不会说话的老师步入了高等数学的大门。华罗庚 18 岁那年，在王维克老师的帮助下，到金坛中学当了一名会计兼管学校事务工作。他曾回忆当时艰难的生活："除了学校里繁重的事务外，早晚还要帮助料理小店的事务。每天晚上大约 8 点钟才能回家。清理好小店的账目之后，才能钻研数学，常常到深夜。"不久，金坛县流行伤寒，华罗庚不幸染病，卧床半年。后来病慢慢好了，可是左脚却弯曲变形，落了个跛足的终身残疾。

华罗庚在贫病之中刻苦自学，不但读了许多书，而且还勤于独立思考，敢于向权威挑战。19 岁那年，他发现一位大学教授的论文写错了，便把自己的看法写成一篇文章，题目叫《苏家驹之代数的五次方程式解不能成立之理由》，于次年发表在上海的《科学》杂志上。随后，华罗庚又连续发表了几篇数学论文，署名"金坛人"。

这个在数学论坛上崭露头角的"金坛人"，引起了清华大学数学系主任熊庆来教授的注意。当他打听到这个数学奇才原来是个只读过初中的小青年时深为震惊，便写信邀华罗庚来当时北平的清华大学数学系当管理员。到清华后，华罗庚的进步更快了。他自学了英语、德语。24 岁时，已能用英文写作数学论文。25 岁时，他的论文已引起国外数学界的注意。28 岁时，他当上了西南联大教授。后来，他又被熊庆来教授推荐到英国剑桥大学去深造。

华罗庚成功了！在走过坎坷的自学之路后，他成了世界著名的数

> 我们不必羡慕他人的才能，也不必悲叹自己的平庸；个人都有他的个性魅力。最重要的就是认识自己的个性，而加以发展。
> ——[日]松下幸之助

> 天才，就是强烈的兴趣和顽强的入迷。
> ——[日]木村久一

学大师，国外数学界这样评价他："华罗庚教授的研究著作范围之广，足可使他堪称为世界上名列前茅的数学家之一"。

20世纪40年代后期，华罗庚应美国伊利诺伊大学之聘，在那里当教授。华罗庚在那里有着优越的生活、科研环境：他的住屋有4间卧室，2间浴室，还有1间可容纳五六十人开酒会的客厅。大学还给他配备了4个助手、1个打字员。

但是，当新中国成立的消息传来时，华罗庚却不再留恋美国的优越条件，踏上了返回祖国的旅程。他说："为了抉择真理，我应当回去！为了国家民族，我应当回去！为了为人民服务，我应当回去！"1950年的一天，这位已担任了中国科学院数学研究所所长的著名教授，在填写户口簿时，在"文化程度"一栏里写了"初中毕业"4个字。这虽然使许多人惊讶不已，却是事实：他的的确确只有一张初中毕业证书。这位数学大师的数学知识，几乎都是通过自学获得的！

1983年10月，华罗庚重游美国，接受了美国科学院外籍院士的荣誉称号。这是美国科学院120年历史上第一次把这个荣誉称号授予一位中国科学家。美国科学院院长在向华罗庚致赞词的时候说："他是一个自学出身的人，但他教育了千百万的人们。"

兴趣是最好的老师。当一个人的某方面兴趣与他的志向结合起来时，那么，他离成功就已经不远了。

> 生活是公平的，哪怕吃了很多苦，只要你坚持下去，一定会有收获，即使最后失败了，你也获得了别人不具备的经历。
> ——马云

讨论：

1. 你最大的兴趣是什么？

2. 你的兴趣与你现在所学的专业或工作相关度有多大？如果没有相关度，你将有什么打算？

案例二：坚持你的目标与梦想

> 不为失败找理由，要为成功找方法。

明确的目标和执着的精神可以帮你什么？

有个叫申科尔的英国教师，在整理阁楼上的旧物时，发现了一叠练习册。它们是25年前皮特金中学40位孩子的春季作文，题目叫《未来我是……》

申科尔顺便翻了几本，很快被孩子们千奇百怪的自我设计迷住了。比如，有个叫彼得的学生说，未来的他是海军大臣，因为有一次他在海中游泳，喝了三升海水都没被淹死；还有一个说，自己将来必定是法国的总统，因为他能背出25个法国城市的名字，而同班的其他同学最多只能背出7个；最让人称奇的是一个叫戴维的盲学生，他认为将来他必定是英国的一个内阁大臣，因为在英国还没有一个盲人进入内阁。总之，孩子们都在作文中描绘了自己的未来。有当驯狗师的，有当领航员的，有做王妃的……五花八门，应有尽有。

申科尔读着这些作文，突然有一种冲动——何不把这些本子重新发到同学们手中，让他们看看现在的自己是否实现了25年前的梦想。当地一家报纸得知他这一想法，为他发了一则启事。没几天，一封封来信向申科尔飞来。他们中间有商人、学者及政府官员，更多的是没有身份的人。他们都表示，很想知道儿时的梦想，并且很想得到那本作文簿。申科尔按地址一一给他们寄去了。

一年后，申科尔身边仅剩下一个作文本没人索要。他想，这个叫戴维的人也许已经不在了。毕竟25年了，这期间什么事情都可能发生。

就在准备把这个本子送给一家私人收藏馆时，申科尔收到内阁教育大臣布伦克特的一封信。他信中说，那个叫戴维的人就是我，感谢您还为我们保存儿时的梦想。不过我已经不需要那个本子了，因为从那时起，我的梦想就一直在我的脑子里，我没有一天放弃过。25年过去了，我已经实现了那个梦想。今天，我还想通过这封信告诉其他的同学，只要不让年轻时的梦想随岁月飘逝，总有一天它会变成现实。

布伦克特的这封信后来被发表在《太阳报》上。他作为英国的第一位盲人大臣，他用自己的行动证明了一个真理：假如谁能把15岁时想当总统的梦想保持25年，并不懈努力，那么25年后他就一定是总统了。

戴维·布伦克特于1947年出生在英国北部工业城市谢菲尔德，家境贫寒，天生双目失明——他后来凭自己的努力成为英国首相布莱尔政府的教育及就业大臣，后来又成为权力更大的内政大臣，双目失明的他再次成为英国人心目中的传奇。

> 模仿者是没有个性的，因为个性恰好在于思想方式的独创性，它的行为举止汲取的是由它自己所开辟的源泉。
> ——［德］康德

讨论：

1. 你中小学时期或者大学时期的梦想是什么？现在有没有初步实现其中的某一步？

2. 梦想或目标对个体的行为和习惯的影响主要体现在哪里？

三、过程训练 Process Training

活动一：测试与讨论

（一）情景描述

恭喜你！你获得了一次免费度假游的机会，有机会去以下六个岛屿中的一个。唯一的要求是你必须要在这个岛屿上待满 3 个月的时间，请不要考虑其他因素，仅凭自己的兴趣按照一、二、三的顺序选出你最想前往的 3 个岛屿。

岛屿 R：自然原始的岛屿。岛上自然生态保持得很好，有各种野生动物。居民以手工见长，自己种植花果蔬菜、修缮房屋、打造器物、制作工具，喜欢户外运动。

岛屿 C：现代、井然的岛屿。岛上建筑十分现代化，是进步的都市形态，以完善的户政管理、地政管理、金融管理见长。岛民个性冷静保守，处事有条不紊，善于组织规划，细心高效。

岛屿 I：深思冥想的岛屿。有多处天文馆、科技博览馆及图书馆。居民喜好观察、学习、崇尚和追求真知，常有机会和来自各地的哲学家、科学家、心理学家交换心得。

岛屿 E：显赫富裕的岛屿。居民善于企业经营和贸易，能言善辩。经济高度发展，处处是高级饭店、俱乐部、高尔夫球场。来往者多是企业家、经理人、政治家、律师等。

岛屿 A：美丽浪漫的岛屿。充满了美术馆、音乐厅，街头雕塑和街边艺人，弥漫着浓厚的艺术文化气息。居民保留了传统的舞蹈、音乐和绘画，许多文艺界的朋友都喜欢来这里捕捉灵感。

岛屿 S：友善亲切的岛屿。居民个性温和、友善、乐于助人，社区均自成一个密切互动的服务网络，人们重视互助合作，重视教育，关怀他人，充满人文气息。

> 兴趣是最好的老师。
>
> ——[美] 爱因斯坦

（二）测试结果和讨论

1. 按自己的第一选择的岛屿分组就座。

2. 同一岛屿的人交流一下：自己为什么选择这个岛屿，看看大家有什么共同的兴趣爱好，并对照本节中的霍兰德兴趣类型划分，看看自己的性格特征是什么。

3. 根据大家的交流给自己的小组命名并选取一个标志物，在纸上制作本小组的宣传图。

4. 每个小组请一位同学展示自己小组的图，并在全班介绍一下自己小组成员共同的特点。

活动二：描述自己

从下表中圈出最能描述你的形容词，在最不像你的形容词上画"×"。

现实型（R）	研究型（I）	艺术型（A）	社会型（S）	企业型（E）	传统型（C）
实践的 坚定的 活跃的 顺从的 健壮的 脚踏实地的 稳定的 自我依靠的 坦率的	仔细的 内向的 有追求的 自信的 好奇的 善于分析的 精确的 独立的	情绪化的 易冲动的 善于表现的 灵活的 富有想象力的 理想的 随性的 独创的 创造性的	乐于助人的 善解人意的 富有洞察力的 受欢迎的 好心的 善于合作的 友善的 有责任心的 言行得体的 轻浮的	充满能量的 冒险的 精力旺盛的 强健的 有抱负的 有说服力的 坚毅而自信的 竞争性强 热心的	认真的 稳健的 坚定的 有序的 有组织的 高效的 服从的 注意细节的 可靠的 考虑周到的

下面回顾你所圈出的形容词，注意这些词被分成了六大类：现实型（R）、研究型（I）、艺术型（A）、社会型（S）、企业型（E）和传统型（C），即 RIASEC，霍兰德代码。它能帮助你做出职业选择。哪一组的形容词最贴切地描述了你呢？这些大部分都是积极性的描述人格特质的词汇，你可通过这个练习了解自己的积极性。

> 人生重要的事情就是确定一个伟大的目标，并决心实现它。
> ——[德]歌德

在这六组词中，你圈出的词最多的是哪三组？按照圈出的词从多到少的顺序写在下面。

1. ＿＿＿＿＿　2. ＿＿＿＿＿　3. ＿＿＿＿＿。

你所写出的这三个词就是你的霍兰德代码。你可通过它们来了解自己的兴趣，从而做出适当的职业选择。在这六组形容词，每一组都描述了特定类型的一类人。你喜欢跟哪个类型的人在一起？按照顺序写下最希望在一起的三类人的代码。

1. ＿＿＿＿＿　2. ＿＿＿＿＿　3. ＿＿＿＿＿。

所选择的代码与之前的描述你自己的代码是否一致？愿意跟什么类型的人在一起，对于你所喜欢的职业类型具有很好的预测作用。

> 踩着别人脚步走路的人，永远不会留下自己的脚印。
> ——[美]爱因斯坦

以上活动只是你做一个简单测评，如果有兴趣，或者需要做一个更深入的测评，你可以找专业的人力资源公司或你们学校和单位主管职业生涯咨询的老师做一个全方位的霍兰德职业兴趣测验。

四、效果评估 Performance Evaluation

评估：职业兴趣量表

（一）情景描述

完成以下职业兴趣倾向量表，测试你是哪种类型的人。

1. 我喜欢把一件事情做完后再做另一件事。

> 一双感觉合脚的鞋却会夹痛另一个人的脚；适用于一切病症的生活处方并不存在。
> ——[瑞士]荣格

2. 在学习和生活中我喜欢独自筹划，不愿受别人干涉。

3. 在集体讨论中，我往往保持沉默。

4. 我喜欢做戏剧、音乐、歌舞、新闻采访等方面的工作。

5. 每次写信我都一挥而就，不再重复。

6. 我经常不停地思考某一问题，直到想出正确的答案。

7. 对别人借我的和我借别人的东西，我都能记得很清楚。

8. 我喜欢抽象思维的工作，不喜欢动手的工作。

9. 我喜欢成为人们注意的焦点。

10. 我喜欢不时地夸耀一下自己取得的好成就。

11. 我很渴望参加探险活动。

12. 当我一个人独处时，会感到更愉快。

13. 我喜欢在做事情前，对此事情做出细致的安排。

14. 我讨厌修理自行车、电器一类的工作。

15. 我喜欢参加各种各样的聚会。

16. 对于将来的职业，我愿意从事虽然工资少，但是比较稳定的职业。

17. 我常陶醉于音乐之中。

18. 我办事很少思前想后。

19. 我在处理学校事务时，经常请示老师。

20. 比较普通的游戏，我更喜欢需要动脑子的智力游戏。

21. 我很难持续集中注意力在 2 小时以上。

22. 我喜欢亲自动手制作一些小玩意儿，从中得到乐趣。

23. 我的动手能力很差。

24. 和不熟悉的人交谈对我来说毫不困难。

25. 和别人谈判时，我总是很容易放弃自己的观点。

26. 我很容易结识同性别的朋友。

27. 我做人做事既不悲观，也不偏激，基本属于不偏不倚的温和型。

28. 当我开始做一件事情后，即使碰到再多困难，我也要执着地干下去。

29. 我是一个沉静而不易动感情的人。

30. 做事情时，我喜欢避免干扰。

31. 我的理想是当一名科学家。

32. 与言情小说相比，我更喜欢推理小说。

33. 有些人太霸道，有时明明知道他们是对的，也要和他们对着干。

34. 我爱幻想。

35. 我总是主动地向别人提出自己的建议。

36. 我喜欢使用钳子、改锥、螺丝刀、万用表一类的工具。

37. 我乐于助人。

38. 我比赛或玩游戏，爱与别人打赌。

> 人并不是"一般地"存在着。……他的性格、气质、天资、性情正是他区别于其他人的地方。
> ——[美]弗洛姆

39. 我乐于按父母和老师的安排去做事。

40. 如果将来参加工作，我希望能经常换不同的工作来做。

41. 与朋友约好了见面，我总留有充裕的时间以免迟到。

42. 我喜欢阅读自然科学方面的书籍和杂志。

43. 如果掌握一门精湛的手艺，并能以此赚到足够多的钱，我会感到满足。

44. 我对汽车司机、汽车修理工的职业比较感兴趣。

45. 听别人谈"家中被盗"一类的事，很难引起我的同情。

46. 如果待遇相同，我宁愿当商品推销员，而不愿当图书管理员。

47. 我讨厌跟各类机械打交道。

48. 我小时候经常把玩具拆开，把里面看个究竟。

49. 当接受新任务后，我喜欢以自己的独特方法去完成它。

50. 我有文艺方面的天赋。

51. 我喜欢把一切安排得整整齐齐、井井有条。

52. 我喜欢做一名教师。

53. 和一群人在一起的时候，我总想不出恰当的话来说。

54. 看情感影片时，我常禁不住眼圈湿润。

55. 我讨厌学数学。

56. 假如将我单独一个人留在实验室做实验，我会感到非常无聊。

57. 对于急躁、爱发脾气的人，我仍能以礼相待。

58. 遇到难解答的题目时，我常常中途放弃，改做下一题。

59. 大家公认我是一名勤劳踏实的愿为大家服务的人。

60. 我喜欢协助老师做班级管理类的工作。

> 每个人都有他的隐藏的精华，和任何别人的精华不同，它使人具有自己的气味。
> ——[法]罗曼·罗兰

（二）评估标准及结果分析

职业人格的类型：符合以下"是"或"否"答案的记 1 分，不符合的记 0 分。

类型	是	否
传统型	7，19，29，39，41，51，57	5，18，40
现实型	2，13，22，36，43	14，23，44，47，48
研究型	6，8，20，30，31，42	21，55，56，58
企业型	11，24，28，35，38，46，60	3，16，25
社会型	26，37，52，59	1，12，15，27，45，53
艺术型	4，9，10，17，33，34，49，50，54	32

请将得分最高的三种类型从高到低排列，得出一个或两个三位组合答案，再对照本节霍兰德 6 种兴趣类型得出人格类型所匹配的职业。

第二节　MBTI 定位分析

职场在线

　　情感型的阿汤是一家大型办公家具制造公司的销售人员，他订了飞往广州的航班去参加一个他们客户代表公司的会议。

　　阿汤的老板前一天晚上已经抵达，是为了能够和这些潜在客户代表一起祝酒进餐。

　　当阿汤晚了一个半小时到达时，老板非常生气。阿汤解释道："在飞行途中飞机的一个引擎着火了，被迫紧急降落在武汉，我等了两个小时之后航空公司给我在另外一个航班的头等舱安排了一个座位，我才赶到这里。"

　　他的老板问出的第一个问题是："头等舱多花了多少钱？"这让阿汤非常惊讶地看着老板，阿汤觉得老板不体谅自己而感到有些难过。

　　老板为难地说："我不理解你为什么不高兴，并不是我不关心你的安全，而是很明显你现在安然无恙，所以我只是对于额外的花费有点好奇。"

　　阿汤和老板对待阿汤迟到这件事，二人关注的重点显然是不同的。阿汤是情感型的人，所以他更在乎别人对他的感觉，而老板显然是对花费有更多的兴趣。

　　不同类型的人格，会对同一件事情产生不同的看法。了解自己的性格类型特点，就可以在工作和生活中更积极地发挥自己的优势和长处。

一、能力目标 Competency Goal

MBTI（Myers-Briggs Type Indicator），即梅尔斯-布瑞格斯类型指标，是使用最为广泛的人格量表之一。该量表的理论基础是人格的四个维度，把人划分为 16 种类型，每一种类型都可以用字母代码来表示。MBTI 在解决生涯问题中应用广泛，尤其是组织机构中的工作者监管和团队建设。

MBTI 是国际上最权威、使用最普遍的人格类型理论。据统计，全世界每年有 800 多万人次接受 MBTI 分析，世界 500 强公司中有 89% 的公司引入 MBTI 作为员工和管理层自我发展、团队建设、绩效提升的重要方法。

通过本节的学习，你将能够：

1. 了解 MBTI 定位分析；
2. 试着用 MBTI 分析自己。

> 人生源动力是决定个人对职业生涯的期望与需求的内在力量，它能激起人的行动。
>
> ——[美]拿破仑·希尔

MBTI 共有四个维度，每个维度有相互对立的两种类型，从四个维度中各自选取一个类型，就构成了由 4 个字母组成的字母代码，而根据字母代码，我们可以确定下来每个人的性格类型，从而确定下来适合这个人的职业。这四个维度中所包含的 8 种类型，分别是：

外向型 E（Extraversion）　　　　内向型 I（Introversion）

感觉型 S（Sensing）　　　　　　直觉型 N（Intuition）

思维型 T（Thinking）　　　　　　情感型 F（Feeling）

判断型 J（Judging）　　　　　　知觉型 P（Perceiving）

MBTI 的 4 个维度组成 16 种类型，如表 2-5 所示：

表 2–5　MBTI 类型表

SJ 教条者，护卫者		NF 友善型，理想主义者	
ISTJ 稽查员／检查者	ISFJ 保护者	INFJ 咨询师／劝告者	INFP 治疗师／导师／化解者
ESTJ 督导／监督者	ESFJ 供给者／教导者	ENFJ 教师／教导者	ENFP 倡导者／激发者
ISTP 操作者／演奏者	ISFP 作曲家／艺术家	INTJ 智多星／科学家／策划	INTP 建筑师／设计师
ESTP 发起者／创业者	ESFP 表演者／示范者	ENTJ 统帅／调度者	ENTP 发明家
SP 探索型，艺术创造者		NT 坚定型，理性者	

（一）MBTI 的四个维度

1. 维度一：外向型（E）/内向型（I）——我们怎样与外界互动

外向/内向组合描述了不同的人与外界的互动方式，外向型的人通常比较关注外界，以行动为导向，而内向型的人则性格内敛，喜欢思考。在日常生活中，每个人都会用到这两种倾向，但只对其中的一种较为偏爱，运用得较多。仔细对照以下描述，哪种模式与你的性格比较接近？

表2-6　内向/外向模式

外向型（E）	内向型（I）
关注外部环境，喜欢用谈话的方式进行沟通； 通过谈话形成自己的意见； 兴趣广泛，好与人交往，善于表达； 先行动后思考，在工作和人际关系中很主动。	关注内心世界，喜欢用书面表达方式沟通； 通过思考形成自己的意见； 兴趣专注、安静、内向，先思考后行动； 当事件对他们具有重要意义时会主动。

2. 维度二：感觉型（S）/直觉型（N）——我们如何搜集信息

感觉型/直觉型组合界定了我们获取信息的方式，感觉型的人关注事实和数据，而直觉型的人对于抽象的模型或者概念兴趣浓厚。感觉型的人更愿意相信数据和事实推理，而直觉型的人更相信感觉，这种感觉可能是他通过观察或其他方式得来的。那么，这两种类型的性格具体表现怎样呢？请通过下表进行对比，并判断你是倾向于哪种类型。

表2-7　感觉/直觉模式

感觉型（S）	直觉型（N）
着眼于当前的实际情况，现实、具体； 关注真实的、实际存在的事物； 观察敏锐，注意细节，通过推理得出结论； 通过实际运用来理解抽象的思维。	着眼于未来的可能，富于想象力和创造性； 关注数据所代表的模式和意义； 靠直觉得出结论，当细节与模式相关时才能记住，相信经验，相信灵感。

3. 维度三：思维型（T）/情感（F）型——我们怎样做决策

这对组合反映了不同人处理信息及决策的方式。一般而言，思维型的人通过逻辑分析得出合理的结果和决定，而情感型的人则更多考虑个人价值观以及决定对于他人的影响。

表2-8　思考/情感模式

思考型（T）	情感型（F）
好分析的、运用因果推理，爱讲理的； 以逻辑方式解决问题，可能显得不近人情； 寻求合乎真理的客观标准； 以为每个人都能得到平等的待遇。	善于体贴他人，感同身受，富有同情心； 受个人价值观的引导，可能会显得心肠软； 衡量决定对他人产生的后果和影响； 寻求和谐的气氛和积极的人际交往。

4. 维度四：判断型（J）/ 知觉型（P）——我们怎样安排自己的时间和生活

这对倾向组合描述了不同的人安排时间和生活的方式。一般而言，判断型的人决断，喜欢掌控，并然有序，而知觉型的人则随时抱有开放的态度，个性灵活，喜欢即兴而为。

表 2-9　判断 / 知觉模式

判断型（J）	知觉型（P）
有系统有计划，喜欢按部就班； 喜欢组织管理自己的生活； 喜欢把事情落实敲定； 避免最后时刻才能决定或完成任务的压力。	自发的，有灵感，随意，开放； 很快适应，改变方向； 不喜欢把事情确定下来，以留有改变的可能； 最后一分钟的压力会使他们感到活力充沛。

判断型的人对于生活中突如其来的变化会感到不适应，并为此烦恼。知觉型的人恰恰相反，能够很从容地接受新变化，并乐于做出改变。

（二）性格类型

MBTI 的四种气质类型和性格特质分别如下描述。

1. SJ 类型：忠诚的监护人

现实的决策者，有很强的责任心和事业心，喜欢解决问题，忠诚、按时完成任务，关注细节，强调安全、礼仪、规则、结构和服从，喜欢服务于社会需要；坚定，持保守的价值观。充当着保护者、管理员、稳压器、监护人的角色。有很多 SJ 类型的人为政府部门及军事部门工作，并且显现出卓越成就。企业中层管理者中大多是这种特点的人。在美国执政过的 41 位总统中有 20 位是 SJ 类型。此类型共包含 4 种类型的性格，如表 2-10 所示。

表 2-10　SJ 类型

ISTJ（内向、感觉、思维、判断型）	ISFJ（内向、感觉、情感、判断型）	ESTJ（外向、感觉、思维、判断型）	ESFJ（外向、感觉、情感、判断型）
行事务实、有序、真实及可信赖；负责任，重视传统与忠诚；喜欢依据事实进行分析；以事实和经验做决定；工作方法刻板、不灵活，对变革的态度不开放；可能忽视人际交往细节；期望他人和自己一样，同样注意细节和服从管理程序。	安静、和善、负责任，行事尽心尽责；安定性好，常被看作团队的安定力量；愿意投入、能吃苦，忠诚、考虑周到、知性且考虑他人感受，对细节事物有耐心；做决定时过于谨慎小心，意志不太坚定；过度依赖经验，不够灵活；容易低估自己。	务实、真实，具有企业或技术天分；不喜欢抽象理论，喜欢学习后立即学以致用；具有决断力、关注细节，能很快做出决策；喜欢当领导或主管，有时会忽略他人感受；决策太快容易给人以压力；不能及时察觉变革需要，相信一切都在自己掌控中。	诚挚、爱说话、合作性高，天生的合作者及活跃的成员；重视和谐，常做对他人有益的事；喜欢与他人共事完成工作，避免和回避冲突，但因致力于他人满意而忽略自己；不经常有时间客观地反思过去、展望未来；太过于在意他人的看法。

2. NF 类型：理想主义者、精神领袖

热心而有洞察力。在精神上有极强的哲理性，善于言辞、充满活力、有感染力、能影响他人的价值观并鼓舞其激情。帮助别人成长和进步，具有煽动性，被称为"传播者"和"催化剂"，用"教导"的方式帮助他人。

NF 类型约有一半的人在教育界、文学界、宗教界、咨询界以及心理学、文学、美术和音乐等行业。在令人鼓舞和和谐的环境中被认同和支持。

表 2-11　NF 类型

INFJ（内向、直觉、情感、判断型）	INFP（内向、直觉、情感、知觉型）	ENFJ（外向、直觉、情感、判断型）	ENFP（外向、直觉、情感、知觉型）
在工作中投入最大的努力；用心关心他人，坚守原则；追求创见、关系及物质财富的意义及关联；光明正大，坚信其价值观，有组织且果断地朝目标前进；面对批评不太坦率，不愿强迫别人而过度保守；仅从单一维度考虑他们认为对将来最有益的事。	具有好奇心，常担负开发创意的催化剂角色；行事具有弹性、适应力强且承受力强；对所处境遇及拥有不太在意，有丰富的想象力；思考多于行动，不会调整理想适合客观现实；一次性地想令太多人满意；有时因完美倾向而延误任务。	热忱，负责任，对别人所想会表达关切，并用心处理；爱交际、受欢迎，富有同情心，对批评和赞美很在意；喜欢引领别人使团队发挥潜能；容易把别人理想化，从而受蒙蔽；可能回避有冲突的问题，容易过度自我批评；有时因重视人际关系而忽视任务。	热忱、活力充沛、聪明，希望得到他人的肯定；即兴执行者，为达目的会强制自己；对难题很快有对策，并能对有困难的人施与援手；计划完成到中途又转移到新计划或想法了；尝试的事情太多，因寻求可能的结果而拖延工作；忽视相关的细节和事实资料。

小案例

朱熹的圣人梦

在我们身边存在着一种人，他们对客观世界有着透彻的认识，有着矢志不渝的理想和原则，坚持不懈地贯彻目标，执着地实践自己的抱负，不断反省自己，内心充实而又饱满，自我控制和抑制能力俱佳。他们的所作所为源于自身性格的深思熟虑，即 INFP 类型人格。如果用一句话来概括，那就是"让梦想照进现实"。南宋的理学大师朱熹，就是这个类型性格的人。

朱熹幼年时期就刻苦读书，他的理想目标就是当"圣人"。他有自己的一套哲学体系，即"理学"，理学的核心思想就是"存天理，灭人欲"，他认为在现实社会之外有一个先定的标准——天理，它是人们行为的根本准则。人们只有去发现和遵循天理，即所谓"格物致知"，才能达到真善美，破坏真善美的思想，就是人欲。人们应该存天理，灭人欲。理学不仅是他的学问，还是他的人生原则。

在公司里，深思熟虑型（INFP）性格的人，遇事仔细斟酌，厚积薄发，从不仓促而行，凡事必先三思而后行。他们对待工作，即使自己不喜欢，也会自我克制，全身心地投入工作中。由于原则性太强，让他们缺乏足够的灵活度，同时，又过度关注自己的感受，有时会凭借自己的感受去评论其他的人和事。

3．SP 类型：迅速反应的高手

适应的现实主义者，有冒险精神，反应灵敏。在任何要求技巧性强的领域中游刃有余，常常被认为是喜欢活在危险边缘寻找刺激的人。喜欢处理大量的事情和紧急事件，解决具体问题和面对压力。为行动、冲动和享受现在而活着。很多 SP 偏好的人喜欢艺术、娱乐、体育和文学。被称为天才的艺术家。

表 2-12　SP 类型

ISTP（内向、感觉、思维、知觉型）	ISFP（内向、感觉、情感、知觉型）	ESTP（外向、感觉、思维、知觉型）	ESFP（外向、感觉、情感、知觉型）
冷静、预留余地、弹性，有兴趣探索原因及效果；善于掌握问题核心及找出解决方式；分析事件缘由，能从大量资料中找出问题的核心；只关注自身重要的事，对其他事漠不关心；在未达目标前，缺少坚持性；努力不足，犹豫不决，欠缺兴趣和活力。	羞怯、和善、敏感且谦虚，不喜争论；领导的追随者，办事不急躁，安于现状；喜欢有自己的空间，按自己的计划办事；太信任他人，不愿持怀疑态度；只关注眼前的损失，为避免冲突而不批评他人；过度自我批评，容易受伤害。	擅长现场实时解决问题；倾向于喜好技术事务及运动，乐于结交友人；具有适应性、容忍度、务实性，投入心力会很有成效；当快速行动时，显得苛求、强硬、感觉迟钝；过分集中于即时行为，而失去行为的更广阔、深远的意义；会被工作以外的活动吸引。	外向、和善、乐于分享，喜欢和他人一起行动；擅长人际交往，具备完备常识，有弹性，能适应他人与环境；对生命、物质享受的热爱者；为保持和谐，过度强调主观性论据；行动前不太考虑眼前的事实；常有始无终，花太多时间在社会关系上而忽视任务。

▶ 小案例

公元 26 年（东汉光武帝建武元年），宋弘被光武帝刘秀任命为大司空，这是一个权重尊崇的高官。刘秀的姐姐湖阳公主新寡，刘秀想替姐姐做媒，物色一个大臣。湖阳公主明白弟弟的苦心，便直接说出了宋弘的名字，她说"宋弘威仪容貌、道德气度，群臣没有人能比得上他。"

刘秀想给姐姐招亲，但宋弘已有婚室，堂堂公主自然不能做偏房。

一次，君臣参见过后，刘秀便对刘弘说："有个谚语说得好，地位优越了，就要换一批新朋友；有了财富，就要换妻子，这符合人之常情吧。"

宋弘一听就明白了，这和湖阳公主再嫁的事情有关。他当然知道成为当朝驸马的好处，但是，他不假思索地回道："我也听说一个民谚，叫贫贱之友不能移，糟糠之妻不下堂。"

宋弘坚守自己的发妻，拒绝了名利双收、富贵一生的驸马之聘，这需要很大的心灵能量，宋弘具备这种坚定的性格，它就是"稳健执着型性格"，即 ISTP 性格类型。

ISTP性格的人稳重细心，不情绪化，很理性地看待工作和生活；实践能力强，敢于尝试，善于学习。但是这个类型性格缺乏创新精神，很保守，孤傲冷漠，很固执，缺乏柔软性，和他人很难保持一个良好的交际关系；主动或者被动地卷入日常琐碎之事，效率低下，成果不佳。

4. NT：战略家、思想家的摇篮

有逻辑性且机敏，天生有好奇心，喜欢梦想，有独创性、创造力、洞察力、有兴趣获得新知识，有极强的分析问题、解决问题的能力，产出高质量的新观点，关注自己的观点和成就被他们所尊重的人看重。是独立的、理性的、有能力的人。人们称NT是思想家、科学家的摇篮。大多数人喜欢物理、研究、管理、电脑、法律、金融、工程等理论性和技术性强的工作。

表2-13　NT 类型

INTJ（内向、直觉、思维、判断型）	INTP（内向、直觉、思维、知觉型）	ENTJ（外向、直觉、思维、判断型）	ENTP（外向、直觉、思维、知觉型）
对所承担的任务，具有良好的策划能力并能完成；具有怀疑心、挑剔性、独立性、果决，对专业水准及绩效要求高；具有强大动力达成目的与创意；可能显得强硬，他人不敢接近；过度关注任务，而忽视他人的贡献；很难实际操作理想化的想法。	安静、自持、弹性及具有适应力；喜爱追求理论与科学事理，习惯以逻辑分析来解决问题；对创意事务及特定工作感兴趣，追求可发挥个人强烈兴趣的生涯；过多关注团队中小的和不一致的地方；可能以批评式方式待人，行动不考虑他人感受。	坦诚、具决策力的活动领导者；擅长发展与实施广泛的系统以解决组织的问题；乐于吸收新知识，并开通信息管道；喜欢策划及目标设定，自信，表达自己意见；过于关注任务，而忽视人们的需要和贡献；决策太迅速而缺乏耐心，忽视和抑制他人的情感。	反应快，聪明，擅长于多样事务，具有激励、敏捷等专长；对解决新问题和挑战性问题富有策略，但忽视或厌烦经常的任务与细节；兴趣较多，有办法解决和挑战新问题；过多依赖模型而忘记现实状况；不会赞赏他人的付出；可能抵制正规的程序和准则。

二、案例讨论 Case Discussion

案例一：这纯属性格冲突吗

艾伦和苏伟都是一家公司培训部的内训师，他们被安排在一起做一个一天的管理课程培训。他们之前都分别做过多次这样的培训，但这是他们第一次合作，他们把培训分成两部分，一个人负责一部分。艾伦（知觉型）负责在早上8点开始培训，并做一个30分钟的介绍，接着苏伟（判断型）将讲解第一部分，持续一个半小时到10钟休息。

在8点钟时，25位参与者中有7位还没有到。苏伟想开始，但是艾伦选择等到所有人都到场后开才始，所以延迟了15分钟，在艾伦介绍过程中，有几个人提出一些关于课程的问题，苏伟巧妙地采取了一些迂回的方法告诉大家这些问题会在后面的培训中会解答，而艾伦却

> 心态若改变，态度跟着改变；态度改变，习惯跟着改变；习惯改变，性格跟着改变；性格改变，人生就跟着改变。
> ——［美］马斯洛

认为此刻很有必要解答这些问题，所以当艾伦这部分结束时，已经 9 点了。这意味着苏伟不得不把 90 分钟的内容压缩在 1 个小时内完成。于是在接下来的部分，苏伟加快讲课的速度，只把非常有必要的知识点讲了，其他的内容没有时间了。苏伟感觉到这次培训非常混乱，没有结构，心中充满怨气。

10 点钟休息时，苏伟挺生气，和艾伦争论了起来。苏伟责怪艾伦不善于时间管理，而且行为上不负责任，他还说由于艾伦对早上安排得不当使得自己匆忙赶完课程。苏伟觉得让 18 位已经来的人等那 7 位未到的人非常不妥，实在是可笑，自己赶着把课讲完也实在好笑，他觉得自己没有足够时间把某些部分的内容有效地讲出来，自己精心设计的讲稿没有按照计划进行，令人气愤。

艾伦认为苏伟的反应太强烈了，觉得他有点死板，并且认为 1/3 的参会人员还未到，花些时间等他们是合理的，而且在讲课中被听课者的问题所打断是经常发生的事情，而回答问题也是很有必要的，当场解答也是很重要的。这样可以为整天的培训定一个基调。他相信现在没有研究的内容可以在后面的培训中完成的，整个培训是不会落下东西的，像苏伟所做的那样，为了赶时间尽量把答案简化，艾伦是不赞同的，他觉得苏伟自己破坏了在学员中的影响力。

行事方式确实会受性格因素的影响。但即使是性格差异也不要在工作中表现出别扭来。这样会对工作气氛产生负面冲击。但是，出现了问题还是要一起面对和解决，不能因为性格不同而互不相让。

讨论：

1. 你和你的学习或工作伙伴产生过类似的冲突吗？如果产生了冲突，你们是如何解决的？

2. 你如何防范类似的性格冲突？请举例说明。

案例二：硬脖子县令

在生活中，总有一些人非常执着，非常有责任心，他们的执着往往超出所谓的"常理"，给人留下深刻的印象。东汉光武帝时期就有一位非常执着的人，叫董宣。东汉的首都设在洛阳，董宣当洛阳县县令。公元 43 年（汉光武帝建武十二年），皇帝刘秀的姐姐湖阳公主有个家奴，光天化日之下杀了人，惹起市民的愤怒，不料，杀人凶手躲藏进了湖阳公主家里。官吏们不可能闯进皇帝姐姐的家里搜查，所以，董宣一时也没有办法。

IBM 成功运用 MBTI 帮助员工选择更好的职业发展途径：艾伦与下属沟通不畅，完成任务也有些困难。通过 MBTI 的测试，艾伦是 ENTP（外向直觉带思考知觉）型的人，而他的下属是 ISTP（内向感觉带思考知觉）型的，艾伦的领导风格倾向于一种互动的领导行为，更具创造性和应对变化的能力，不可避免地会与下属存在分歧。艾伦更适合于创造性较强的领域，因此建议他选择品牌经理这个上升通道，这样更利于他的职业发展。

后来，有一天，湖阳公主出门，杀人的家奴陪同出行。董宣得知此事，便立即集合警队在夏门亭等候。等公主车驾到，董宣突然挺身而出，一把拽住了公主车驾的马缰绳，拿刀狠狠地砍地，大声数落公主的过失，湖阳公主哪里想到一个小官能有如此大的气势！随行一干人等全都惊呆了，董宣怒喝杀人的家奴下车，一刀就砍了他，大快民心，洛阳全城都为之震动！

自己忠心的奴仆被杀了，而且被董宣公开地数落了一通，湖阳公主非常气愤，立刻冲到皇宫，向皇帝弟弟告状。刘秀也惊了，气得七窍生烟，普天之下还没有这么大胆的人啊？立刻把董宣抓进宫中，吩咐左右用鞭子抽死董宣。

董宣知道死期已到，对刘秀说："我请求说句话再死。"刘秀怒气冲天，恶狠狠地说："让你说最后一句，说吧。"董宣笑了，"陛下圣明高德，才会光复汉室，而今放任家奴胡乱杀人，将怎么治理天下呢？"董宣停了停，"我不用等着被打死，请让我自杀吧！"说完，他猛地头撞柱子，立刻血溅皇宫，满脸流血，刘秀这时恍然大悟，看到这么忠心的人在自己面前自杀，实在不忍，赶快让太监拉住董宣。等君臣都平静了，刘秀明白了董宣的忠心和苦心，但是，他也得给姐姐一个交代，怎么办呢？刘秀便让董宣给湖阳公主当面磕头道歉，希望大事化小，给皇姐一个台阶下。

可是，董宣认为自己的做法没有错，一硬脖子，坚决不给湖阳公主磕头道歉，湖阳公主大怒，刘秀极其尴尬，便让太监们使劲按住董宣的脑袋压他磕头，董宣就双手撑地，宁死不磕头。湖阳公主气得浑身发抖，骂弟弟："你当老百姓的时候，窝藏逃犯，官府都不敢来找你麻烦。可是，你现在当了皇帝，你的权力就压不住一个小小的县令吗？"刘秀赔着笑脸说："天子和老百姓不同啊！"然后，冲着董宣骂道："强项令县令出去！""强项令"是硬脖子的意思，同时也表明，董宣坚持正义和原则，绝不向邪恶低头。后来，刘秀赐给董宣三十万钱，表彰他的忠诚和正直。

ESTP 实干者
麦当娜是美国20世纪80年代最成功的女性流行歌手。她最成功的一点是她通过自己的音乐、她的影碟、她的公开的新闻、她的性感来影响媒体和公众，是典型的 ESTP 型。

董宣的"硬脖子"就是强烈的执着，他坚持原则和道义，宁死不认错，内心的能量让人匪夷所思。他的硬脖子性格，就是内向执着型，即 ISTJ 类型。

讨论：

1. 如果这种性格类型的人遇到非原则性的问题，你认为他有可能改变主意吗？

2. 你还知道哪些人物是这种性格类型的？请试着分析之。

三、过程训练 Process Training

活动一：描述我的性格类型

把全班同学分成几组，每组 5 人。

（1）请对照文中的 MBTI 的 16 种人格类型，分析自己是属于哪种性格类型，试通过举出具体事件的例子在小组内进行说明。

（2）请其他同学根据自己平时的表现来分析自己的性格，看看别人的看法是否和你对自己的看法一致。

（3）在其他小组找到和自己的性格类型一致的同学，两人互相分析是否有性格上的共同点。

活动二：确定感兴趣的领域

根据"活动一"中分析得到的性格类型，对照文中适合的领域和工作，试列举出你最感兴趣的三种职业。

序号	职业	原因
1		
2		
3		

如果对这 3 种职业中的一种或几种非常感兴趣，想要把它作为以后的事业方向，那么你可以在网上进一步查询关于这个职业的相关信息，针对它有一个更全面、更详细的了解，这样就可以确定下来哪些职业是你真正想要从事的，从而避免因为这份职业的表象所带来的假象。

四、效果评估 Performance Evaluation

评估：MBTI 职业性格测试

（一）情景描述

完成下列选择题，7 道题为一组，列出你的选择。

1. 你倾向从何处得到力量（　　）。

(E) 别人。

(I) 自己的想法。

> 恻隐之心，仁之端也；羞恶之心，义之端也；辞让之心，礼之端也；是非之心，智之端也。
>
> ——孟子

2. 当你参加一个社交聚会时，你会（　　　）。

(E) 在夜色很深时，一旦你开始投入，也许就是最晚离开的那一个。

(I) 在夜晚刚开始的时候，我就疲倦了并且想回家。

3. 下列哪一件事听起来比较吸引你？（　　　）

(E) 与朋友到很多人且社交活动频繁的地方。

(I) 待在家中与朋友做一些特别的事情，例如说观赏一部有趣的录影带并享用你最喜欢的外卖食物。

4. 在约会中，你通常（　　　）。

(E) 整体来说很健谈。

(I) 较安静并保留，直到你觉得舒服。

5. 过去，你遇见你大部分的异性朋友是（　　　）。

(E) 在宴会中、夜总会、工作上、休闲活动中、会议上或当朋友介绍我给他们的朋友时。

(I) 通过私人的方式，例如个人广告、录影约会，或是由亲密的朋友和家人介绍。

6. 你倾向拥有（　　　）。

(E) 很多认识的人和很亲密的朋友。

(I) 一些很亲密的朋友和一些认识的人。

7. 过去，你的朋友和同事倾向对你说（　　　）。

(E) 你难道不可以安静一会儿吗？

(I) 可以请你从你的世界中出来一下吗？

8. 你倾向于通过以下哪种方式收集信息（　　　）。

(N) 你对有可能发生之事的想象和期望。

(S) 你对目前状况的实际认知。

9. 你倾向于相信（　　　）。

(N) 你的直觉。

(S) 你直接的观察和现成的经验。

10. 当你置身于一段关系中时，你倾向于相信（　　　）。

(N) 永远有进步的空间。

(S) 若它没有被破坏，不予修补。

11. 当你对一个约会觉得放心时，你偏向谈论（　　　）。

(N) 未来，关于改进或发明事物和生活的种种可能性。例如，你也许会谈论一个新的科学发明，或一个更好的方法来表达你的感受。

(S) 实际的、具体的、关于"此时此地"的事物。例如，你也许会谈论品酒的好方法，或你即将要参加的新奇旅程。

> 青年时期是豁达的时候，应该利用这个时期去养成豁达的性格。
> ——[英]罗素

ENFJ给予者
迈克尔·乔丹是一个具有集优雅、力量、艺术、即兴能力于一身的卓越运动员，他重新定义了NBA超级明星的含义。他是世界上公认的最棒的篮球运动员。他不仅仅是在他的时代的最佳运动员，而且几乎是NBA中最棒的篮球运动员。他有永不放弃的斗志。他的信念就是"我要让篮球飞起来"。

12. 你是这种人（　　　）。

(N) 喜欢先纵观全局。

(S) 喜欢先掌握细节。

13. 你是这类型的人（　　　）。

(N) 与其活在现实中，不如活在想象里。

(S) 与其活在想象里，不如活在现实中。

14. 你通常（　　　）。

(N) 偏向于去想象一大堆关于即将来临的约会的事情。

(S) 偏向于拘谨地想象即将来临的约会，只期待让它自然地发生。

15. 你倾向于如此做决定（　　　）。

(F) 首先依你的心意，然后依你的逻辑。

(T) 首先依你的逻辑，然后依你的心意。

16. 你倾向比较能够察觉到（　　　）。

(F) 当人们需要情感上的支持时。

(T) 当人们不合逻辑时。

17. 当和某人分手时（　　　）。

(F) 你通常让自己的情绪深陷其中，很难抽身出来。

(T) 虽然你觉得受伤，但一旦下定决心，你会直截了当地将过去恋人的影子甩开。

18. 当与一个人交往时，你倾向于看重（　　　）。

(F) 情感上的相容性：表达爱意和对另一半的需求很敏感。

(T) 智慧上的相容性：沟通重要的想法；客观地讨论和辩论事情。

19. 当你不同意情人的想法时（　　　）。

(F) 你尽可能地避免伤害对方的感情；若是会对对方造成伤害的话，你就不会说。

(T) 你通常毫无保留地说话，并且对情人直言不讳，因为对的就是对的。

20. 认识你的人倾向形容你为（　　　）。

(F) 热情和敏感。

(T) 逻辑和明确。

21. 你把大部分和别人的相遇视为（　　　）。

(F) 友善及重要的。

(T) 另有目的。

22. 若你有时间和金钱，你的朋友邀请你到国外度假，并且在前一天才通知，你会（　　　）。

(J) 必须先检查你的时间表。

ISTP：内向、感知、思考、认知，例如福尔摩斯。

个性特征：奉行实用主义，喜欢行动，不爱空谈。他们擅长分析，敏于观察、好奇心强，只相信可靠确凿的事实。由于非常务实，他们能很好地利用一切可以利用的资源，而且很会抓住时机。

(P) 立刻收拾行装。

23. 在第一次约会中（　　）。

(J) 若你所约的人来迟了，你会很不高兴。

(P) 一点儿都不在乎，因为你自己常常迟到。

24. 你偏好（　　）。

(J) 事先知道约会的行程：要去哪里、有谁参加、你会在那里多久、该如何打扮。

(P) 让约会自然地发生，不做太多事先的计划。

25. 你选择的生活充满着（　　）。

(J) 日程表和组织。

(P) 自然发生和弹性。

26. 哪一项较常见（　　）。

(J) 你准时出席而其他人都迟到。

(P) 其他人都准时出席而你迟到。

27. 你是这种喜欢……的人（　　）。

(J) 下定决心并且做出最后肯定的结论。

(P) 放宽你的选择面并且持续收集信息。

28. 你是此类型的人（　　）。

(J) 喜欢在一段时间里专心于一件事情直到完成。

(P) 享受同时进行好几件事情。

（二）评估标准及结果分析

把选择结果统计填入下表：

	E	I	S	N	T	F	J	P
个数								

从以上结果可以看出，MBTI 性格类型中，你是 16 种类型中的哪一种呢？对照前文中的类型，查看你的优势、劣势及适合的工作，为以后的工作做好准备吧。

第三节　我的职业锚

职场在线

　　许多研究指出，单独使用能力并不能解释、预测职业生涯的成功和失败，你的兴趣、价值观、动机等情感性倾向因素对你职业生涯适应性都有影响，因而同样必须加以考虑。在这些因素中，又以兴趣所起的作用最大。

　　爱迪生几乎每天都在实验室里辛苦地工作十几个小时，在那里吃饭、睡觉，但丝毫不以为苦，"我一生中从未间断过一天工作"，他宣称，"我每天其乐无穷。"难怪他会成功。

　　人们选择职业生涯时，不仅需要知道自己有能力从事什么样的工作，也需要知道自己对哪类工作感兴趣，并能满足你的意愿。只有将能力和兴趣结合起来考虑，才更有可能取得职业生涯的成功。

　　所谓职业锚 (Career anchors)，又称职业系留点。锚，是使船只停泊定位用的铁制器具。当你在做职业决定时，有时会发现你的能力、动机和价值观中的有些东西，你无论如何都不会放弃——这就是你的职业锚。

一、能力目标 Competency Goal

　　别人不可能代替我寻找职业，我没有其他资源，我不可能依靠别人赐予的机会，我的成功只能靠我自己。然而，如果你没有对自己擅长什么、看重什么以及什么能激励自己有清晰的概念，你就不能有效地依赖自己。对能力、动机和价值观的自我认知就是你的职业锚。

埃德加·H. 施恩

通过本节的学习，你将能够：

1. 了解什么是职业锚；
2. 如何用职业锚分析自己。

　　职业锚理论由美国麻省理工大学斯隆商学院的职业指导专家埃德加·H. 施恩（Edgar H. Schein）教授领导的研究小组在对该学院毕业生的职业生涯研究后提出来的。斯隆商学院的 44 名 MBA 毕业生，自愿形成一个小组接受施恩教授长达 12 年的职业生涯研究，包括面谈、跟踪调查、公司调查、人才测评、问卷等多种方式，施恩教授分析总结出了职业锚（又称职业定位）理论。

　　职业锚实际就是人们选择和发展自己的职业时所围绕的中心。它代表着你最真实的自我。职业锚，也是自我意向的一个习得部分，个人进入早期工作情境后，由习得的实际工作经验所决定，与在经验中自省的动机、价值观、才干相符合，达到自我满足和补偿的一种稳定的职业定位。

　　如果不能清晰地找出自己的职业锚，你的家庭、社会环境和你所面临的处境，逼着你从事让你非常不满意的工作，你会觉得你会消失在别人的苛求和厚望、自己不切实际的幻想以及环境的逼迫中，你的真正的自我没有了。

（一）如何了解职业锚

　　职业锚以你习得的工作经验为基础。职业锚发生于早期职业阶段，你已经工作若干年，习得工作经验后，方能够选定自己稳定的长期贡献区。个人在面临各种各样的实际工作生活情境之前，不可能真切地了解自己的能力、动机和价值观以及在多大程度上适应可行的职业选择。因此，你的工作经验产生、演变和发展了职业锚。换句话说，职业锚在某种程度上由你的实际工作所决定，而不只是取决于潜在的才干和动机。

　　职业锚不是根据各种测试出来的能力、才干或者作业动机、价值观，而是在工作实践中，依据自身和已被证明的才干、动机、需要和价值观，现实地选择和准确地进行职业定位。

职业锚是自我发展过程中的动机、需要、价值观、能力相互作用和逐步整合的结果。

你的个体及其职业不是固定不变的。职业锚，是个人稳定的职业贡献区和成长区。但是，这并不意味着个人将停止变化和发展。你以职业锚为其稳定源，可以获得该职业工作的进一步发展，以及个人生物社会生命周期和家庭生命周期的成长、变化。此外，职业锚本身也可能变化，你在职业生涯的中后期可能会根据变化了的情况，重新选定自己的职业锚。

小贴士

表2-14　好工作的十大特征

序号	自我感受	他人感受	公众感受
1	越干越有劲	踏实认真的	那人，不白吃
2	喜欢	有创造性的	总能走在别人的前头
3	合适	富于朝气的	人家是要啥有啥
4	被夸奖	美慕的、推崇的	命真好
5	被重视（提拔和重用）	能干的、勤奋的	眼力不错
6	找到了乐趣	向上的、积极的	有房、有车还有地位
7	发现了要领（窍门）	优秀的、卓越的	混得真不错
8	就是它了，是终身职业	能吃苦的	他（她）还有发展前途
9	即使有诱惑，也把它当主业	正直的	人家怎么那么有本事
10	永不后悔	坚定的、坚持的	人比人气死人，跟人家没法比

（二）职业锚的种类

职业锚以你习得的工作经验为基础，产生于早期职业生涯。1978年，美国 E. H. 施恩教授提出的职业锚理论包括五种类型：

自主/独立型职业锚（Autonomy Independence）；

创业创新型职业锚（Entrepreneurial Creativity）；

综合管理型职业锚（General Managerial Competence）；

技术/职能型职业锚（Technical Functional competence）；

安全/稳定型职业锚（Security Stability）。

在20世纪90年代，他和团队又发展了如下三种类型的职业锚：

纯粹挑战型（Pure Challenge）；

生活方式型（Lifestyle）；

服务/奉献型职业锚（Service Dedication to a Cause）。

其内容描述如表2-15所示：

表 2-15 职业锚的类型

类型	描述	偏好的工作类型
技术/职能型	他们在特定工作有很强的才能和很高的动机。他们致力于专业化的道路，对自己的认可来自于他们的专业水平以及作为专家的满足感。	他们喜欢面对来自专业领域的挑战，需要能让他们运用才能的任务，不喜欢从事一般管理工作，因为这将意味着他们放弃在技术/职能领域的成就。
综合管理型	他们追求并致力于职位晋升，他们想去承担整个部门的责任，并将公司的成功与否看成自己的工作。他们具有成为综合管理者的能力。	倾心于全面管理，独自负责一个部分，可以跨部门整合其他人的努力成果。想要高水平的责任，有挑战性的、有变化的、交互性的工作，领导机会。
自主/独立型	他们按照自己的节奏、方式和标准做事。希望随心所欲安排自己的工作方式、工作习惯和生活方式。他们愿意放弃提升或工作扩展机会，也不愿意放弃自由与独立。	追求能施展个人能力的工作环境，最大限度地摆脱组织的限制和制约，更喜欢其专业领域内的、可以清晰定义的、有时间约束的工作类型。
安全/稳定型	他们追求工作中的安全与稳定感。他们关心财务安全，例如退休金和退休计划。稳定感包括诚信、忠诚以及完成老板交代的工作。	偏向可预测的、可持续的工作，关心工作环境胜过工作本身的性质。对他们来说，工作的丰富性、挑战性没有升职、愉快的工作条件及体面的福利那么重要。
创业创新型	他们永不满足，愿意冒风险，克服面临的障碍，想向世界证明公司是他们靠自己的努力创建的。执着于创造的需求，但往往很容易厌倦。	希望用自己的能力去创建属于自己的公司或创建完全属于自己的产品（或服务），一旦他们感觉时机到了，他们便会自己走出去创建自己的事业。
服务/奉献型	他们一直追求他们认可的核心价值，例如帮助他人，改善人们的安全，寻求影响和说服他人，通过新的产品消除疾病，更多地以这种价值观为导向。	他们显然想要允许他们在价值观的方向上影响雇用他们的组织。他们的职业抉择是基于以某种方式改变世界的渴望。
纯粹挑战型	喜欢解决看上去无法解决的问题，战胜强硬的对手，克服无法克服的困难障碍等。新奇、变化和困难是他们的终极目标。如果事情非常容易，它马上变得非常令人厌烦。	大多数人都会寻求一定的挑战性，对他们而言，参加工作或职业的原因是工作允许他们去战胜各种不可能。
生活方式型	喜欢允许他们平衡并结合个人、家庭和职业需要的工作环境。他们希望将生活的各个主要方面整合为一个整体。	他们需要一个能够提供足够的弹性让他们实现这一目标的职业环境，甚至可以牺牲他们职业的一些方面，如提升带来的职业转换，他们将成功定义得比职业成功更广泛。

（三）职业锚的作用

职业锚将会在你的工作生命周期中、在组织的事业发展过程中发挥着重要的作用。

1. 使组织获得正确的反馈

职业锚是经过搜索，所确定的长期职业贡献区或职业定位。这一搜索定位过程，依循着你的需要、动机和价值观进行。所以，职业锚清楚地反映出你的职业愿望、追求与抱负。

2. 帮助你设置可行的职业渠道

职业锚准确地反映你职业需要及其所追求的职业工作环境，反映你的价值观和抱负。透过职业锚，组织获得正确信息的反馈后才可能有针对性地对你职业发展设置可行的、有效的、顺畅的职业渠道和路径。

3. 提升你的工作经验

职业锚是你职业工作的定位，不但能使你在长期从事某项职业中增长工作经验，同时，你的职业技能也能不断增强，直接产生提高工作效率或劳动生产率的明显效益。

4. 奠定长期工作的基础

职业锚是你在通过工作经验的积累后产生的，它反映了你的价值观和被发现的才干。当你抛锚于某一种职业工作过程，就是自我认知过程。就是把职业工作与自我观相结合的过程，它决定成年期的主要生活和职业选择。

二、案例讨论 Case Discussion

案例一：工科女生职业锚的转变

学无线电专业的工科女生阿梅毕业后用了半年时间来找工作，经常往返各人才市场和人才招聘会，想找一个对口工作，但一直找不到自己心仪的工作。后来她发现为什么一定要做专业工作呢？非专业的也行啊，于是，非专业的岗位她也开始投简历，但她每次都被拒之门外，甚至被一家企业的 HR 认为是"一无是处"。

好在阿梅没有走死胡同，碰了壁的她开始改变思路，她是这么来考虑的：

第一，自己是学工科的，思维比较严谨，考虑问题缜密，观察事物和处理问题较为客观。

第二，自己做过寝室长，在大学里做这个芝麻官时，宿舍连续四年被评为优秀宿舍，同时，自己的年龄在宿舍里排老五，但却成了宿舍其他几位的主心骨和大姐大。

第三，现在的年轻人，几乎没有谁愿意做事务性的、伺候人的和费力不讨好的工作，行政工作又是公司里的事务中心，岗位特别重要。而自己的心态比较适合做行政岗位的工作。

于是，阿梅被一家公司录用为行政助理，还干得特别顺手，觉得自己是干这个的料。最后，经过一系列的进修培养和锻炼，她顺利地当上了公司的办公室主任。

目前，她正在报考人力资源师。按照这种态势，在不久的将来，她有可能完全胜任公司的人力资源总监兼办公室主任。

阿梅的职业生涯初期确实遇到了瓶颈，但经过分析自己的职业锚，发现原来自己是经过了几次职业锚的转变：第一次锚定是学习工科；第二次锚定是当宿舍长；第三次锚定是办公室主任；我们期待她第四次职业锚转变能取得成功。

子曰："吾十有五而志于学，三十而立，四十而不惑，五十而知天命，六十而耳顺，七十而从心所欲，不逾矩。"这其实是孔子职业生涯发展的一个极为真实写照。它反映了孔子在不同时间段不同生涯特点。

子曰："富与贵，是人之所欲也；不以其道得之，不处也。贫与贱，是人之所恶也；不以其道得之，不去也。君子去仁，恶乎成名？君子无终食之间违仁，造次必于是，颠沛必于是。"
——《论语》

讨论：

1. 你的人生有没有遇到类似阿梅的困境？如果有，你是如何处理的？

2. 在你的专业完全不能发挥作用的情况下，你有没有其他技能适应新的工作和岗位？如果有，你该怎么办？

案例二：丰田的经验

日本丰田公司在运用员工的职业锚方面给了我们有益的借鉴，丰田对于岗位一线工人采用工作轮调的方式来培养和训练多功能作业员，这样既提高了工人的全面操作能力，又使一些生产骨干的经验得以传授。员工还能在此过程中发现自己的优势在哪里，从而进行准确定位，找到真正适合自己的岗位。一旦员工确立了自己的职业锚，工作起来将会更具积极性和主动性，效率将会有很大提高。

丰田采取5年调换一次工作的方式对各级管理人员进行重点培养。每年1月1日进行组织变更，一般以本单位相关部门为调换目标，调换幅度在5%左右。短期来看，转岗需要有熟悉操作的适应过程，可能导致生产效率的降低，但对企业长久发展来看则是利大于弊。经常的有序换岗还能给员工带来适度的压力，促使员工不断学习，使企业始终保持一种生机勃勃的氛围。

丰田公司的经验为我们提供非常好的研究案例，同时也为自己的成功铺平了道路。

讨论：

你所在的组织有没有像丰田公司一样训练你的技能和寻找你的兴趣？如果组织没有这样的机制，你如何去挖掘自己的职业锚？

我是谁？我属于哪里？一些人很早就知道自己的归属，但更多的人甚至都要到25~30岁才知道自己是谁，他们的优势何在，他们看重什么。一旦这些问题都有了答案，人们才会更清楚自己的归属问题。

三、过程训练 Process Training

活动：理解职业锚

请在下面表格中将左右两边的内容用直线连起来，以符合其含义。

职业锚	连线	含义
自主／独立		倾心于全面管理，独自负责一个部分，可以跨部门整合其他人的努力成果。想要高水平的责任，有挑战性的、有变化的、交互性的工作。
创业创新		他们按照自己的节奏、方式和标准做事。希望随心所欲安排自己的工作方式、工作习惯和生活方式。
综合管理		追求他们认可的核心价值，例如帮助他人，改善人们的安全，寻求影响和说服他人，通过新的产品消除疾病，更多地以这种价值观为导向。
技术／职能		大多数人都会寻求一定的挑战性，对他们而言，参加工作或职业的原因是工作允许他们去战胜各种不可能。
安全／稳定		喜欢允许他们平衡并结合个人、家庭和职业需要的工作环境。他们希望将生活的各个主要方面整合为一个整体。
纯粹挑战		希望创建属于自己的公司或属于自己的产品（或服务），一旦他们感觉时机到了，他们便会自己走出去创建自己的事业。
生活方式		偏向可预测的、可持续的工作，关心工作环境。工作的丰富性、挑战性没有升职、愉快的工作条件及体面的福利那么重要。
服务／奉献		他们在特定工作有很强的才能和很高的动机，致力于专业化，对自己的认可来自其专业水平。

四、效果评估 Performance Evaluation

评估：职业锚测试

请尽可能真实并迅速地回答下列问题，除非你非常明确，否则不需要做出极端的选择，例如"从不"或者"总是"。

下面给出40个问题，根据你的实际情况，从"1~6"中选择一个数字。数字越大，表示这种描述越符合你的实际情况。例如，"我梦想成为公司的总裁"，你可以作出如下的选择：

选"1"代表这种描述完全不符合你的想法；

选"2"或"3"代表你偶尔（或者有时）这么想；

选"4"或"5"代表你经常（或者频繁）这么想；

选"6"代表这种描述完全符合你的日常想法。

（一）情景描述

将最符合你情况的答案记在后续表格中（答案五行八列）。

1.我希望做我擅长的工作，这样我的内行建议可以不断被采纳。

2.当我整合并管理其他人的工作时，我非常有成就感。

3.我希望我的工作能让我用自己的方式，按自己的计划去开展。

4.对我而言，安定与稳定比自由和自主更重要。

5. 我一直在寻找可以让我创立自己事业（公司）的创意（点子）。

6. 我认为只有对社会做出真正贡献的职业才算是成功的职业。

7. 在工作中，我希望去解决那些有挑战性的问题，并且胜出。

8. 我宁愿离开公司，也不愿从事需要个人和家庭做出一定牺牲的工作。

9. 将我的技术和专业水平发展到一个更具有竞争力的层次是成功职业的必要条件。

10. 我希望能够管理一个大的公司（组织），我的决策将会影响许多人。

11. 如果职业允许自由地决定自己的工作内容、计划、过程时，我会非常满意。

12. 如果工作的结果使我丧失了自己在组织中的安全稳定感，我宁愿离开这个工作岗位。

13. 对我而言，创办自己的公司比在其他的公司中争取一个高的管理位置更有意义。

14. 我的职业满足来自于我可以用自己的才能去为他人提供服务。

15. 我认为职业的成就感来自于克服自己面临的非常有挑战性的困难。

16. 我希望我的职业能够兼顾个人、家庭和工作的需要。

17. 对我而言，在我喜欢的专业领域内做资深专家比总经理更具有吸引力。

18. 只有在我成为公司的总经理后，我才认为我的职业人生是成功的。

19. 成功的职业应该允许我有完全的自主与自由。

20. 我愿意在能给我安全感、稳定感的公司中工作。

21. 当通过自己的努力或想法完成工作时，我的工作成就感最强。

22. 对我而言，利用自己的才能使这个世界变得更适合生活或居住，比争取一个高的管理职位更重要。

23. 当我解决了看上去不可能解决的问题，或者在必输无疑的竞赛中胜出，我会非常有成就感。

24. 我认为只有很好地平衡个人、家庭、职业三者的关系，生活才能算是成功的。

25. 我宁愿离开公司，也不愿频繁接受那些不属于我专业领域的工作。

26. 对我而言，做一个全面管理者比在我喜欢的专业领域内做资深专家更有吸引力。

27. 对我而言，用我自己的方式不受约束地完成工作，比安全、稳定更加重要。

28. 只有当我的收入和工作有保障时，我才会对工作感到满意。

29. 在我的职业生涯中，如果我能成功地创造或实现完全属于自己的产品或点子，我会感到非常成功。

> 一个人的成功，只有15%依靠他的专业技术能力，而85%是要靠他的非专业能力或者叫职业核心能力的人际关系、自我管理能力、做人处事的能力。

> 道也者，不可须臾离也；可离，非道也。是故君子戒慎乎其所不睹，恐惧乎其所不闻。莫见乎隐，莫显乎微。故君子慎其独也。
> ——《中庸》

30. 我希望从事对人类和社会真正有贡献的工作。

31. 我希望工作中有很多的机会，可以不断挑战我解决问题的能力（或竞争力）。

32. 能很好地平衡个人生活与工作，比达到一个高的管理职位更重要。

33. 如果在工作中能经常用到我特别的技巧和才能，我会感到特别满意。

34. 我宁愿离开公司，也不愿意接受让我离开全面管理的工作。

35. 我宁愿离开公司，也不愿意接受约束我自由和自主控制权的工作。

36. 我希望有一份让我有安全感和稳定感的工作。

37. 我梦想着创建属于自己的事业。

38. 如果工作限制了我为他人提供帮助或服务，我宁愿离开公司。

39. 去解决那些几乎无法解决的难题，比获得一个高的管理职位更有意义。

40. 我一直在寻找一份能最小化个人和家庭之间冲突的工作。

> 见兔而顾犬，未为晚也；亡羊而补牢，未为迟也。
> ——《战国策》

> 叶公问孔子于子路，子路不对。子曰："女奚不曰：其为人也，发愤忘食，乐以忘忧，不知老之将至云尔。"
> ——《论语》

（二）测试说明

现在重新看一下你给分较高的描述，从中挑出与你日常想法最为吻合的 3 个，在原来评分的基础上，将这 3 个题目得分再各加上 4 分（例如原来得分为 5 分，则调整后的得分为 9 分），然后就可以开始评分。

你可能会不明白这些分数是什么意思，不要着急。

将按照"列"进行分数累加得到一个总分，将每列的总分除以 5 得到的平均分，填入表格。记住：在计算平均分和总分前，不要忘记将最符合你日常想法的 3 项，额外加上 4 分。

最终的平均分就是你的自我评价结果，最高分所在列代表最符合你真实自我的"职业锚"。

	TF 技术/职能型	GM 管理型	AU 自主/独立型	SE 安全/稳定型	EC 创造/创业型	SV 服务/奉献型	CH 挑战型	LS 生活型
	1:	2:	3:	4:	5:	6:	7:	8:
	9:	10:	11:	12:	13:	14:	15:	16:
	17:	18:	19:	20:	21:	22:	23:	24:
	25:	26:	27:	28:	29:	30:	31:	32:
	33:	34:	35:	36:	37:	38:	39:	40:
总分								
平均分（总分/5）								

第三章　我会做什么

　　能力是个人在工作中有效运用技能和知识。只要设立了可行的目标，并努力学习，我们中的大多数人都可以学到有助于我们个人生活和职业生涯的新技能。

　　了解你会做什么，即你有哪些技能很重要，因为你将要从事的工作需要你的各种技能，这些技能包括专业知识技能和职业核心能力等。职业核心能力涵盖你的沟通能力、人际交往能力、自我学习和自我激励能力等等。

　　当今社会要想取得职业成功，单纯依靠提升技术性技能是很难实现的。很多行业都需要与顾客直接接触，因此专注于个人的职业素养提升也十分关键。良好的职业素养能够帮助你塑造优秀的自我形象，并与他人顺畅地沟通。

　　职场与学生时代是不同的，二者之间的差别很大，初次步入职场，很多学生一时还没有从学生角色转换成职场人角色，那么你需要进行哪些调整以便顺利转换角色呢？通过本章的学习，你将能够更好地完成个人职业素养的提升及从学生到职场人的角色转换，为你踏入职场做好充分准备。

> 能力决定了你能做什么，动机决定了你会去做什么，态度决定了你能做得多好。
> ——[美]卢·霍兹

本章知识要点：

◆我的职业能力；

◆我的职业素养；

◆我的角色转换。

第一节　训练职业能力

职场在线

　　大学生小安和她的同班同学男生小付同去一家公司应聘。小安的专业课成绩很优秀，年年都能获得学校的奖学金，而小付的成绩只是中等。面试他们的经理在两人的第二次面试过程中问了3个问题：你能在两个月以内学会开车吗？如果你们办公室的网络瘫痪了，你能找到解决问题的办法吗？如果你认为某件事上司处理得不够公正，你有把握说服上司采纳多数人的意见吗？小付自信地回答"当然可以"，小安则有些犹豫"应该可以吧"。

　　面试结束后，小付拿到这家公司的录用通知书，小安给经理打电话问："我的成绩比他更优秀，为什么我没有通过呢？"经理答道："我们考核一个人能否胜任某一岗位时，不光是看专业成绩，还有很多其他的软技能要考虑，比如，自信心、沟通能力、压力管理能力等等，这些方面小付比你更适合。"

　　初入职场，专业技能不可或缺，但专业能力之外的其他能力也至关重要。从职场专家和人力资源行业的数据来看，专业核心能力只是职业成功的一部分，而且还只是一小部分，职业核心能力（Key skills）才是职业成功的关键能力。

　　不具备核心能力，等到走上工作岗位，才发现，原来职场是这样的？与我期望的完全不同。所以，你准备好了吗？

　　请往下看，我还要具备什么样的能力。

一、能力目标 Competency Goal

技能是招聘人员评判一个人的标准，在劳动市场上，你用技能作为交换得到报酬。那些拥有相应技能并对自己的各项技能有深入了解的人，往往最有可能喜欢他们的职业，而一个喜爱自己职业的人，工作起来会更加高效，更具有职业成功的可能性。

通过本节的学习，你将能够：

1. 了解什么是专业技能（不可迁移技能）；
2. 明白职业核心能力（可迁移技能）的作用。

无论我将穿过的那扇门有多窄，无论我将承受怎样的责罚，我是我灵魂的统帅，我是我命运的主宰。

——[英]威廉·亨利

在研究人的技能时，我们习惯于用如下坐标来分析，如图 3-1 所示：

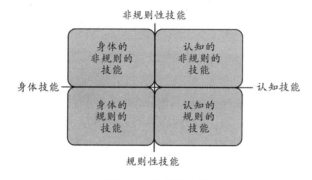

图 3-1　技能维度的划分

技能基本元素可分为如下两组相对的四个维度：身体的和认知的，规则性的和不规则性的，四个维度形成四个象限，即身体的规则的技能、认知的规则的技能、身体的非规则的技能和认知的非规则的技能。

从图 3-1 可以看出，如果只具备规则的技能，毫无竞争力，我们需要发展非规则的技能，身体的非规则的技能则是运动员、舞蹈家以及其他特定人群才更具优势，所以，对我们来说，只有发展第一象限的认知的和非规则的技能，我们才有胜出的概率。那么什么是认知的和非规则的技能呢？这部分技能其实就是专业性思考和复杂性沟通的技能。专业性思考就是我们的专业研究人员、科学家等的工作。对我们每个普通职业人来说，可以训练而达成的就是复杂性沟通技能，拥有这种技能，我们在职场将无往而不胜。

语言就像一包炸药，它可以开疆辟土，带你去占有新的领域；它也可以随时把你炸得遍体鳞伤。所以，要好好地利用它。话不能乱说，文章不能乱写。在说出话或发出文字信息之前，一定要考虑你说的话所产生的效果。千万不要低估它所产生的不良影响。

我们再来看看专业能力和非专业能力。

专业技能是职业人士在从事专业岗位工作时，日渐形成的操作技巧和思维活动能力，它是职业人职业成功的基础，它们是一些特殊的词汇、程序和学科内容，必须经过有意识的、专门的培训才能获得，常常与我们的专业学习或工作内容直接相关。作为学生或职场新人，我们首先要把专业的基础理论知识根基夯实，要有在今后的岗位的专业胜任力，工作时能得心应手。但是，在没有相关关系的两个职业转换时它是不可迁移的，所以，仅仅拥有专业技能在今后日益变化的职场是不可能获得成功的，我们还必须拥有专业之外的核心能力。

核心能力是在人们在工作和生活中除专业岗位能力之外取得成功所必需的、可迁移的能力，它可以让人自信和成功地展示自己并根据具体情况选择和应用。"可迁移"的意思是你从一个工作带到另一个工作中去，同时可以在很多工作中应用的能力，是专业技能之外的通用能力。

下面提到的这些能力就是核心能力。

（一）沟通能力

沟通是指个体或群体通过口头、书面等各种形式，有效表达和接收信息，以达成良好地理解和反馈的能力。它主要包括表达、倾听、说服、阅读、演讲、辩论、写作等具体能力。沟通无处不在、无时不在，只有充分和良好的沟通才能拉近人与人之间的距离。可以说，你的成功就是沟通成功，你的失败就是沟通失败。

1. 口头表达

你说出来的话是否有效，每个字每个词是否铿锵有力，取决于我们说什么和怎么说。职场中，你会有无数的机会通过说话来建立或破坏你的职场形象：

（1）当你面试，回答考官提出的问题，你的表现可能会决定你今后几年或很长时间的命运。

（2）当你与人会面、寒暄时，有可能给人好印象，也有可能没有任何效果。

（3）当你在一次会议发表你的见解或主张时，有可能你策划的案子一次通过。

（4）当你在火车或飞机上遇到陌生人，他或她有可能是一个需要人才的雇主。

谈话禁忌

1. 切忌在公共场合旁若无人地高声谈笑。

2. 切忌喋喋不休地谈论对方一无所知且毫无兴趣的事情。

3. 应避开疾病、死亡、灾祸以及其他不愉快话题，以免影响情绪和气氛。

4. 不要问过于私人的问题，例如询问女性的年龄、是否结婚等。

5. 尽量不要当面指责，更不要冷嘲热讽。

6. 不要出言不逊，恶语伤人。

7. 切忌态度傲慢、自以为是、目空一切。

8. 切忌与人谈话时左顾右盼，注意力不集中。

（5）当某次谈判时，你的某一个词或某些行为让客人不快，一笔很大交易可能立马泡汤。

……

得体地说话，有效地表达，是我们成功的核心能力。

2. 倾听

会说话是一种才能，会倾听更是一种修养，也是一种姿态，是一种与人为善、谦虚谨慎的姿态，这种姿态能使你拥有更开阔的心胸，海纳百川、虚怀若谷。

> **小故事**
>
> #### 苏格拉底谈沟通
>
> 有一个人慕名向苏格拉底学习沟通技巧，他为了在老师面前展示自己的才能，滔滔不绝地谈论自己具有何等的天赋，他为了来学习做了多少准备。苏格拉底听完之后，表示可以收下他做学生，但是，"你必须缴纳双倍的学费"。此人大惑不解，怯怯地问："为什么要收我双倍的学费呢？"苏格拉底说："我除了要教你怎样说话以外，还得先教你怎样做一个听者，你先得要学会倾听。"

自然界赋予人类一张嘴巴和两只耳朵，也就是要我们多听少说，因此在与人沟通中，倾听与说话一样重要。

倾听必须做到真正主动参与沟通的有效倾听。有效倾听把注意力从自己转移至讲话者，不带偏见，不作预先判断，积极反馈，做到同理心倾听，站在对方的角度，专心听对方说话，让对方觉得被尊重，使讲话者从你的参与中受到鼓励。

3. 说服

面试其实就是说服人力资源经理明白你创造的价值大于他们雇用你的成本而录用你；推销也是说服顾客接受你的产品而引发购买行为；演讲是让听众理解或接受你的观点；谈判是让对方理解你或接受你方的条件，以达成协议。说服是人际沟通中的非常普遍的沟通行为。

早在春秋战国时期，人们就已经懂得了用游说去获得职位了，著名的张仪、苏秦、公孙衍等莫不如此。从某种意义上讲，他们每个人都是推销员，每个人都在推销自己的主张、价值观、能力，推销自己的产品、方案、成果等等，并且都获得了不同程度的成功。

（二）团队（Team）合作能力

在行业、职业和岗位分工明确，对能力要求日益精细化的今天，

如果只是在头脑里形成了时间计划，我们就不会再关注它，而计划也很容易被推翻。形成书面的计划表可以减轻记忆的工作压力。用文字固定下来的时间计划可以产生自我激励的心理功效。

靠单打独斗去取得成功是很困难的，个人能力总是存在着这样或那样的缺陷，只有在团队里，个人的缺陷才能得到弥补和避免。团队就是由管理者和成员组成的这样一个共同体，它合理利用每一个成员的知识和技能协同工作，解决问题，达到共同的目标。所以，团队合作能力是现代社会职场成功的核心能力。

作为个体，要真正地融入团队，与团队同呼吸共命运，与团队成员一起解读彼此的感受、情绪和体验，不断磨合，并相互适应，学会尊重其他成员的同时，善于和他们合作，扬长避短，学会把自己的缺点（或弱点）限制在可以接受的水平。职业的成功往往取决于是否能与最优秀的人在一起工作并与他们打成一片。与其他成员一起共享彼此的资源和天赋，有效地利用技能和知识，互相信任、互相配合，这样才有可能形成大家共享的团队精神。

▶ 小案例

《西游记》去西天取经的唐僧团队是个最经典的团队。这个团队最大的特点就是互补，每个人都有非常明显的缺点，但他们扬长避短、和衷共济，最后每个成员都发挥出自己最大的优势，虽然历经九九八十一难，但最后修成了正果。

（三）时间管理

庄子说："人生天地之间，若白驹过隙，忽然而已。"时间是人生最宝贵的财富和资本，无论我们做什么事情，即使不花费任何精力，但都必须花费时间。因此，时间管理能力的高低决定着我们事业和生活的成败。

时间不可以缺少，时间不可以替代，时间不可以存储，时间不可以增减，时间不可以再来，但时间可以管理。人生管理实质上就是时间管理，时间的稀缺性体现了生命的有限性。卓有成效的人最终表现在时间管理上，表现在能否科学地利用时间、管理时间、节约时间，进而在有限的时间里，创造自身职业价值的最大化。在时间面前，我们应该做一个善于管理时间的高手。

> 盛年不重来，
> 一日难再晨。
> 及时当勉励，
> 岁月不待人。
> ——陶渊明

▶ 小思考

你的工作或学习是否让你感到心力交瘁？有时忙得不可开交，甚至废寝忘食，但仍然感觉到时间不够用；有时闲得无所事事，甚至发呆睡觉，但工作或学习任务却又在某一刻同时涌来。你认为造成这些问题的原因何在？

如果碰上以上情况，你可以在开始工作之前，先对要处理的事情进行排序，把最重要的事情先完成，然后依次完成其他事情。在做一件事情的时候，最好能够一次性把这件事情完成，最忌在做这件事的时候，中途又跑去做别的事，这样两件事情都做不好。

时间管理有很多的经典工作方法，其中最有效、也是使用最广的要算是四象限法了，它又被称为 4D 原则，如图 3-2 所示：

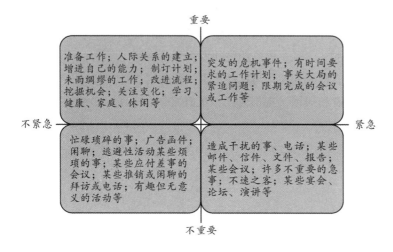

图 3-2　时间管理 4D 原则图

上述四象限中事件的处理原则被叫作 4D：

第一象限的事情：立即做（Do it now）。我们要立即去处理它，如果不处理，则有可能有后患发生。

第二象限的事情：稍后做（Do it later）。我们稍后去处理，但是要花很多的时间去处理。

第三象限的事情：不要做（Don't do it）。这个象限的事情尽量少做，争取不做，不要浪费时间在这个象限。

第四象限的事情：授权做（Delegate）。这个象限的事情，可以授权给别人去做，让别人来代劳。

经过人力资源研究专家的调查统计发现，第一象限一般要花去一个职业人 20% 左右的时间，第二象限则是 65%，第三象限是 1% 以下，第四象限则是 15%。也就是说，第二象限是我们职业人最主要关注的象限。平时要在第二象限的工作上下功夫，不要让这一象限的事情变成第一象限的事情。

过去只不过是记忆的收集，而未来只不过是你的想象、你的梦。真实的存在是此时此地。
　　——［印］奥修

小训练

情景描述	你是否有过	你的处理方法或改进意见
1. 工作效率低、办事拖拉		
2. 时间观念差，工作时磨磨蹭蹭		
3. 工作时眉毛胡子一把抓，找不到主次		
4. 经常被电话、不速之客干扰		
5. 上班时间不紧凑，晚上加班干		
6. 什么事情都愿意管，认为自己很忙才好		
7. 没有目标、没有计划、人云亦云		
8. 零碎时间被随意打发，不会利用它		
9. 没有时间安排表，由别人来安排		
10. 不会休息、不会娱乐、没有空闲		
11. 我被手机、电脑等电子产品控制了		

时间的利用可以通过一些技巧进行改善：

（1）首先，你要绝对相信你能够进行自我控制！（如不能，请使用自我暗示法进行调整。）

（2）学会拒绝。

（3）给事情安排好优先级，先完成目前最重要的事情。

（4）合理授权，不要把重要的事情交给别人去做，但是也不要害怕向他人寻求帮助。

每天在工作之前，可以列出时间表来衡量完成的程度。如果工作比较难做，你可以先把复杂的工作分割成若干个小部分，然后逐个完成每个小的部分，这样既可以使工作顺利向前推进，又能够使你对已完成的工作产生满足感。

时间管理有很多工具和法则，如要事第一法则、20/80 法则、ABC 等级次序法、番茄工作法等。学会如何利用这些资源，它会让你事半功倍。

> **ABC 等级次序法**
> A 代表最高优先权的活动（必须立即执行），B 代表第二优先权的活动，C 代表最低优先权的任务或你愿意去做的事（能够等待）。在这一排列优先次序的方法中，一旦列出了职责列表，每个项目上都要对应一个字母，按照新的等级次序重新改写清单，然后完成相同等级的工作。

小活动

请从网络上查找四象限法则及其管理时间的方法，并在每个象限中写上符合该象限特点的两件事情，并解释为何要这样填写。

（四）压力管理

压力是身体的或心理的，对内部或外部事情的反应。压力在生活中无处不在，如果管理得好，压力就能起到积极的作用，并帮助你自觉调动自身能量来解决面临的各种挑战。但如果管理得不好或被忽略的话，压力就会成为一个杀手，不仅妨碍你的工作和学习，而且还会威胁到你的身心健康。比如，有人说"我工作压力很大"，这个就是指他对外部事情的一个反应。再比如，一个人要上台演讲，他说："我感觉压力山大。"他就用压力来指代他的紧张状态，压力是他对演讲事件的反应。这种反应包括两个成分，一是心理成分，包括个人的行为、思维以及情绪等主观体验，也就是所谓的"觉得紧张"；另一个是生理成分，包括心跳加速、口干舌燥、胃部紧缩、手心出汗等身体反应。这些身心反应合起来称为压力状态。

日常生活中，导致压力产生的原因有很多。压力的表现包括做事拖拉、用餐匆忙草率、听力困难或难以入睡、东西放错地方、健忘、缺少激情、遇事逃避等。压力持续时间长了，会导致沮丧、疾病、精神疲惫、肥胖、头痛、缺少活力等。

要管理你生活中的压力，首先要找到压力的根源，通过与朋友、家人、老师等谈心，找到产生压力的根源，然后你就能采取一些积极的措施来帮助自己减压。

> 当一个人有了欲望或出现紧迫感的时候，压力就随之而来。压力是一个流行病。研究发现，有50%-80%的疾病都是与心理疾病和压力有关的疾病。

> 爱自己，接受自己，找到生命的价值。
> ——[美]露易丝·海

小案例

宋徽宗是一位喜欢书画并且有很深造诣的皇帝，他有一天问随从："天下何人画驴最好？"随从回答不出来，退下后急寻画驴出名者姓字名谁，焦急中得知一名叫朱子明的画家有"驴画家"之称，即召朱子明进宫画驴。朱子明得知被召进宫是为皇上画驴时吓出一身冷汗，原来他是山水画家，根本不会画驴，因为有同行戏弄而给他起了个"驴画家"的绰号，并非擅长画驴。但皇上之命不可违，情急之下的朱子明苦练画驴技术，将压力变动力先后画了数百幅有关驴的画，最后竟阴错阳差地得到皇上赏识，真正成了天下第一画驴之人。

> 在你最感兴趣的领域中，隐藏着你人生的最大秘密。
> ——[美]比尔·盖茨

尝试下面的减压方式，提高自己的做事效率：

（1）适度运动；

（2）与朋友、老师谈心；

（3）去心理医生那里寻求帮助；

（4）参加社会活动，尽量融入进去；

（5）认知重构：适当转变观念，换一种视角看世界，压力有时也有可能变成动力。正如上述小案例中的那位画家一样，把压力看成动力，压力自然就变成好东西了。

还是戴尔·卡内基说得好："一件事情的好坏，真正伤害你的往往不是事情本身，而是你对事情的看法。"

（五）情绪管理

人类在认识外界事物时，会产生喜与悲、苦与乐、爱与恨等各种主观体验，我们把这种对客观事物的态度体验及相应的行为反应称为情绪情感。

情绪是人类天性中的重要组成部分，它存在于每一个人的心中。没有情绪，我们犹如植物人一样毫无知觉，无法体会这世界带给我们的痛苦和快乐。因此，认识情绪，有效地管理好情绪，是自我管理能力提升的重要途径之一。

一个不懂得控制自己情绪的人，往往会被情绪所主导、口无遮拦、暴跳如雷等，这样不仅不能解决问题，反而会给他人留下不好的印象，就更别提目标的实现了。

情绪管理指的是要适时适所，对适当对象恰如其分地表达情绪。主要体现在对自我和他人两个方面。一个人在情绪、情感、意志、耐受挫折等方面的品质，称为情商（EQ），情商指的是认识我们自己及他人情感的能力、激励自己的能力、控制自己的情感以及控制人际交往中情感变化的能力。如表3-1所示：

> 微笑，昂首阔步，深呼吸，嘴里哼着歌儿。倘若你不会唱歌儿，吹吹口哨或用鼻子哼一哼也可以。如此一来，你想让自己烦恼都不可能。
>
> ——[美]戴尔·卡内基

表 3-1　情绪管理的内容

自我情绪觉察	当自己某种情绪刚一出现时便能够察觉，它是情绪智力的核心能力。一个人所具备的、能够监控自己的情绪以及对经常变化的情绪状态的直觉，是自我理解和心理领悟力的基础。若不具有对情绪的自我觉察能力，就容易听凭自己由情绪任意摆布，做出许多遗憾的事情来。
自我情绪调控	指如何有效地摆脱焦虑、沮丧、激动、愤怒或烦恼等因为失败或不顺利而产生的消极情绪的能力。这种能力的高低，会影响一个人的工作、学习与生活。情绪的自我调控能力低下，就会使自己总是处于痛苦的情绪旋涡中；反之，则可以从情感的挫折或失败中迅速调整、控制并且摆脱而重整旗鼓。
自我情绪激励	指引导或推动自己去达到预定目的情绪倾向。它要求一个人为服从自己的某种目标而产生、调动与指挥自己的情绪。想成功，就要集中注意力，学会自我激励、自我把握，尽力发挥出自己的潜力，这就需要具备对情绪的自我调节与控制，能够对自己的需要延迟满足，能够压抑自己的某种情绪冲动。
他人情绪识别	这种觉察他人情绪的能力就是所谓同理心，亦即能设身处地站在别人的立场，为别人设想。越具有同理心的人，越容易进入他人的内心世界，也越能觉察他人的情感状态，也越能体会他人的情绪和想法。主要体现在换位思考、倾听能力以及表达尊重等。
人际关系协调	协调人际关系是指善于调节与掌控他人情绪反应，并能够使他人产生自己所期待的反应。在处理人际关系的过程中，重要的是能否正确地向他人展示自己的情绪与情感，如果你发出的情绪信息能够感染和影响对方的话，那么，人际交往就会顺利进行，并且还有可能深入发展。

高情商者比起那些低情商者，在人际沟通、构建有效团队关系，接受及处理针对自己的表现的批评上更加游刃有余，他们更能够处理好各种关系和自身问题。不管是在日常生活中还是在工作中，每个人都应该学会控制自己的情绪。

▶ 小知识

丹尼尔·戈尔曼1995年发表《情商》（*Emotional Intelligence*）一书，在全球掀起了一股强劲的旋风，亦使得情绪智商（EQ）一词变成流行语。戈尔曼在其书中论述的都是情商，其书名以两个特大号字母EQ冠之，其用意就是要人们的注意力从IQ转移到EQ上来。他认为，人们首先要认识EQ的重要性，改变过去只重视IQ，认为高IQ就等于高成就的传统观念。他通过科学论证得出结论："EQ是人类最重要的生存能力"，今生的成就至多20%可归于IQ，另外80%则要受其他因素（尤其是EQ）的影响。

但是，我们要明白，情商的等级高低并不是由遗传因素决定，也不是在幼年就发展完全的。智商在我们十几岁以后就极少变化了，而情商则完全不同，它会随着我们的一生、随着我们经验积累不断发展，随着我们在处理感情和冲动上的不断进步，在激励自身、培养自己的同情心及社交方面日趋成熟，我们感情能力也越来越强。

▶ 小技巧

请时刻记住：

不要用别人的错误来惩罚自己；

不要用自己的错误来惩罚自己；

不要用自己的错误来惩罚别人。

（六）解决问题与批判性思维

解决问题是在两种状态的差距之间构建桥梁的行动，它包括我们在学习、工作、生活中发挥基本作用的各种技能。

如果你在学生时代就能学习和训练这些解决问题的技能并持之以恒地加以运用，那么，经过8~10年的经验的积累，到30岁左右时，你就能从较高层次的视角看待问题并以熟练的技巧解决问题，这时，你就可以被委以重任，能成为一个团队或组织的领导，或者开创自己可以游刃有余的事业，这样离职业生涯的成功就不太远了。

解决问题的能力决定着组织和个人的业绩，是一个人生存和发展

每个人都有潜在的能量，只是很容易被习惯所掩盖，被时间所迷离，被惰性所消磨。所谓自我管理，就是指个体对自己本身，对自己的目标、思想、心理和行为等表现进行的管理，自己把自己组织起来，自己管理自己，自己约束自己，自己激励自己，自己管理自己的事务，最终实现自我奋斗目标的一个过程。

MECE原则是麦肯锡解决问题的思维准则：
Mutually
Exculusive
Collectively
Exhaustive
上述英文意思是相互独立，完全穷尽。遵循MECE原则，就是要将问题细分为各不相同、互不重叠的子问题，同时，确保将所有相关问题考虑在内。

不可或缺的重要技能。

批判性思维是抓住问题要领，遵循逻辑规则，不断质疑和反省的一种思维方式。如今西方发达国家和发展中国家，都把批判性思维（Critical Thinking）作为高等教育的目标之一。期望学生成为具有丰富知识和强烈上进心的公民，能够批判地思考和分析问题，寻找社会问题的解决方案并承担社会责任。具有批判性思维，你就拥有更多的解决问题的思维和方法。

按照解决问题的基本流程，可以分为发现问题、描述问题、分析问题并找出原因、设计解决方案、做出决策和方案的执行与监控六个步骤，如图3-3所示：

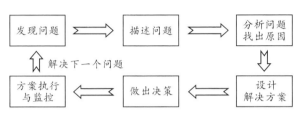

图 3-3　解决问题流程图

有些人能更好地运用自己的知识和技能准确地感知问题并完美地解决问题，他们能更快捷地适应这个瞬息万变的世界，更能控制局面，更能在一个组织中发挥影响力，更容易获得职业生涯成功。职场上最受欢迎的就是那些发现问题并解决问题能力强的员工，同事、朋友和领导在最需要帮助的时候总是首先想到他（她）。

（七）创新能力

创新能力涉及一个人的多种能力，如认识能力、观察能力、判断能力、分析能力、想象能力、学习能力、信息处理能力、解决问题能力等，是一个人综合能力的具体体现。创新其实是一个发现问题、构思创意和解决问题的过程。每一次成功的背后，都有另辟蹊径的创意，它是解决问题的"加速器"。如果你有创新能力，你就有更多方法为自己、为组织解决问题，我们要善于打破惯用的、格式化的思维定式。只有创新才能让你在职场里拥有更多机会，才能让你走得更远。

（八）信息处理能力

信息处理能力也是指人们通过各种方法和技术查找、获取、分析和整理信息资源，以文本、数据、图像和多媒体等形式为媒介，对信息进行组织、传递和展示的能力。信息技术飞速发展，信息容量极度膨胀，每天，我们在工作和生活中都会被大量的信息所淹没，如何快

创新时代实际上是信息时代的天然的伴随物。尽管我们掌握了新的信息，但仍然有薄弱环节，它不是出现在信息的创造上，也不是出现在信息的储存上，甚至也不在信息的获取上，而是出现在利用新的信息去做新的事情上。

速准确地收集和整理、分析和加工、传递和存储信息，使之转变为可利用的有效信息，就成为人们最为迫切需要掌握的能力，也是人们在工作和生活中最基本的核心能力和生存能力之一。

◢ 小案例

美国一家制鞋公司要寻找国外市场，派了一名业务员去非洲一个国家，让他了解一下能否将本公司的鞋销给他们。这个业务员到非洲后待了一天发回一封电报："这里的人不穿鞋，没有市场。我即刻返回。"

后来，公司只好又派出了一名业务员。第二个人在非洲待了一个星期，发回一封电报："这里的人不穿鞋，鞋的市场很大，我准备把本公司生产的鞋卖给他们。"公司总裁得到两种不同的结果后，为了解到更真实的情况，于是又派去了第三个人，该人到非洲后待了三个星期，发回一封电报："这里的人不穿鞋，原因是他们脚上长有脚疾。他们也想穿鞋，过去不需要我们公司生产的鞋，是因为我们的鞋太窄，我们必须生产宽鞋，才能适合他们对鞋的需求。这里的部落首领不让我们做买卖，除非我们借助于政府的力量和公关活动扩大影响。我们打开这个市场需要投入大约 1.5 万美元。这样我们每年能卖大约 2 万双鞋，在这里卖鞋可以赚钱，投资收益率约为 15%。"

同样一个地方为什么三个人会有三个不同的调查结果。信息处理能力在其中起了关键的作用。

> 信息获取的常见渠道：大众传媒渠道、出版发行渠道、信息系统渠道、人际关系渠道、文献情报机构渠道、专业性学会渠道、行业协会渠道、社会中介机构渠道、信息发布机构渠道、互联网渠道、各类会议渠道、邮政部分渠道。

当然，还有很多其他的能力也是核心能力，组织能力、管理能力、执行力、领导力、营销能力等等，限于篇幅，这里不可能全部进行详述。我们可以参考相关的书籍进行了解，或参加相关的培训课程来提升自己的技能。

二、案例讨论 Case Discussion

案例一：杰弗逊纪念堂维修方案的取消

美国华盛顿广场有名的杰弗逊纪念堂，有很大的落地玻璃窗，非常具有特色。为保护这个建筑，博物馆逐渐减少了参观量。但还是有人发现，因年深日久，墙面出现裂纹。由于是重要的文物，为能保护好这幢大厦，博物馆馆长立即向政府进行了汇报，政府成立了以馆长为首的专家组，对墙体裂痕的原因进行调查分析。

有关专家进行了专门研讨，最初大家认为损害建筑物表面的元凶是侵蚀的酸雨。

专家组进一步研究后发现由于博物馆的墙体很容易脏，用水总是无法清洗，所以最近一段时间使用了一种化学清洗剂，清洁剂对建筑物有酸蚀作用，是这种化学物品使墙体变脆，进而开裂的。

为什么每天要冲洗墙壁呢？

因为墙壁上每天都有大量的鸟粪。

为什么会有那么多鸟粪呢？

因为大厦周围聚集了很多燕子。

为什么会有那么多燕子呢？

因为墙上有很多燕子爱吃的蜘蛛。

为什么会有那么多蜘蛛呢？

因为大厦四周有蜘蛛喜欢吃的飞虫。

为什么有这么多飞虫？

因为飞虫在这里繁殖特别快，这里的尘埃最适宜飞虫繁殖。

为什么这里最适宜飞虫繁殖？

因为开着的窗阳光充足，大量飞虫聚集在此，超常繁殖……

由此发现解决的办法很简单，只要拉上整幢大厦的窗帘。此前专家们设计的一套套复杂而又详尽的维护方案也就成了一纸空文。

很多时候，看起来的复杂无比的问题，只要找到了产生的真正原因，解决起来其实很简单。

讨论：

1. 专家组在分析墙体裂痕的原因时，采用的是什么分析工具？该分析工具的内涵是什么？

2. 该故事对你有何启示？

案例二：能力与能耐

十几年前，周建民来到这个城市闯荡，经过多年来的摸爬滚打和勤学苦练，周建民已经从一个学徒工成为一名高级技师，是公司为数不多的技术研发骨干人员，拥有了一份稳定的工作、不错的收入，而且还建立了美满的家庭。

一年前，周建民所在的事业部技术总监离任，他觉得这个总监的位置非己莫属，但是，出乎意料的是老总提拔的是另一个能力比他稍逊的同事。失落沮丧的周建民请假在家待了两天，最后决定辞职。

5 Why 分析法是对一个问题点连续以 5 个"为什么"来自问，以追究其根本原因。使用时不限定只做"5 次为什么的探讨"，主要是必须找到根本原因为止，有时可能只要 3 次，有时也许要 10 次，如古话所言：打破砂锅问到底。5 why 法的关键所在：鼓励解决问题的人要努力避开主观或自负的假设和逻辑陷阱，从结果着手，沿着因果关系链条顺藤摸瓜，直至找出原有问题的根本原因。

这种方法最初是由日本发明家、日本织机改革家、丰田自动织机的创立者丰田佐吉提出。

优秀的员工，是最擅长解决问题的员工。只有勇敢面对问题，才能发我们潜藏的力量，唤醒我们麻痹的问题解决智慧。面对问题的最好办法就是：对问题负责，勇敢地面对问题，开动脑筋解决问题。

当周建民把辞职书递给老总的时候，老总笑了笑，心平气和地说："如果你是因为对公司的任命不满而辞职，那我只能表示遗憾，虽然你是个很有能力的人。"本以为自己的辞职会让老总大吃一惊，或者惊慌失措，而老总不卑不亢的态度倒让周建民不解了。面对他疑惑的表情，老总诚恳地说："我知道，你是个有能力的人，到哪个公司里都会成为技术骨干，但是，如果你不改一下你的性格，你只能是个有能力的人，但目前还不是一个有能耐的人。这也是很多有能力的人只能当技术骨干而不能当领导的原因。"

老总接着解释道："什么叫能耐？就是有能力而又能忍耐的人，才叫有能耐！你能忍耐吗？你们部门多次技术攻关会，我都参加了。在会上，你发言很积极，思路很敏捷，提出了很多好的建议，这是对的。但是，你不容别人提出相反的意见，别人的意见与你的不一样你就一脸嘲讽，说话也很尖刻。另外，你不善于和其他同事合作，总喜欢搞个人主义，当英雄，弄得同事关系很紧张。一个有能耐的人，应该既能独立战斗，又能与大家亲密协作，共同攻关。我很欣赏你的能力，希望你能认真考虑一下，看看能不能继续留下来和大家一起工作……"

听了老总的话，周建民的脸一阵发烫，收回了辞职书，老总欣慰地笑了，站起身，亲切地拍了拍他的肩膀："要相信一个有能耐的人迟早会得到重用的。"

之后，周建民决定改变自己。他说话不再尖刻，多了一些柔和与委婉；脾气不再急躁，多了一些包容和忍耐；面对不同的意见，他也能够尊重他人，换位思考；而对于同事的成绩和进步，他也少了一些嫉妒，多了一些欣赏和赞美；很多时候，他还耐心地帮助同事，与大家一起完成任务。两年多之后，周建民被任命为公司另一个事业部的技术总监。

在这个案例中，老总眼里的"能力"指的是一个人的特殊技能，又叫专业技能，比如电工的带电作业技能，营业员的点钞技能等。老总眼里的"能耐"指的是一个人的核心能力，也就是与人沟通以及团队合作能力。应该说，老总对于周建民的专业技术能力是肯定的，但是，由于他不善于沟通，不能倾听别人的意见，缺乏包容和忍耐，又不善于团队合作，所以，老总认为，周建民做一个具体的技术操作职位还可以胜任，可是要让他做技术总监这个管理职位是不合适的。后来，周建民通过自我反省，改正了自己存在的问题，提高了自己在职业沟通、团队合作等方面的职业核心能力，最终如愿以偿，得到了重用和晋升。

讨论：

1. 案例中人物的性格和冲突在你的身上出现过吗？遇到类似的情境，你是如何处理的？

2. 你如何理解专业能力和非专业能力（核心能力）的关系？你有没有参加过提升核心能力方面的培训课程？

三、过程训练 Process Training

活动一：对任务进行合理安排

（一）活动过程

假设现在是星期一的晚上，你要计划未来5天的日程，下面是这5天要做的事情，请运用时间管理矩阵把这些任务划分不同的优先级，并进行时间安排，填写在后边的时间安排表中。

1. 星期六是一个好朋友的生日——你还没有买礼物和生日卡。

2. 你有好几个月没有回家，也没有写信或打电话给父母，你打算本周回家一次。

3. 有一份夜间兼职不错，但你必须在星期二或星期三晚上去面试（19点以前），估计要花1小时。

4. 明晚8点有个1小时长的电视节目，与你的工作有密切关系。

5. 你从昨天早晨就开始牙疼，想去看医生。

6. 你在图书馆借的书明天到期。

7. 明天晚上有一场演唱会，你很想去听。

8. 外地一个朋友邀请你周末去玩儿，你需要整理行李。

9. 明天下午2~4点有一个会议。

10. 你欠某人600元钱——她明天下午也将参加那个会议。

11. 你明天早上9~11点要听一场讲座。

12. 你的上级留下一张便条，要你尽快与他见面。

13. 你没有干净的衣服，一大堆脏衣服没有洗。

14. 你想好好洗个澡。

15. 你要在周五交计划书之前把它打印及复印一份。

16. 你负责的项目小组将在明天下午6点钟开会，预计1小时。

17. 你身上只有20块钱，需要去柜员机取钱。

18. 大家明天晚上聚餐。

19. 你错过了星期一的例会，要在下星期一之前复印一份会议记录。

20. 这个星期有些材料没有整理完，要在下星期一之前整理好，约需 2 小时。

21. 星期天早上要出一次简报，预计准备简报要花费 15 个小时，而且只能用业余时间。

22. 你邀请女朋友后天晚上来你家烛光晚餐，但家里什么吃的也没有。

23. 下个星期二，你要参加一次业务考试。

上述活动安排主要是考察你时间管理能力，请把安排好的任务结果填写在下面的时间安排表中：

事件	重要性	紧迫性	处理时间	处理过程
1				
2				
3				
4				
5				
6				
7				
8				
9				
10				
11				
12				
13				
14				
15				
16				
17				
18				
19				
20				
21				
22				
23				

（二）问题与讨论

1. 哪些事情可以放弃不做？为什么？

2. 哪件事情有最高的优先级？为什么？

3. 你会高兴地执行这个计划吗？

活动二：了解你的各项技能

试着描述你的技能，哪些技能你觉得自己有优势？哪些你觉得还有待于加强？完成下表，对"掌握情况及描述"一栏进行详细描述，这样有助于你更细致深入地了解自己的各项技能，如有实例，也一起列出。

技能	掌握情况	优势	劣势	改进方法
专业知识技能				
沟通表达能力				
团队合作能力				
时间管理能力				
情绪管理能力				
压力管理能力				
解决问题能力				
学习管理能力				
创新创造能力				

四、效果评估 Performance Evaluation

评估：情商测试

（一）情境描述

1. 坐飞机时，突然受到很大的震动，你开始随着机身左右摇摆。这时候，您会怎样做呢？（　　）

A. 继续读书或看杂志，或继续看电影，不太注意正在发生的骚乱。

B. 注意事态的变化，仔细听播音员的播音，并翻看紧急情况应付手册，以备万一。

C. A 和 B 都有一点。

D. 不能确定——根本没有注意到。

2. 带一群 4 岁的孩子去公园玩儿，其中一个孩子由于别人都不和他玩儿而大哭起来。这个时候，您该怎么办呢？（　　）

A. 置身事外——让孩子们自己处理。

B. 和这个孩子交谈，并帮助她想办法。

C. 轻轻地告诉她不要哭。

D. 想办法转移这个孩子的注意力，给她一些其他的东西让她玩儿。

3. 假设你是一个大学生，想在某门课程上得优秀，但是在其中考试时却只得了及格。这时候，你该怎么办呢？（   ）

A. 制订一个详细的学习计划，并决心按计划进行

B. 决心以后好好学习。

C. 告诉自己在这门课上考不好没什么大不了的，把精力集中在其他可能考得好的课程上。

D. 去拜访任课教授，试图让他给您高一点儿的分数。

4. 假设你是一个保险推销员，去访问一些有希望成为你的顾客的人。可是一连 15 个人都只是对你敷衍，并不明确表态，你变得很失望。这时候，你会怎么做呢？（   ）

A. 认为这只不过是一天的遭遇而已，希望明天会有好运气。

B. 考虑一下自己是否适合做推销员。

C. 在下一次拜访时再做努力，保持勤勤恳恳工作的状态。

D. 考虑去争取其他的顾客。

5. 你是一个经理，提倡在公司中不要搞性别歧视。一天你偶然听到有人正在开有关性别歧视的玩笑。你会怎么办呢？（   ）

A. 不理它——这只是一个玩笑而已。

B. 把那人叫到办公室去，严厉斥责他一顿。

C. 当场大声告诉他，这种玩笑是不恰当的，在你这里是不能容忍的。

D. 建议开玩笑的人去参加一个有关反对种族歧视的培训班。

6. 你的朋友开车时别人的车突然危险地抢到你们前面，你的朋友勃然大怒，而你试图让他平静下来。你会怎么做呢？（   ）

A. 告诉他忘掉它吧——现在没事了，这不是什么大不了的事。

B. 放一盘他喜欢听的磁带，转移他的注意力。

C. 一起责骂那个司机，表示自己站在他那一边。

D. 告诉他你也曾有同样的经历，当时你也一样气得发疯，可是后来你看到那个司机出了车祸，被送到医院急救室。

7. 你和伴侣发生了争论，两人激烈地争吵；盛怒之下，互相进行人身攻击，虽然你们并不是真的想这样做。这时候，最好怎么办呢？（   ）

A. 停止 20 分钟，然后继续争论。

B. 停止争吵……保持沉默，不管对方说什么。

情商水平高的人，有如下特征：

社交能力强；

外向而愉快；

不易陷入恐惧或伤感；

对事业较投入；

为人正直；

富有同情心；

情绪生活较丰富但不逾矩；

无论是独处还是与许多人在一起时都能怡然自得。

一个人是否具有较高的情商，和青少年时期的教育培养有着密切的关系。因此，培养情商应从小时候开始。

如果带着无奈、悲切和不情愿，在工作中，我们不得不花相当多的能量去对抗自己的这种负面情绪，度日如年，满心不舒服，感觉世界在和自己作对。这时候，哪里还有什么认真、细致、周全，更没有办法调动自己的全部智慧和能力，本来就缺乏的智慧更加笨拙了。这也就是为什么有些悲观的人越发显得愚笨的原因吧。

C. 向对方说抱歉，并要求他（她）也向你道歉。

D. 先停一会儿，整理一下自己的想法，然后尽可能清楚地阐明自己的立场。

8. 你被分到一个单位当领导，想提出一些解决工作中繁难问题的好方法。这时候，你第一件要做的是什么呢？（　　　）

A. 起草一个议事日程，以便充分利用和大家在一起讨论的时间。

B. 给人们一定的时间相互了解。

C. 让每一个人说出如何解决问题的想法。

D. 采用一种创造性地发表意见的形式，鼓励每一个人说出此时进入他脑子里的任何想法，而不管该想法有多疯狂。

9. 你3岁的弟弟非常胆小，实际上，从他出生起就对陌生地方和陌生人有些神经过敏或者说有些恐惧。你父母叫你想办法帮他，你该怎么办呢？（　　　）

A. 接受他具有害羞气质的事实，想办法让他避开感到不安的环境。

B. 带他去看儿童精神科医生，寻求帮助。

C. 有目的地让他一下子接触许多人，带他到各种陌生的地方，克服他的恐惧心理。

D. 设计渐进的系列挑战性计划，每一个相对来说都是容易对付的，从而让他渐渐懂得他能够应付陌生的人和陌生的地方。

10. 多年以来，你想重学一种你在儿时学过的乐器，而现在只是为了娱乐，你又开始学了。你想最有效地利用时间。你该怎么做呢？（　　　）

A. 每天坚持严格的练习。

B. 选择能稍微扩展能力的有针对性的曲子去练习。

C. 只有当自己有情绪的时候才去练习。

D. 选择远远超出你的能力但通过勤奋的努力能掌握的乐曲去练习。

当遇到事情时，理智的人让血液进入大脑，能聪明地思考问题；野蛮的人让血液进入四肢，大脑空虚，疯狂冲动。

高情商典型表现
1. 自动自发；
2. 目标远大；
3. 情绪控制；
4. 认识自我；
5. 人际技巧；
6. 对自己有清醒的认识，能承受压力；
7. 自信而不自满；
8. 人际关系良好，和朋友或同事能友好相处；
9. 善于处理生活中遇到的各方面的问题；
10. 认真对待每一件事情。

（二）评估标准及结果分析

题号	A	B	C	D
1	20	20	20	0
2	0	20	0	0
3	20	0	20	0
4	0	0	20	0
5	0	0	20	0
6	0	5	5	20
7	20	0	0	0

8	0	20	0	0
9	0	5	0	20
10	0	20	0	0

解析：

1. 除了 D 以外的任何一个答案都合适。选择答案 D 反映了你在面临压力时经常缺少警觉性。

2. B 是最好的选择。情商高的父母善于利用孩子情绪状态不好的时机对孩子进行情绪教育，帮助孩子明白是什么使他们感到不安，他们正在感受的情绪状态是怎样的，以及他们能进行的选择。

3. 答案是 A。自我激励的一个标志是能制订一个克服障碍和挫折的计划，并严格执行它。

4. C 为最佳答案。情商高的一个标志是面对挫折时，能把它看成一种可以从中学到东西的挑战，坚持下去，尝试新的方法，而不是放弃努力，怨天尤人，变得萎靡不振。

5. C 为最佳答案。形成一种欢迎多样化的气氛最有效的方法是公开挑明这一点，当有人违反时，明确告诉他你的组织的规范不容许这种情况发生。不是力图改变这种偏见，而只是让人们遵照规范去行事。

6. 答案是 D。有资料表明，当一个人处于愤怒状态时，使他平静下来的最有效的办法是转移他愤怒的焦点，理解并认可他的感受，用一种不激怒他的方式让他看清现状，并给他以希望。

7. 答案是 A。中断 20 分钟或更长的时间这是使愤怒引起的生理状态平息下来的最短时间。否则，这种状态会歪曲你的理解力，使你更可能出口伤人。平静了情绪后，你们的讨论才会更富有成效。

8. 答案是 B。当一个组织的成员之间关系融洽、亲善，每一个人都感到心情舒畅时，组织的工作效率才会最高。在这种情况下，人们才能自由地做出他们最大的贡献。

9. 答案是 D。生来带有害羞气质的孩子，如果能给他安排一系列渐进的、针对他们害羞的挑战，并且这种挑战是能逐个应付得了的，那么他们通常会变得不那么害羞和内向。

10. 答案是 B。给自己适度的挑战，最有可能激发自己最大的热情，这既能使你学得愉快，又能使你完成得最好。

这些题目满分为 200 分，你得了多少分呢？

第二节　提升职业素养

职场在线

　　1952 年 7 月 4 日清晨，加利福尼亚海岸笼罩在浓雾中。在海岸以西 21 英里的卡塔林纳岛上，一个 34 岁的女性跳入太平洋中，向加州海岸游去。要是成功了，她就是第一个游过这个海峡的女性。她叫费罗伦丝·查德威克，在此之前，她是从英法两边海岸游过英吉利海峡的第一个妇女。

　　那天早晨，海水冻得她身体发麻，雾很大，她连护送她的船都几乎看不到。时间一个钟头一个钟头过去，千千万万人在电视上注视着她。有几次，鲨鱼靠近了她，被护送人员开枪吓跑了，她仍然在游。在以往这类渡海游泳中她的最大问题不是疲劳，而是刺骨的冷水。

　　15 个钟头之后，她被冰冷的海水冻得浑身发麻。她知道自己不能再游了，就叫人拉她上船。她的母亲和教练在另一条船上。他们都告诉她海岸很近了，叫她不要放弃。但她朝加州海岸望去，除了浓雾什么也看不到。

　　从她出发的 15 个钟头零 55 分钟之后——人们把她拉上了船。过了几个钟头，她渐渐觉得暖和多了，这时她却开始感到失败的打击。她不假思索地对记者说："说实在的，我不是为自己找借口。如果当时我能看见陆地，也许我能坚持下来。"人们拉她上船的地点，离加州海岸只有半英里！后来她说，真正令她半途而废的不是疲劳，也不是寒冷，而是因为她在浓雾中看不到目标。查德威克小姐一生中就只有这一次没有坚持到底。两个月之后，她成功地游过了同一个海峡。她不但是第一位游过卡塔林纳海峡的女性，而且比男子纪录还快两个小时。

　　成功源于坚持不懈的努力，而在努力之前，首先要找准努力的方向，其次应该做好长途跋涉的准备。前面的章节我们明确了自己的特长和技能，下面我们就要了解一下，在朝着成功的目标前进之前我们还需要培养自己哪些方面的技能。

一、能力目标 Competency Goal

通过生涯规划，你将学会怎样运用你的技能、专业知识等去实现你的职业目标，我们从你的精神状态开始来启动职业生涯规划吧，因为你的精神状态是推动你朝着发现和实现职业目标方向前进的最关键的因素，你的状态是由你的思想决定，你的思想是通过你的精神状态和行动体现出来的。

通过本节的学习，你将能够：

1. 学会肯定自己；
2. 明白礼仪修养在职场中的作用；
3. 了解人际交往的原则。

> 一个人失败的最大原因，是对自己的能力缺乏充分的信心，甚至以为自己必将失败无疑。
>
> ——［美］富兰克林

（一）自我肯定

自我肯定，简单地说，就是通过自我对话的方式，不断重复积极的信息，帮自己树立一个积极的自我形象，这种自我暗示的方法通常就是我们所说的自我肯定。

1. 学会欣赏自己

自我肯定的目的是让你喜欢自己，你越欣赏自己，就越有可能实现个人和职业的各种目标。学会从自我激励中激发自信，学会自己给自己加油。

你欣赏自己，你就种下了一颗期望的种子。这颗种子开出什么样的花、结出什么样的果实，这些都是你期望的结果。当你清楚地知道自己到底想要什么的时候，你就会发现你的思想在实现愿望的过程中显示出了强大的力量。你的目标越具体，你就会越聚焦于你想要得到的东西。

> 怀着必胜的、义无反顾的心态投入行动。
>
> ——［英］布劳德

小案例

"荣誉班"的故事

1960年，哈佛大学的罗森塔尔博士曾在加州一所学校做过一个著名的实验。新学年开始时，罗森塔尔博士让校长把三位教师叫进办公室，对他们说："根据你们过去的教学表现，你们是本校最优秀的老师，因此，我们特意挑选了100名全校最聪明的学生组成三个班让你们教，这些学生的智商比其他的孩子都高，希望你们能让他们取得更好的成绩。"三位老师高兴地表示一定尽力。校长又叮嘱他们，对待这些孩子，要像平常一样，不要让孩子或孩子的家长知道他们是被特意挑选出来的，老师们都答应了。

一年之后，这三个班的学生成绩果然排在整个学区的前列。这时，校长告诉了老师们真相：这些学生并不是被刻意选出的最优秀的学生，只不过是随机抽取的最普通的学生。老师们没想到会是这样，都认为自己的教学水平确实高。这时校长又告诉了他们另一个真相，那就是，他们也不是被特意挑选出的全校最优秀的教师，也不过是随机抽出的普通老师罢了。

欣赏自己、自我肯定已被证实具有巨大的影响。当我们坚信仍有改进的空间，自我肯定能减少受威胁时产生的焦虑、压力和防御反应。肯定就是对事实已经如此的描述或声明，如果你觉得你行，并且以"我能"的态度来做一切事，那么你就真的能行。

做任何事情以前，如果能够充分肯定自我，就等于已经成功了一半。当你面对挑战时，你不妨告诉自己：我就是最优秀和最聪明的。

自我肯定可以通过一个技巧来练习，想象一个你期望培养的品质，例如"积极主动"，你可能首先会说"我不是一个很积极主动的人"。当你有了这个想法之后，你要用相反的想法去代替它："我非常积极主动。"请一遍遍地重复这句话，早上起床后重复一遍，晚上睡觉前重复一遍，白天只要有空闲时间，都要再次重复这句话。做任何事情之前也都要重复一遍这句话，这样，慢慢地这句话带来的效果就可以在你的行为上体现出来了，你就会渐渐变得积极主动起来。

> ## 小活动
>
> 记住以下培养自信的10句话，每天在上学或上班前至少都要对自己说3遍：
>
> 1. 今天我要开始新的生活！
> 2. 我是最棒的，我一定会成功！
> 3. 成功一定有方法！
> 4. 我要每天进步一点点！
> 5. 我要用微笑面对全世界！
> 6. 人人都是我的贵人！
> 7. 我是最伟大的自我推销员！
> 8. 我热爱我的事业！
> 9. 我有我的目标，我有我的计划，我要立即行动！
> 10. 我会坚持到底，决不放弃，直到成功！
>
> 这些话语也可以集体或团队一起来朗诵。那么，我们现在就开始吧！

自我肯定其实就是要建立自信。自信是在正确认识自己的基础上，知道自己的优缺点，并能愉快地接纳，相信自己的能力和才干，是一种积极健康的心理品质。不能认识并接纳自己的人，在情绪上常显得不稳

不是因为有些事情难以做到，我们才失去自信，而是因为我们失去了自信，有些事情才显得难以做到。

我想，你该明白了，
日子越来越少，
无法再拖延。
想做什么，
最好现在就做，
别再寄希望于明天。
我深信，
唯有爱它，
才能做好它。
——[美]诺拉·依弗朗

101

定，自卑，而自卑所表现的是一种自我贬低，对自己不信任的消极心态。

自信的人轻松、活泼、大度，在表情、姿态和言行举止上都会表现出一种活泼的生气，显得对生活充满信心，能够自如地表达自己对别人的赞赏、好感和喜欢，也能够自然地接受别人对自己的赞赏，好感和喜欢。

自信的人开放、坦诚、言行一致、果断、勇敢，总是能够直接而坦诚地说出自己的想法，虚心地接受批评，坦然地承认自己的错误，并且愿意承担后果。

自我肯定的人与自我否定的人因为思维方式不一样，看待困难障碍的方式也不一样，所以，结果也会不一样。

做一个自信的人，这会让我们更有能力和精力面对困难和挫折，更有能力达成目标，让我们的职业生涯更顺利、更光明！

2. 塑造正面形象

建立正面形象，形成一种健康乐观、积极向上的动能和情感，并倡导积极向上的思想和行为，也就是我们常说的正能量。我们常常会说一个人的气质如何如何，日常生活中有的人看来装扮和别人没什么不同，但却在人群中显得很出众，容易引起别人的兴趣，其实这就是他注意塑造自身正面和积极形象的结果。

人无完人，无论是来自他人的评价还是自身的自我评价，都可能会使你发现自己的缺点。但是不管是在职场上，还是生活中，我们都要认同积极的态度和正面的形象，这是导向成功的、必不可少的要素。

> 几种塑造形象的做法：
> （1）发现一名良师，让他经常指导自己。
> （2）自我修饰，并定期检视自己。
> （3）在本行业中成为一名活跃分子。
> （4）强化自己的专长，当你的朋友中某方面有需要时你是首选。
> （5）提升自己的公众表达能力。

小案例

马云阻止偷井盖

1995年，杭州一家电视台做了一个测试：到马路上去撬窨井盖，看有没有见义勇为的市民会站出来。结果在街头随机采访了很多人，几乎所有人都是"事不关己高高挂起"的姿态，测试面临着无功而返的尴尬局面。在临近结束时，一位其貌不扬的青年骑自行车去上班，看见有人撬窨井盖，便来回绕了好几圈，但一时找不到警察，就指着他们大声呵斥："你们干什么，把窨井盖放回去！"

当时电视台记者距离窨井盖只有十几米，看到"路见不平一声吼"的英雄终于出现，非常兴奋地拿着话筒冲了上去，于是便有了马云的第一次上电视。

直到电视台的记者出来采访，马云才明白了这原来是一场关于勇气和社会责任的测试，目的是看有多少路人会阻止这种害人害己的行为。

当初的"路人甲"、如今的阿里巴巴和淘宝的创始人马云，谈到这段往事时表示：小时候常为别人出头，因为个子小，别人不设防，头上缝过四针。1995年第一次上电视，本来是制止别人偷窨井盖，"晚上看到五六个大汉偷井盖，心里发毛打不过，但不管又实在忍不住"。

有网友直言："既有正义感又有策略，马云的成功不是偶然的。"

积极的态度和正面的形象构成因素包括：

（1）我是积极热情的；

（2）我能够主动行动；

（3）我能够自我约束；

（4）我善于学习；

（5）我自信；

（6）我果决；

（7）我具有幽默感；

（8）我富有激情；

（9）我坚定不移；

（10）我有责任感强；

（11）我重视情商；

……

在职场上，积极的态度和形象更容易获得成功。

那么，如何塑造积极主动的形象呢？这就需要个人进行改变，通过自我肯定和自我暗示的方法，逐渐转变自己的观念，从而完成自我形象的塑造。

在建立正面形象的同时，我们千万不要忘记在现代生活中占有极大分量的网络。网络是一个无处不在的东西，所以，我们平时的一言一行都要极为谨慎。面对生活事件和社会，我们都有不同的看法和评价，在能够充分表达意见的网络上，自己未加修饰的语言和情感很容易在网络上留下痕迹，情绪性的语言很容易造成误解，对某一网络文章和观点的转发很容易让别人认为我们是在为此文或此观点背书。所以，自己的姓名、电话、邮箱、照片以及能表明自我身份的资料都要小心上传、粘贴和发布，以免给自己的前途带来负面的影响。

3. 建立积极心态

积极人格特质主要是通过对个体各种现实能力和潜在能力加以激发和强化，当激发和强化使某种现实能力或潜在能力变成一种习惯性的工作方式时，积极人格特质也就形成了。积极人格有助于个体采取更有效的应对策略。我们的生活中存在着各种各样的困难、痛苦和失败，并不全是甜蜜、光明和成功，但如果我们心态积极，就更有能力和精力去专注目标，心态消极的人会在任务和目标面前首先想到和考虑的是困难（见图3-4），这样只会导致自我退缩。成功的人并不见得比我们普通人更优秀，他们之所以能脱颖而出最关键的是他们拥有积极的

> 在做的时候同时想。只有在做的时候，你的潜意识才会最大限度地来吸收你做时的感悟，这也是麻省理工学院的一个重要思想，一种务实传统。在麻省理工学院做实验，什么时间、什么地点、什么事情，一个想法先在图纸上画一画，到机器里去测一测，让激光打上再看一看，只有做了，你才有想法。
>
> ——张朝阳

心态，对任何事情保持兴趣，不怕困难，生活和工作中的一切都按照他们的愿望逐步进行。

目标在哪里，

我的注意力就在哪里，

我所期望的结果也就在哪里！

请记住：

播下一种心态，收获一种思想；

播下一种思想，收获一种行为；

播下一种行为，收获一种习惯；

播下一种习惯，收获一种性格；

播下一种性格，收获一种命运。

1978年度诺贝尔经济学奖得主、社会学家赫伯特西蒙说过：在一个信息丰富的世界，大量的信息内容意味着某种东西的缺乏：无论它是什么，肯定是因信息消耗引起的缺乏。而大量的信息消耗的是什么，这是显而易见的：它消耗的是信息接收者的注意力。因此信息的丰富促成了注意力的缺乏。这一见解，通常被简化为：在信息丰富的世界里，唯一稀缺的资源就是人类的注意力。

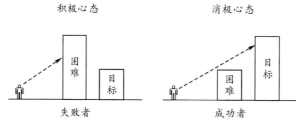

图3-4　注意力在哪里，目标就在哪里

（二）礼仪修养

礼仪跟学识、智慧和能力一样重要，掌握礼仪就像拿到一张通往成功的车票，有了它，往后的行程变得轻松愉悦。请记住，仅仅拥有力量是完全不够的。要让你的思想更灵活，举止更得体，让自己更敏捷和富有弹性，准备好改变自己适应这个世界吧！

小案例

温莎公爵的智慧

英国温莎公爵曾经主持了一个招待印度当地居民首领的宴会。在宴会结束的时候，侍者为每位客人端来了洗手盆。让人意想不到的是，当印度客人看到那精巧银质的器皿里盛着亮晶晶的水时，便以为是英皇室的待客之道，于是端起来一饮而尽。这一举动让英国贵族目瞪口呆，不知如何是好，只是愣愣地观察温莎公爵。

公爵神色自如，不露声色，一边与客人继续谈笑风生，一边也端起自己前面的洗手水，自然地仰起头来一饮而尽。于是，大家也都纷纷地端起自己前面的洗手水，效仿着温莎公爵。宴会在热烈而又祥和的气氛中取得了预期的成功。

礼仪是关于做人的道理，而不是做事的流程。一旦我们培养了正确的世界观和为人处世的态度，我们自然就会流露出得体的行为。礼仪的关键不是如何体现出自己的高雅，而是找到最好的方式来表现你对他人的尊重、赞赏和关心，以达成更和谐的人际关系。

1. 沟通礼仪

使用礼貌的语言与他人交往和沟通，可以让沟通对象有一种愉悦、舒服的体验，而且还会得到他人的尊重，提升自己的形象和声誉，是百利而无一害的事情。俗话说"礼多人不怪"，所以，各种礼貌用语要经常、高频率地使用。

另外，人类本质中最殷切的需求就是渴望被肯定。如果你能以诚挚的敬意和真心实意的赞美满足一个人的自我，那么任何一个人都可能会因此变得更愉快、更通情达理、更乐于合作。所以赞美也是任何人都乐意接受的一种礼貌的沟通行为。

欣赏和赞美可以让你获得真挚的友谊和良好的人际关系，帮助你事业成功。当我们赞美别人时，也给予了对方最珍贵的礼物——自信。

每一次赞美别人时，不但对方快乐，同时也会使你获得满足。因此，每天至少赞美三个人，那么，你将感受到自己的快乐指数也在不断上升。

> 礼，所以正身也；师，所以正礼也。人无礼则不生，事无礼则不成，国家无礼则不宁。
>
> ——荀子

2. 着装礼仪

职业形象是一种自信的状态，如果你看上去认真严肃地对待工作，人们也会倾向于严肃认真地关注你。适宜的装扮、整洁的个人卫生、健康的气色和职业化的着装都将有助于你打造最佳的职业形象。

你在为职业生涯做准备的时候最重要的一件事就是找到合适的衣服来塑造出你最职业化的形象。为工作精心着装不仅会令你在工作时感觉更加良好，也会告诉老板，你既关注自己的形象，又关注公司的形象。

着装服饰有一个约定俗成的"TPOR"原则，把握好这个原则能产生自然和谐的美感。

表 3-2　着装的 TPOR 原则

1	时间原则（Time）	工作时间着装，要考虑自己的工作性质和特点，以庄重大方为原则。在写字楼忙碌的白领人士，应选择西服套装、套裙，这样的选择能够很好地体现敬业、干练、庄重、严肃的职业特色。在窗口岗位工作的公务人员，为了体现良好的政府或公司形象，要整齐划一地着职业工装。
2	地点原则（Place）	地点原则的把握可以说是"到什么地方穿什么衣服"，一定要注意穿衣和氛围的协调一致。
3	场合原则（Object）	服饰要与特定场合的气氛相吻合：上班、庆典、谈判及公关等场合要选择比较正式的服装，男士可选西装，女士选择职业套裙或单位制服；舞会、音乐会、宴会、聚会等场合出现在晚上为多，应以礼服、旗袍及华丽感较强的连衣裙为主；休闲场合则要选择一些舒适、自然、方便的休闲款服装，盛装出席不合时宜，显得与环境格格不入。

续表

4	角色原则 （Role）	着装还要根据不同场合下的个人角色来搭配，如教师、公务员、办公室文员等职业感较强的工作岗位，如果着透视装、短裤、露着脚趾的凉鞋，都会给人留下不严肃的印象，甚至产生不可信任的感觉。

除遵循"TPOR"原则外，还要考虑协调的关系，与肤色的协调、体型的协调、身份的协调、色彩的协调等。他人穿得很美的服饰未必适合自己，要了解自己的特点来选择才能发挥出个人的不同魅力。

3. 用餐礼仪

无论你处在职业生涯的准备期还是发展期，你都有可能与你的同事、领导或客户一起用餐、一起参加某个招待会或某个晚宴。在这些活动中，使用恰当的用餐礼仪对塑造你的职业形象是非常有帮助的。

你应当恰当掌握中餐礼仪、西餐礼仪和自助餐礼仪等，这些礼仪中关于座次、进餐 / 取餐礼仪、喝酒礼仪等等，都有约定俗成的规则，良好的礼仪会给你带来更和谐融洽的气氛。

用餐期间，不要忘记与对方进行积极的沟通。用餐结束后，要感谢对方邀请你，如果有机会，你也要请对方用餐。

◤ **小案例**

有一次，一家企业的总经理请自己的一些客户和阿涛等一起吃晚饭。阿涛在客人中的排位是第三位。晚餐开始后，主人先敬了大家一杯酒。按中餐的喝酒礼仪是主人会按位次敬每位在座的客人，接下来客人再按位次回敬主人，之后，客人之间互敬。但阿涛为了显示与主人的亲密关系，在主人敬完之后立马第一个起来向主人敬酒。没想到主人没领这个情，只是说，阿涛，请等一下，让我先敬完这几位客人。阿涛只好悻悻地回到自己的座位上。

4. 行为举止

教养不仅体现在言谈上，也体现在行为举止上。

（1）眼神注视

眼神应保持坦然、和善、热情、乐观。冷漠、傲慢、贪婪的眼神都会使别人在内心产生抵触情绪；左顾右盼、挤眉弄眼、用白眼或斜眼看人，是不礼貌的。

◆公务注视：注视位置在以对方双眼为底线、额头为顶点的三角形区域内，给人以严肃、认真的感觉，使对方感到是要谈正事，也就能保持主动。用于洽谈、磋商、谈判等场合。

1948年，国际红十字会规定将国际红十字会创始人亨利·杜南的生日——5月8日订立为世界红十字日，也即"世界微笑日"。从1948年起，每年的5月8日，世界精神卫生组织把这天订立为"世界微笑日"，希望通过微笑促进人类身心健康，同时在人与人之间传递愉悦与友善，增进社会和谐。

世界微笑日，是唯一一个庆祝人类行为表情的节日，这一天会变得特别温馨，在对别人的微笑中，你也会看到世界对自己微笑起来。

◆社交凝视：注视位置以对方双眼为底线、唇部为顶角的倒三角形区域内。这种注视令人感到舒服、有礼貌，可以营造一种和缓的社交气氛。用于各种社交场合。

◆亲密注视：注视位置在对方双眼到胸部之间的区域内。用于亲人、恋人之间。

（2）微笑

微笑是一种无声的语言，它能弥补裂痕。真正的微笑应发自内心，渗透着自己的情感。毫无包装或矫饰的微笑非常有感染力，所以被视作"参与社交的通行证"。微笑是交流的"润滑剂"，是善良、友好、赞美的表示。亲切、温馨的微笑能使人们迅速缩小彼此间的心理距离，创造出交流与沟通的良好氛围。

> 恭而无礼则劳，慎而无礼则葸，勇而无礼则乱，直而无礼则绞。
>
> ——孔子

（3）站姿

站的姿势应该自然、轻松、优美。从正面看，全身笔直，精神饱满，两眼正视（而不是斜视），两肩平齐，两臂自然下垂，两脚跟并拢，两脚尖张开一定角度，身体重心落于两腿正中；从侧面看，两眼平视，下颌微收，挺胸收腹，腰背挺直，手中指贴裤缝，整个身体庄重挺拔。

（4）坐姿

坐姿要舒适自然、大方端庄。入座时，动作要轻盈和缓，自然从容。落座要轻，不能突然坐下发出响声，起座要端庄稳重。男子就座时，双脚可平踏于地，双膝亦可略微分开，双手可分置左右膝盖之上，女子就座时，双腿并拢，以斜放一侧为宜，双脚可稍有前后之差。

（5）社交距离

在社交场合，任何一个人需要在自己的周围有一个自己能够把握的自我空间和距离，这个空间和距离的大小会因不同的文化背景、环境、行业、个性等而不同（见表3-3）。

表3-3　社交距离

亲密距离 (intimate distance)	私人距离 (personal distance)	礼仪距离 (social distance)	公共距离 (public distance)
0~0.5米	0.5~1.5米	1.5~3米	3米以上
交谈双方关系密切，比如说恋人、夫妻、父母和子女以及至爱亲朋之间的距离。	双方都把手伸直有可能触及。朋友、熟人或亲戚之间谈话一般以这个距离为宜。	用于处理非个人事务的场合中，如进行一般社交活动，或在办公、办理事情时。	用于非正式的聚会，如在公共场所听演出、彼此极为生硬的交谈及非正式的场合等。

（6）声音

在公共场合，切忌大声喧哗——这是我们中国人很容易犯的毛病。说话以谈话对象听得清为宜。

（7）举止

行为不宜太过怪异，或过于夸张，言行举止应该遵守我们约定俗成的规则。

5. 商务活动礼仪

你的领导、客户、同事或朋友可能会邀请你去参加某个正式的活动或聚会，或者处在一个类似的社交场合中，此时你有很多机会结识对你将来找工作有帮助的人。这类场合你的穿着要得体，比如穿职业装，不过量饮酒，不拘泥在一个地方跟几个人交流，多换几个地方，跟更多的人进行交流，尽力去跟举办接待会的主人交流，同时也要尽量遵守活动的规则。这些场合是你表现自己的热情、良好的沟通技巧和你的职业形象的大好机会。

> 礼起于何也？曰：人生而有欲，欲而不得，则不能无求，求而无度量分界，则不能不争。争则乱，乱则穷。先王恶其乱也，故制礼义以分之，以养人之欲，给人之求。使欲必不穷乎物，物必不屈于欲，两者相持而长，是礼之所起也。故礼者，养也。
>
> ——荀子《礼论》

（三）人际交往

职场中除了你的工作技能外，人际交往也对你的职业胜任力是极大的考验。它在很大程度上影响甚至决定你的职业满意度和成功可能性。人际交往有很多忌讳，但参照并谨守如下原则（见表3-4），则可以事半功倍。

表3-4　人际交往原则

尊重原则	自尊和尊重他人。自尊就是尊重自己，维护自己的尊严。尊重他人就是要尊重别人的生活习惯、兴趣爱好、人格和价值观。尊重别人才能得到别人的尊重。
真诚原则	只有以诚待人，胸无城府，才能产生感情的共鸣，才能收获真正的友谊。没有人会喜欢虚情假意，多少夸夸其谈都会败下阵来。
宽容原则	交往中难免有矛盾和冲突，学会宽容别人的小过错，宽广的心胸才能容得下成功的事业。斤斤计较，会让自己变得渺小。
互利原则	互利是指双方在满足对方需要的同时，又能得到对方的报答。人际交往永远是双向选择，双向互利互惠，交往才能长久。
平等原则	与人交往应做到一视同仁，不嫌贫爱富，将心比心，学会换位思考，不能因为家庭背景、地位职权等方面原因而对人另眼相看。
信用原则	言必信，行必果。"言而无信非君子"。要取信于人，首先自己要守信，不轻易承诺，但一旦承诺，说到做到。

二、案例讨论 Case Discussion

案例一：技能与岗位的不匹配

小美的妈妈是大学教师，父亲在金融系统工作。小美大学毕业后，自己找了一份中学教师的工作，她喜欢去教小孩子念书。然而，她的父母觉得她这个工作没出息，就托关系让小美进入到了某著名金融系统工作。刚开始上班第一天主管拿给她几页英文资料："你把这个翻译出来，今天下班前发给我。"小美拿着资料开始埋头苦干。小美的专业虽然也是金融相关专业，但毕竟没有工作经验，英文水平只限于日常用语，专业性的词汇就无能为力了。她又是个安静害羞的女孩子，向同事请教几次之后，看见同事都忙着自己的事情也不好老去打扰人家。结果，当小美磕磕巴巴翻译完发给主管后，主管立刻就发怒了。

第二天，主管只交给她一些简单的复印、端茶倒水之类的工作，再也不敢交给她稍微重要一些的工作了。因为在主管和其他同事眼里，翻译一份资料也就是一个小时的事情，根本不能算是要紧的工作。但小美连这个都做不好，还能指望她做什么重要的工作呢？

如此一来，小美逐渐被同事们看成了是可有可无的人，小美自己也苦恼万分。每到工作日的时候，小美起床后就觉得头晕眼花、胃痛、身体各种不适。在三个月的试用期之后，小美终于忍受不了这份工作带来的压力，和父母大吵了一架之后，拒绝再去上班。

从小美的故事可以看出，她的专业知识技能和职业核心能力技能并不适合金融公司的这个岗位，而且小美本人的兴趣也不在于此，所以她无法在这个岗位上再干下去。职场人的工作不仅要考虑本人的意愿，同样也应该考虑本人的技能与岗位的匹配程度，匹配程度越高，才越适合这个岗位。

讨论：

1. 你在做职业规划时，有没有过只考虑是否高薪、是否光鲜有地位，而不考虑自己的能力与喜好？请与你的学习伙伴分享你的经验。

2. 如果遇到这样的情况，你如何采取行动以改变现状？

案例二：残酷底层物语——搬砖小伟

在网络上，他是拥有百万"粉丝"的"搬砖小伟"；现实中，他是"90后"农民工石神伟。这个来自湖北大冶龙角山村的小伙生活主场是工地，真实身份是搬砖工，每天起早贪黑，要搬3000~5000块砖。石神伟曾是"留守儿童""网瘾少年"和"中学辍学者"。没想到做工之余坚持健身的爱好改变了他的生活。

在大多数建筑工地，午餐是难得的休息时间，但对他来说不是，

你改变不了事实，但你可以改变态度；你改变不了过去，但你可以改变现在；你不能控制他人，但你可以掌握自己；你不能预知明天，但你可以把握今天；你不可以样样顺利，但你可以事事顺心；你不能延伸生命的长度，但你可以决定生命的宽度；你不能左右天气，但你可以改变心情；你不能选择容貌，但你可以展现笑容。

109

这个 23 岁的工人利用午休时间在工地的脚手架上旋转摆动，这套体操动作让他成为中国的最新社交媒体走红人物。

小伟的视频由表弟操作四部智能手机从多个角度拍摄，然后发到中国移动视频 APP "快手"，他的近 120 万 "粉丝" 称他为 "搬砖小伟"。有 "粉丝" 在看了他的一套高杠动作后评论说："你已经不是大师，你是神！" 另一个 "粉丝" 惊呼："你是我的榜样。" "别人在吃饭和唱卡拉 OK 的时候，我在专心做我想做的事情。" 小伟在福建一个尘土飞扬的工地上称。

小伟因迷恋网络游戏而退学，之后加入了大伯的建筑队。当年他还是个瘦小的孩子，工作十分辛苦。他说："我那时候手无缚鸡之力。" 一天，小伟看了一段介绍街头健身的在线视频，那是一种随处可行的免费健身方式，他迷上了这项运动。小伟渐渐产生了这样一种工作态度：工作是热身，训练才是真正磨炼意志的时刻。在搬木头或组装大梁的时候，小伟会默默想这能锻炼到哪块肌肉。由此他认为，自己不是在为别人工作，而是在为自己工作。有了这样的想法，即使每天 5 点半起床，一天工作 10 个小时便不那么难熬了。

"我通过健身发现了另一个自我，一种来自内心的能量，" 他说，"网游已经给不了我这个。" 报道称，他在 2015 年发布的第一个视频是倒立俯卧撑，吸引了 7000 名 "粉丝"。"我当时特别激动，心想一定要坚持练习。" 他说，他的招牌式空翻、跳跃和倒立组合都是自学的，大多是模仿他在网上看过的视频。

小伟的工友大多是老家的亲戚，他们不明白他在每天劳作 10 小时的情况下哪儿来的精力。"大多数人都会累得回家睡觉，他却每天练，中午前后或者晚上别人都在吃吃喝喝的时候，他就在工地上练。" 一个 52 岁的瓦工说。

他的名声使他有机会参加了中国的才艺表演节目、有可能参演一部电影并得到全国各地体操运动员和健身爱好者的赞赏。北京的一个私人教练表示："他对我们大家都很有启发，激励着越来越多的年轻人做他们喜欢的事情，比如健身。我认为他做的事情非常有意义。"

小伟希望有朝一日自己开个健身房，帮助年轻人避免他年少时面临的困惑。"他们应该为自己感兴趣的东西去奋斗，不应该轻易放弃，" 他说，"这就是我想通过我的视频传达的理念——以积极的心态享受生活。"（来源：参考消息网 2016 年 10 月 13 日报道）

我们大多数人的生活和工作条件比小伟的都要好，更好的条件应该做出更好的成绩，这是我们每个人理所当然的想法，实际上完全不是。

你必须尝试

IBM 刚成立时，一名员工犯了战略性错误，给 IBM 损失了 100 万美元，对当时的 IBM 来说这是一大笔钱。他犯错后第二天，给创始人托马斯·沃森一封信，沃森打开信读了读，问那名员工："这是什么？"，他说："先生，这是我的辞职信"。"为什么辞职？" "先生，我刚犯了个错误，给您的公司造成了 100 万美元的损失，我不想……您对我一直很好，我不想让您烦恼，是否要炒了我，所以我主动辞职。" 托马斯·沃森把信撕了，说："炒了你？我刚为您的教育投入了 100 万美元，现在我要炒了你？" 无论这则故事是否真实，它都在 IBM 公司广为流传，并给公司营造了良好的氛围。告诉大家 "你必须尝试"。

小伟在如此艰苦的条件下能克制自我，能坚持自己的目标，在于他发现了自己的兴趣所在，并以积极的心态去面对困难。

讨论：

1. 你在工作和生活中的心态如何？你能做到以积极的态度面对困难和失败吗？若你处于困境中，你通过什么办法激励自己？

2. 你过往的经历中，有没有让你自己值得自豪的举动或事迹？请与你的学习伙伴分享。

三、过程训练 Process Training

活动一：我们来做巡视员

（一）活动目的

为了增进每个人的自我了解，并且了解别人眼中的自己，个人能够接受、肯定自己的优点之后，进而了解、接纳自己的缺点。在别人赞美自己或批评自己时，也能够以自我肯定的反应来表现。

（二）活动方式

把全班学员平均分成 5 个小组，每组选出 1 个小组负责人负责计时。优点缺点轰炸。

注意：轰炸的内容必须具体；轰炸时，轰炸者和被轰炸者都必须注视对方，不能逃避视线；轰炸时，必须以"你"来称呼对方；受轰炸的人只能倾听，不需感谢、辩驳或解释，也不可泼人冷水。

> 不积跬步，无以至千里；不积小流，无以成江海。
> ——荀子

（三）活动规则

1. 己说己长：坐在中央的学员先说自己的优点，由小组负责人计时，必须说满 1 分钟。

2. 听说己长：外围学员轮流述说坐在中央学员的优点，每人至少说一点，大约进行 2 分钟。

3. 听说己短：外围学员轮流述说坐在中央学员的缺点，大约进行 2 分钟。

逐一实施，直到每一个人都接受优点、缺点的轰炸。轰炸完成后，写出你的想法：

> 凡人之所以贵于禽兽者，以有礼也。
> ——《晏子春秋》

◆在你说出自己的优点时，你有什么感觉？

◆在接受优点轰炸时，你有什么感觉？

◆在接受缺点轰炸时，你有什么感觉？

◆缺点轰炸中，哪一项缺点是你印象最深的？你打算如何改进呢？

◆轰炸别人时，你的感觉是什么？

◆这项活动对你了解自己有帮助吗？

活动二：帮助小张认识自己的不足

美国加州大学心理学家桑雅·吕波密斯基 (Sonja Lyubomirsky) 根据研究结果，提出八项具体可行提升积极和快乐指数的做法：

心存感激

时时行善

品尝乐趣

感戴良师

学习宽恕

爱家爱友

照顾身体

逆境自持

当然，最关键的是，你必须相信它们。

小张的口头表达能力不错，对公司产品的介绍也得体，人既朴实又勤快，在业务人员中学历又最高，老总对他抱有很大期望。可做销售代表半年多了，业绩总上不去。问题出在哪儿呢？后来发现，原来他是个不修边幅的人，双手拇指和食指喜欢留着长指甲，里面经常藏着很多脏东西。脖子上的白衣领经常是酱黑色，有时候手上还记着电话号码。他喜欢吃大饼卷大葱，吃完后，不知道去除异味。还有客户反映小张说话太快，经常没听懂或没听完客户的意见就着急发表看法，有时说话急促，风风火火的，好像每天都忙忙碌碌的，少有停下来的时候。

你认为小张在哪些方面需要提高？如何改进呢？

不足之处	改进方法

四、效果评估 Performance Evaluation

评估一：积极心态测试

下列问答题测试你是否具有积极的心态。

（一）情景描述

1. 一旦你下了决心，即使没有人赞同，你仍然会坚持做到底吗？

2. 如果店员的服务态度不好，你会告诉他们经理吗？

3. 你不常欣赏自己的照片吗？

4. 别人批评你，你会觉得难过吗？

5. 你很少对人说出你真正的意见吗？

6. 对别人的赞美，你持怀疑的态度吗？

7. 你总是觉得自己比别人差吗？

8. 你对自己的外表满意吗？

9. 你认为自己的能力比别人强吗？

10. 你是个受欢迎的人吗？

11. 你有幽默感吗？

12. 危急时，你很冷静吗？

13. 你与别人合作愉快吗？

14. 你经常希望自己长得像某人吗？

15. 你经常羡慕别人的成就吗？

16. 你勉强自己做许多不愿意做的事吗？

17. 你认为你的优点比缺点多吗？

18. 你经常听取别人的意见吗？

19. 你的个性很强吗？

20. 你希望自己具备更多的才能和天赋吗？

> 把你自己想象成春天里的一朵花，你的花瓣聚拢紧紧围绕着你的脸。即使你还可以看到外面，也只有一点点光线。你无法欣赏发生在你身边的事情。然而一旦你感受到阳光的温暖，情况就变了。你开始变得柔软，你的花瓣放松，并开始向外伸展，让你的脸露了出来，并拿掉了厚实的眼罩。你看见的事越来越多。你的世界相当明确地扩展。可能性不断增加。
>
> ——[美]芭芭拉·弗雷德里克森

（二）评估标准和结果分析

请你给自己打分，"是"得 1 分，"否"不得分。

13~20 分：你具有积极的心态，明白自己的优点，同时也清楚自己的缺点。但如果你的得分接近 20 分，别人可能会认为你很狂妄，你要谦虚一点，才会受人欢迎。

6~12 分：你的心态比较积极，但是你仍或多或少缺乏安全感，对自己产生怀疑。你要常提醒自己，在优点和长处各方面并不比别人差，要有信心。

6 分以下：你的心态很消极。过于谦虚和自我压抑，因此经常受人支配。你尽量不要去想自己的弱点，先学会看重自己，别人才会真正看重你。

评估二：自我职业形象测试

（一）情景描述

本测试有 50 个形容词，请从头到尾读两次。第一次读时，如果碰到的形容词切合自己的个性或形象，就在"我就是"那栏画"×"。第二次读时，不要管你前述那栏了多少个"×"，这次在"我想要成为"那栏画"√"，一路读下去，碰到自己将来想具备的形象特质形容词，就画个"√"。有些形容词在两栏中都会被画上符号，那表示你目前和将来都具有哪些特质；另一些形容词则可能只有一个符号，也可能一个也没有。下面的例子可以帮助你了解如何进行测试：

（ × ）（　　）有所保留

（　　）（ √ ）有成就

（ × ）（ √ ）有道德

（　　）（　　）无趣

　　像上面那样作答的人，表示他觉得有所保留，但不是真想如此；他尚无成就，但希望能够事有所成；他是个有道德的人，将来也想继续如此；他并不是无趣的人，将来也不希望如此。

　　千万记得，打（ √ ）和打（ × ）要分开来做，作答完毕，再按计分方式计算出得分。

描述	我就是	我想要成为	描述	我就是	我想要成为
野心勃勃的			好辩的		
独断的			吸引人的		
好战的			粗鲁的		
谨慎的			合作的		
迷人的			聪明的		
肯竞争的			肯合作的		
有创造力的			愤世嫉俗的		
好奇的			大胆的		
果断的			坚毅的		
迂回的			小心的		
卖力的			有效率的		
精力充沛的			有趣的		
好妒的			宽容的		
受挫的			慷慨的		
诚实的			引人注目的		
行动的			独立的		
懒惰的			乐观的		
能言善辩的			有耐性的		
实际的			有原则的		
轻松的			机智的		
自我中心的			有自信的		
敏感的			聪明能干的		
顽固的			胆小的		
强硬的			可信的		
温和的			顺从的		

（二）评估标准和结果分析

在你的答案里，如果一个形容词只有一个符号（一个"√"或一个"×"）就可以得到1分；如果有两个符号（一个"√"或一个"×"）不计分，两个记号都未出现也不计分，把可以得分的形容词数目加起来，得分就是测试的总分。

2～5分：对自己有很高的正面评价，表现和态度很像你期望的那样。高度正面自我形象会让你愿意承担风险、发掘机会。其他人则可能受你鼓舞，以你为榜样向前冲。得分落在此区间的人，成功的机会和个人成就感都很高。

6～11分：对自我形象感到相当满意，比起得分更高的人，这些人经验稍逊，但比一般人对自己感到满意，算是具有很健康的人格，即使"真正的自己"和"理想中的自己"仍有一些矛盾。你可以试着从第二栏中挑一两个你所希望具备的人格特质形容词，努力去做，你会发觉颇有趣和有收获。

12～21分：大多数人得分都落在此区间，这些人成功的可能性低一些，但仍有机会。你最该做的就是把"真正的自己"和"理想中的自己"的矛盾尽可能地减少，这需要决心和努力。

22～33分：得分落在此区间的人经常看轻自己，看到人就摇头，突然警觉自己并未达到希望的目标时也会如此。你对自己给人的形象并不满意，对追求成功的能力也没有信心。如果想达到你的目标，你必须投入时间和精力，努力于人格发展。

34分以上：毫无疑问，你对自己感到失望，只要有什么事你做不好或你不具备，都会让你不满意自己。你常会有受挫和失望的情绪，要改变你的人格并不容易，因为你会感觉太遥远了。不过，最好谨记一点，人格成长和成功都是一辈子的事情，不是一夜之间的成就，如果你不知从何开始，不妨找专家帮忙。

19世纪晚期德国的铁血宰相俾斯麦，为了拉拢一个敌视他的议员，便有计划地在别人面前赞美这位议员，后来，两人成了无话不说的政治盟友。

事实上，在我们工作时，可把这种方法派上用场的地方不胜枚举。

第三节　转换角色心态

职场在线

他们不理我

一位医学院的校花长期担任班长、团支部书记，学习成绩优秀，毕业后来到某重点医院做内科医生，领导关注，同事青睐，患者更是对她毕恭毕敬。然而，她却厌烦了诊室的工作。看到医药代表工作时间自由、工作灵活、挣钱更多，就决定下海。

当了一周医药代表后，回到医药公司办公室，伏桌哭泣。

经理关切地问："怎么了？"

她委屈地说："那些药剂科的人，他们，他们，他们竟然……"

经理担心了，着急地问："他们怎么样了？是不是欺负你了？"

美女泪流满面，非常痛心地说："他们竟然不理我！"

经理舒了一口气，想引导她战胜困难："他们不理你，你打算怎么办？"

美女坚定地说："他们不理我，我就再也不理他们！"

经理心里凉了：你再也不理他们了，可这药卖给谁呢？"要不你还是别难为自己了，回到医院当医生吧！"

美女号啕大哭，经理吓了一跳，关切地问："还有谁惹你生气了？"

美女凤目圆睁："你！"

经理不解："我劝你别干了，是为你好呀。"

美女愤怒地说："要是不干，也得我先说！凭什么你先说出来？"

经理连忙说："好、好，我收回刚才的话，请你先说。"

美女大声说："我不干了，我立刻辞职！"

这位美女从医生到药品推销员的转变，是职业的转变，是从"人求于我"到"我求于人"的转变，但她幼稚的心态一点儿也没变，当然只能撞得头破血流。

一、能力目标 Competency Goal

孩提时代，我们的概念里没有太多规则的约束，但是家长、学校和社会在一步步地帮我们去适应规则。从学样到社会，虽然是个渐变的过程，但走出校门的那一刻，你就要独自面对人生，那么，你准备好了从学生到职业人的角色转变了吗？

有很多人会说："只不过换了一个身份和地点而已嘛，哪里需要做什么准备。"持有这种想法的人，大多还没有考虑过这两种角色的转换。除此之外，我们还要在心态上、意识上有所准备，建立规则意识，历练坚强人格。只有如此，我们才能在职场上立足。

通过本节的学习，你将能够：
1. 了解规则意识的作用；
2. 厘清自己的身份；
3. 完成角色转变，并历练人格。

（一）树立规则意识

规则意识，是通过经验和冲突积累而成的、发自内心的、以规则为行为出发点并自觉维护规则的意识。

"遵守交通规则"这句话我们几乎随时都能听见，很多交通事故中发生的血腥事件惨不忍睹，我们应该从中认识到了遵守交通规则的重要性。规则是我们这个纷繁复杂的大千世界能有效运行的基础，没有了它，这个世界就会乱作一团，所以，和平安全的世界，就是由数不清的规则在守护着。红灯停、绿灯行，政府官员要廉洁自律，企业运营要诚实经营，参加考试不能作弊等等，不一而足。没有规矩不成方圆，社会越发展，越需要严格的规范和纪律，遵守规则是我们每个人应该尽的义务，规则意识是现代社会每个公民需具备的一种意识。

> 使契为司徒，教以人伦：父子有亲，君臣有义，夫妇有别，长幼有序，朋友有信。
> ——孟子

> **八达岭野生动物园老虎伤人事件**
> 2016 年 7 月 23 日 15 时许，北京八达岭野生动物园东北虎园内，自驾游女游客由于不遵守园区规则，擅自在猛兽区下车，被老虎袭击，造成 1 死 1 伤。此一事件在社会上产生极大影响，也让人们对遵守规则有了深度的思考。

▶ 小案例

下面是来自华人文化名人龙应台和她在德国长大的的混血儿子的故事：

有一年，这 13 岁的小家伙到台北来看我，那么我很高兴要带他去某一个名牌运动鞋的店去买鞋。

去买鞋的原因是，代理这个世界名牌运动鞋的总经理跟当时我工作的文化局有合作关系，他们曾经捐过八千双鞋子给我们，所以就认识了。后来，这位总经理曾经跟我说："下次你孩子来台湾的时候要买鞋，到我那里买，我给你半价。"因此，当天我跟这孩子说："你要买运动鞋吗？我带你去，因为会有半价！"

我告诉儿子这个背景，这小孩子就跳起来，开始穿鞋子要跟我出门，但是他一面在绑他的鞋带，他一面回头跟我说：

"我们去买鞋，可是妈妈你很清楚喔！如果你今天带你儿子去买这个半价的鞋，那你其实就是一个腐败的官员！"

龙应台震惊不已，德国的小孩子这么小的年龄就知道什么是政商游戏规则，什么是腐败。结果是，半价鞋子当然没有买，那就到别的地方去买全价的鞋。对腐败说"不"，这就是我们要遵守的规则。

制定规则的目的是为了规范人们的行为，保障社会的和谐与稳定。没有规则意识的人，将来无法在社会中立足，更谈不上职业的成功和人生的幸福。但是，在中国建立完善的市场经济过程中，我们恰恰缺乏这种规则意识。

> 美国有机构对733位拥有数百万美元的富翁所做的调查显示，对他们的成功起作用的前几位因素均为"诚实地对待所有的人""严格地遵守纪律"以及"与人友好相处"等。

（二）厘清身份差异

学生时代的生活是很多职业人最为怀念的生活，除了上课、学习、恋爱、参加各种活动之外，没有太多困扰的事，经济上由父母提供学费生活费（当然也有一些同学兼职，自己筹集学费和生活费），自己在学校只要处理好自己的事情就行。如果偶尔不想上课，有些同学请假或者直接逃课。父母的说教在千里之外，师长的严厉管教好像很快可以化解，如果不小心犯了错，还有豁免权……

对于大多数学生来说，压力可能就是来自学业和课程的压力，或者是情感上的困扰。对于前者，职业人几乎没有这个压力。我们从正面的表格（见表3-5）可以看出一些端倪：

表3-5　学校与职场差异表

	学　校	职　场
安排	弹性的时间安排	更固定的时间安排
出勤	有些人经常逃课	不能缺工
反馈	更有规律和个别化反馈	无规律和不经常的反馈
假期	长假和自由的节假日休息	没有暑假，很多人节假日休息很少
问题	问题有标准式答案	很少有问题的标准答案
任务	教学大纲提供清晰任务	任务比较模糊、不清晰
评估	围绕分数的个人竞争	按团队业绩进行评估
工作	工作周期较短，基本在20周内，常有班会	持续数月或数年的更长时间的工作循环
奖励	奖励以较客观标准和优点为基础	奖励更多以较主观标准和个人判断为基础

续表

任务	任务交付时间一般较长，且通常宽容延迟者	分派紧急的工作，交付周期很短
待遇	通常尽量公平地对待学生	许多老板经常很独断，并不总是公平
导向	知识导向	结果（利益）导向
学习	正规的、结构性的和象征性的学习	以发生的临时性事件和具体真实的生活为基础

下面让我们看看职业人的生活状态：

◆服从管理：必须在规定时间内完成上司交代的任务，不许迟到、早退，如果确实有事情要请假，那么请做好扣工资或奖金的准备。

◆承担责任：你完成的事情需要由你来承担责任，如果这件事情出了差错，即使不是你完成的，而是你的下属完成最后由你签了字，那么你一样要承担责任，承担责任的后果可能因企业不同而不同。

▶ **小案例**

电视剧《欢乐颂》中有这样一件事，在证券公司工作的小关，因为同事米雪儿的请求，帮她完成了部分工作，最后签字上交。第二天，经理把小关痛骂一顿，指出小关做出的文件中存在错误。小关觉得很委屈："这出错的部分本来就是米雪儿做的，我只是帮她做了后面的一部分，米雪儿没事，我反而被经理给骂了……"

后来，小关和职场精英安迪谈起此事，安迪告诉小关："你确实帮她做了，但文件的最后是由你签的字，所以你应该为这份文件负责，而现在文件中数据出错，经理当然要骂你了。"小关这才恍然大悟。

宋三弦在《我为什么不要应届毕业生》一书中阐述不要应届生的原因：

1. 仍然有一些不切实际的期望；

2. 就业心态浮躁，喜欢互相攀比；

3. 动手能力差，眼高手低，大事做不了小事不愿做；

4. 频繁跳槽。

◆独立工作：不要奢望别人会帮助你分担你的工作。你不懂的可以请教别人，但是你的分内工作最好由自己独立完成。在职场上，长期依赖他人，不能形成自己独立的人格，不仅不会帮你建立良好的人际关系，反而会使你在职场无法立足。

◆晋升压力：晋升是非常正常的职业发展过程。职场新人经过一定时间历练之后都非常渴望晋升，但要明白，越往上走，职位越少、空间越窄，所以能往上升的人毕竟是少数。特别是随着工作年限的增加，随之而来的晋升压力也与日俱增。

天下大事必作于细，天下难事必作于易。
——老子

（三）完成角色转变

离开校园进入不同行业，迎接人生每一份工作的挑战，对涉世未深、缺乏职业规划能力的毕业生来说，存在着相当大的压力，最重要的矛盾是与先前理想中的职位相差甚远，面临着巨大转型压力。实习，是完成从学校人到职场人转型的过渡过程。

1. 思维心态转变

从学生变成职业人之后，意味着你正式走入社会了，你的思维就需要适应职场的需要，而不能再带着"学生气"。

（1）厘清理想和现实

理想很丰满，现实很骨感。我们都有一个理想，我要当主持人，我要当设计师，我要当律师……然而，你第一份工作开始时，领导可能只会让你做一些如端茶倒水、查点资料、打印文件、送个合同等等。做这些小事的时候，你可能会有抱怨，觉得自己是大材小用。

你可能心比天高，如今却只是一名普通员工，做着简单的工作，没有获得期望的薪酬和机会。这种落差，让许多职场新人无所适从，无法安心工作，尤其看到某些领导，学历和能力都比自己差的时候心理落差更大。这将使你心态浮躁，无法看见自己的前途。

这时，你的思维需要转变，你需要摆正心态，踏踏实实地做好分内的事情，才能寻求更高的发展。

职场新人应摆正心态，重新学习，尽快适应当前的工作和岗位。学校学的是知识，而在职场用到的都是具体实践和技能。在做每件小事时，要多留心观察，尽量把这件事做到最好。涉及不懂的问题的时候，要保持虚心的态度多查资料、多问、多请教。同时，从心理上做好准备，所有的成功都离不开每一小步的积累。不抱怨，做好当下分内的事才有可能离理想更近。

（2）心态转变

前面讲过，职场人要服从管理，承担责任，独立完成工作，面对生存压力。那么你在心理上做好这些准备了吗？

◆学会服从。公司的制度要服从，领导的工作安排要服从。比如，上下班要打卡，不能迟到或者早退，请假必须要走相关流程等等；领导安排的任务，无论大小，要尽量完成，如果确实有异议，可以私下里向领导虚心请教。

◆承担责任。你完成的工作如果出现问题，比如方案不够完善，或者有某些方面没有考虑到，被领导或同事指出后，应该勇于承认自己的错误，并为此承担责任，不找借口。

◆少犯错误。领导在交代任务时，要听清指示，不随便插嘴；听完后重复，避免遗漏；不懂的地方，敢于提问。准确领会领导的意图才能少犯错误。

今天工作不努力，明天努力找工作！

80年的责任

武汉市鄱阳街的景明大楼建于1917年，是一座6层楼房。在1997年也就是这座楼度过了漫漫80个春秋的一天，突然收到当年的设计事务所从远隔重洋的英国寄来的一份函件。函件告知：景明大楼为本事务所1917年设计，设计年限为80年，现已到期，如再使用为超期服役，敬请业主注意。

80年，设计方还在守着一份责任、一份承诺，让人肃然起敬。

一颗浮躁的心会带着你的眼睛在各个职位、各个企业之间来回游移，你会觉得这个工作你能做，那个你也能做，最后导致你连最简单的事都做不好。所以还是要沉下心来，抱着认真的态度，努力做好当下的工作。

◣ 小案例

一位刚大学毕业的学生，由于经验不足，能力欠缺，在工作中出现了失误，受到上级严厉批评，他很不开心，没心思工作。有人问他："你为什么不开心？"

他说："经理骂我了。"

又问："你是不是工作没做好？"

答："即便工作没做好，他也不应该对我这样态度恶劣，我长这么大，我爸、我妈都没对我大声喊过！"

问："那你希望怎么样？"

答："我希望我下次再犯错时，他的态度能好点儿！"

这位大学生说的话意味着：（1）我出错是难免的；（2）我以后还会出错；（3）我再出错时，要改的是经理，不是我。他应该提高管理艺术。

试问如果这位大学生有这样的想法，下次再做同样的工作、重复同样的错误，上级对他的态度会好一些，还是会更严厉一些呢？

职场人士正确的说法应该是："我今天工作出错了，上级严厉地批评我，我很不开心。但是我下次一定把事情做好，让他说不着。"

（3）从"要"向"给"转变

在学校的时候，我们的一切都是向父母、老师要的，没钱了向父母要，出现事情了向师长求助等。走上工作岗位之后，如果还是像学生那样要职位、要环境、要轻松、要各种福利待遇、要不到就宁可先不工作，继续由父母供养。如果抱有这种想法，那永远也没有适合你的工作。

踏入职场后，心态要从学生时代的"要"转变成职场人的"给"，"给"也就是付出，你首先要付出你的劳动，才能收获其他的东西，比如工资、工作经验、晋升、地位等等。换句话说，对待工作要有献身精神，作为职场新人，要主动找事做，而不是等着别人来安排事情给你做，其实这也是个态度问题。积极的人，会找机会提高自己，消极的人，只能被动地等待别人来替自己做安排。如果只是"要"而没有付出，那你就不能真正成长起来成为职场人。

2. 处事方式转变

学生时代的关系比较单纯，大家没有利益冲突，只需要好好学习

你不能控制他人，但你可以掌握自己；

你不能预知明天，但你可以把握今天；

你不能样样顺利，但你可以事事尽心。

每个人都会累，没人能为你承担所有悲伤，人总有一段时间要学会自己长大。

就可以。然而在职场，人际关系是复杂多变的。

处理职场人际关系是一门学问，如果一不小心得罪某个同事，未来的工作可能会给你带来很多阻碍。因此职场人际关系还是需要小心的处理，尽量不要在背后说别人闲话，不要扯入八卦的话题中，办公室中不该说的话千万不要说，该说的话要小心说。

3. 知识技能转变

从学生到职场人的知识技能转变，就是从系统的理论学习向多方位的实际应用转换。

学校里学习的大多是理论知识，而工作中更多的是具体实践。比如领导要你拟一份合同，在学校里你接触到的只是合同的写法，但涉及具体的某个项目的合同，并不像工作中的要求那么具体。这样一来，你就需要考虑这份合同拟出后，是否会有什么问题？实际工作中，有时候一个字的不同，会造成合同执行的巨大差异。如果存在问题，应该从哪些条款上进行修改？怎样考虑使合同更为完善？

> 今天很残酷，明天更残酷，后天很美好，但绝大多数人都死在明天晚上，看不见后天的太阳。
>
> ——马云

小案例

惠普公司要招人，他们收到了一大摞应聘简历，他们看每份简历的时间都不会超过5秒，但是有一份简历却吸引了他们的注意力，上面就写着一句话："某年某月我去某个商场对100名顾客进行了观察，其中有50名购买了非惠普产品，另外50名看了惠普的产品但是没有购买，请您倾听一下我的看法。"惠普的人看了以后很感兴趣，就找他来面试，一谈还挺好，就录用他了。这位同学成功的关键就在于他表现出了这个企业所需要的核心素质：对企业感兴趣，重视顾客，了解市场，非常有效地将知识转化为工作所需要的技能。

4. 生活模式转变

生理适应，是指从散漫的校园生活向紧张的工作模式转换。

在学校，特别是大学，纪律宽松，有些人会养成懒散的习惯。但进了职场，守时是一个基本的职场品格。另外，对待工作还应该保持严谨的态度，不能像在学校那样马马虎虎。

> 国有四维，一维绝则倾，二维绝则危，三维绝则覆，四维绝则灭。倾可正也，危可安也，覆可起也，灭不可复错也。何谓四维？一曰礼、二曰义、三曰廉、四曰耻。
>
> ——《管子》

小案例

年轻人特别讲究个性，公司里有个新来的男生，他戴一个耳钉，头发染黄，一小撮一小撮的。每次一进来都会令大家眼前一亮，牛仔裤上剪几个大洞，电脑包斜挎在身上，走起路来松松垮垮。做事明显带有自我标签，而且喜欢跟潮流。公司领导为此特地跟他谈过，他说穿西装穿得太死板了，没有年轻人的感觉。领导就让他到写字楼的大门口，看看走下来年龄差不多的人穿的是什么。

职场人的穿着打扮不仅要符合职场的特点，更代表了对工作的态度。在职场穿着太散漫自然不能使人信服。

生活模式转变的同时，意味着你的财务也要开始独立。如今，各种超前消费、信用消费、五花八门的校园贷款在各大学校园泛滥。其中的校园贷款很多是收取超高利息和名目繁多的手续费，让没有理财能力的学生根本偿还不起，甚至有的大学还发生了学生自杀事件。作为校园中的一分子，一定要有管理好自己财务的能力，所有的消费应量力而行。

走入职场，你可能再也不好意思伸手向父母要钱。但你要付房租（或者房贷）、水电费、手机费，各种应酬，还要吃饭，除了这些之外，你可能还想买点衣服、给父母一点儿钱、出去旅游等等，但是职场新人的工资收入一般不会太高，你很快就会面临着生存的压力。如果财务管理能力不强，你可能很快就会陷入财务危机。

（四）历练坚强人格

放下包袱，接受辛劳工作是我们的使命。人格魅力是每一位职场中人都渴望具有的，但这需要不断地学习和历练才能成就。在成功的人生中，坚强、忍耐、不懈地奋斗都是不可或缺的品质。请在选定了人生目标后，不轻易放弃，路途中会有坎坷，但那一定是我们走向成功大门的钥匙，相信坚定的毅力会为我们人格的完善增加一道光环。

> 每个人都会累，没人能为你承担所有悲伤，人总有一段时间要学会自己长大。

小案例

香港尖沙咀商业区，一个烈日炎炎的下午，一位饱受烈日暴晒之苦的年轻人，汗流浃背地拎着两大盒领带，向洋服店兜售。他已经辛苦地奔波了一个下午，跑了十几家店铺，却毫无所获。虽然遭受了许多人的白眼，但是他并没有放弃。

一家服装店的老板正殷勤地做着一位客人的服务。这个时候，年轻人拎着领带走进了店里。洋服店的老板像见到瘟神一样，恶狠狠地大声吼着把他赶了出去。

年轻人像乞丐一样遭人呵斥，被人驱赶，酸楚涌上心头——原来做生意是这样辛苦！但是没有人来抚慰他，他以最快的速度擦去眼角的泪水。他知道，自己没有任何退缩的余地，只有勇敢面对生活，舔着流血的伤口，重新展露笑颜，继续走街串户，兜售领带。

> 你改变不了环境，但你可以改变自己；
> 你改变不了事实，但你可以改变态度；
> 你改变不了过去，但你可以改变现在。

由于对事业有着锲而不舍的奋斗精神，后来这个年轻人终于成了一个赢家，站到了这个行业的顶端。他就是海内外知名的领带大王，香港金利来集团主席——曾宪梓。

生命的意义在于历练，若没有经历坎坷，我们不能体味到成功的欢乐；生命中总有一次或多次跌倒，不经历风雨，怎能见彩虹？生活中难免遇到各种各样的失败。但失败没什么可怕的，可怕的是你在失败之后没有勇气站起来。正是因为挫折和失败，人生才会更加灿烂；正是因为战胜了挫折，并从失败中站起来，人生才能更加瑰丽。人的一生遇到的挫折和失败正是上天要你去征服它们的。每征服一次挫折每经历一次失败，就会多一些成长和历练，而这些历练都是要靠你自己独自去完成，无人能替代。

二、案例讨论 Case Discussion

案例一：智慧却永远填补不了道德的空白

十几年前，有一个中国小伙子去法国留学，半工半读。渐渐地，他发现当地的公共交通系统的售票处是自助的，你想到哪个地方，根据目的地自行买票。车站几乎都是开放式的，不设检票口，也没有检票员。甚至连随机性的抽查都非常少。他发现了这个管理上的漏洞，或者说以他的思维方式看来是漏洞。凭着自己的聪明劲，他精确地估算了这样一个概率：逃票而被查到的比例大约仅为万分之三。他为自己的这个发现沾沾自喜，从此之后，他便经常逃票上车。他还找到了一个宽慰自己的理由：自己还是穷学生嘛，能省一点儿是一点儿。

四年过去了，名牌大学的金字招牌和优秀的学业成绩让他充满自信，他开始频频地进入巴黎一些跨国公司的大门，踌躇满志地推销自己，因为他知道这些公司都在积极地开发亚太市场。但这些公司都是先热情有加，然而数日之后，却又都是婉言相拒。一次次的失败使他愤怒，他认为一定是这些公司有种族歧视的倾向，排斥中国人。

最后一次，他冲进了某公司人力资源部经理的办公室，要求经理对于不予录用他给出一个合理的理由。然而，结局却是他始料不及的。下面的一段对话很令人玩味：

"先生，我们并不是歧视你，相反，我们很重视你。因为我们公司一直在开发中国市场，我们需要一些优秀的本土人才来协助我们完成这个工作，所以你一来求职的时候，我们对你的教育背景和学术水平很感兴趣，老实说，从工作能力上，你就是我们所要找的人。"

"那为什么不收天下英才为贵公司所用？"

"因为我们查了你的信用记录，发现你有三次乘公交车逃票被处

让规则做个守夜人吧，让它来看守世界，我们遵守规则，这个世界才会安宁。所以，你，必须要做一个遵守规则的人。

罚的记录。"

"我不否认这个。但为了这点小事，你们就放弃了一个多次在学报上发表过论文的人才？"

"小事？我们并不认为这是小事。我们注意到第一次逃票是在你来我们国家后的第一个星期，检查人员相信了你的解释，因为你说自己还不熟悉自助售票系统，只是给你补了票。但在这之后，你又两次逃票。"

"那时刚好我口袋中没有零钱。"

"不，不，先生，我不同意你这种解释，你在怀疑我的智商。我相信在被查获前，你可能有数百次逃票的经历。"

"那也罪不至死吧？干吗那么认真？以后改还不行吗？"

"不，不，先生，此事证明了两点：第一，你不尊重规则。不仅如此，你善于发现规则中的漏洞并恶意使用。第二，你不值得信任。而我们公司的许多工作的进行是必须依靠信任进行的，因为如果你负责了某个地区的市场开发，公司将赋予你许多职权。为了节约成本，我们没有办法设置复杂的监督机构，正如我们的公共交通系统一样。所以我们没有办法雇用你，可以确切地说，在这个国家甚至整个欧盟，你可能找不到雇用你的公司。"

直到此时，他才如梦方醒、懊悔难当。然而，真正让他产生一语惊心之感的却还是对方最后提到一句话：

"道德常常能弥补智慧的缺陷，然而，智慧却永远填补不了道德的空白。"

> 欲成方圆而随其规矩，则万事之功形矣，而万物莫不有规矩，议言之士，计会规矩也。
> ——韩非子

规则规范我们社会的行为，尊重它，社会才会正常运转。没有了规则意识的引导，所有的行为都会发生偏差，偏差的行为会危害自己和社会。尊重规则、以规则为行动指南，所有的事情才会向正确的方向发展。

讨论：

1. 案例中的小伙子因为追逐蝇头小利、钻规则的空子而葬送了大好前程。面对规则漏洞或利益的诱惑，我能不为所动吗？请与学习伙伴一起讨论如何培养规则意识，并设计出一些抗拒诱惑的方法。

2. 通过上述案例中剖析，你期望在工作和生活中得到什么？

案例二：保守公司秘密

小汤是一家大公司的技术部经理，能说会道，且做事果断，有魄力，老板很倚重他。有一天，一位来自外国的商人请他到酒吧喝酒。几杯酒下肚，外国商人对小汤说："我想请你帮个忙。""帮什么忙？"小汤奇怪地看着这个并不是很熟悉的外国人问道。

外国商人说："最近我和你们公司在洽谈一个合作项目。如果你能把相关的技术资料提供给我一份，这将会使我在谈判中占据主动地位。""什么？你让我做泄露公司机密的事？"小汤皱着眉头，显然这对他来说有些为难。

外国商人压低声音说："你帮我的忙，我是不会亏待你的。如果成功了，我给你 15 万美元报酬。还有，我会为这件事情保密，对你不会有一点儿影响。"说着，外国商人就把 15 万美元的支票递给了小汤，他心动了。

在其后的谈判中，小汤所在的公司非常被动，导致损失很大。事后，公司查明了真相，辞退了小汤。本来可以大展宏图的小汤因此不但丢掉了工作，就连那 15 万美元也被公司追回以赔偿损失。小汤悔恨不已，但为时已晚。同行许多公司知道了这件事，小汤被这个行业彻底抛弃。

为了一己私利泄露公司机密，是一种违反规则、背叛公司、背叛自己的行为。这种行为给自己造成的污点，将自己的职业生涯笼罩上一层难以抹去的阴影。

> 保守秘密时，秘密是忠仆；泄露秘密时，秘密是祸主。
> ——阿拉伯谚语

> 你必须担当起个人的责任来。你不能改变环境，改变四季，改变风向，但你能改变自己。
> ——[美]吉米·罗恩

讨论：

1. 在生活中你见过类似情况吗？别人破坏规则获利你有什么感受？

2. 请与你的同伴一起来分析：面对诱惑我们怎么抵抗它？

三、过程训练 Process Training

活动一：检测

你觉得自己的适应能力强吗？如果觉得还不错，请在同学或在工作小组的同伴面前举例说明。挑选你觉得最能反映你的适应能力的事件描述出来。

> 在泪水中浸泡过的微笑最灿烂，从迷惘中走出来的灵魂最清醒。

活动二：制订你的五年计划

5年后的你在哪儿，在做什么样的工作？在纸上写出你梦想中5年后的样子，然后向前递推。例如你希望5年后的你有一张唱片问世：

那么第4年一定要和一家唱片公司签约；

第3年要有一些完整的作品可以拿给众多唱片公司听；

第2年要有很棒的作品开始录音了；

第1年要把所有的准备录音的作品编曲，排练就位准备好；

第6个月要把那些没完成的作品修饰好，以便自己筛选；

第1个星期先要列出清单，排出哪些曲子需要修改，哪些需要完工。

你的梦想已经有了，那么完成梦想的第一步你打算做什么呢？以后的每一步的计划是什么？写出来和全班同学一起讨论。

四、效果评估 Performance Evaluation

评估：适应能力测试

（一）情景描述

请在下列各题所列备选答案中选择最符合你的一项。

1. 假如你的朋友突然带来一个你最不喜欢的人到你家里，你会（　　　）。

A. 暂时忍耐，以后再把实情告诉你朋友

B. 把你的感觉完全隐藏着

C. 表示惊奇

2. 对自己的某次失败，你（　　　）。

A. 只要别人有兴趣随时都会告诉他

B. 只在谈话时顺便说出来

C. 决不说，怕会被别人抓住弱点，对自己不利

3. 遇到难题时，你（　　　）。

A. 毫不犹豫地向学习好的同学请教

B. 经常向熟人请教

C. 很少麻烦别人

4. 你骑车去一个较远的地方参加社交活动，中途找不到路标，你（　　　）。

A. 赶快查自带的地图

B. 等待过路车或有人走过时问清楚

C. 大声埋怨，不知何时才能到达目的地

5. 当你选择衣服时，你（　　）。

A. 跟随新潮流，希望合适自己

B. 选定前听取陪同朋友或售货员的意见

C. 总是固定在一种款式上

6. 当你知道将要有不愉快的事时，你会（　　）。

A. 感觉完全有办法应付

B. 相信事实并不会如预料的厉害

C. 自己进入紧张状态

还能冲动，表示你还对生活有激情，总是冲动，表示你还不懂生活。

7. 在嘈杂、混乱的环境里，你（　　）。

A. 不受影响，照常学习

B. 仍能集中精力学习，但效率降低了

C. 总觉很烦，不能静下心来读书

8. 和别人争吵起来时，你（　　）。

A. 能有力地反驳对方

B. 能反驳但无多大力量

C. 常常语无伦次，最后才想起如何反驳对方，可是已经晚了

9. 每次参加正式的考试或竞争，你（　　）。

A. 比平时成绩更好些

B. 和平时成绩差不多

C. 常不如平时成绩

10. 必须在大庭广众面前讲话时，你（　　）。

A. 侃侃而谈

B. 感觉虽难但还是完成

C. 怯场，说话结结巴巴

11. 对团体或社会性的集会，你（　　）。

A. 总是想领导讨论

B. 只有在知道讨论题目时才参加

C. 讨厌在集会上说话，所以不参加

12. 受到别人的批评，你（　　）。

A. 想听一下批评的理由

B. 想查明受批评原因

C. 想找机会反过来批评他

13. 当情况紧迫时，你（　　）。

A. 仍能注意到该注意的细节

B. 粗心大意，丢三落四

C. 慌慌张张

14. 参加各种比赛时，赛场越激烈，群众越加油，（　　　）。

A. 你的成绩越好

B. 你的成绩不受影响

C. 你的成绩越上不去

15. 碰到阻力或困难时，你（　　　）。

A. 越有干劲

B. 不改变既定的主意

C. 经常改变既定的主意

16. 你符合下面哪一种情况（　　　）。

A. 礼貌要讲，但事也要办

B. 不安于现状总想改变点什么。

C. 凡是只求"规范"，不办破格的事。

17. 你赞成下面哪一种说法（　　　）。

A. 是正确的就坚持，不怕打击与孤立

B. 在矛盾面前让一让就过去了

C. 尽量求和平，把批评和斗争降到不得已的程度

18. 假如自己被登报时，你（　　　）。

A. 有点自豪但不以为然

B. 很高兴想让朋友也看看

C. 完全不感兴趣

19. 为了给人留下好印象，你（　　　）。

A. 想方设法，并花一定时间考虑计划

B. 不特意去做但有机会就利用

C. 根本不想在别人面前做这种事

20. 你同意下列哪一种观点（　　　）。

A. 为了深入地了解自己的国家，学习外国的东西是件好事

B. 外国的事与我们没有任何关系

C. 学习外国的东西比学习本国的东西更有兴趣

> 人人好公，则天下太平；人人营私，则天下大乱。
>
> ——刘鹗

> 天下之事，不难于立法，而难于法之必行；不难于听言，而难于言之必效。
>
> ——张居正

（二）评估标准及结果分析

按以下分值计算结果：

A 选项得 3 分，B 选项得 2 分，C 选项得 1 分。

40~60 分，表明你的适应能力很强；

20~40 分，说明你的适应能力尚可；

20 分以下，说明你的适应能力还需要大力加强。

说明：态度越积极，就表明你的适应能力越强。

第四章　工作世界探索

　　每种职业都对任职者有相应的任职要求，这是由各类职业所处行业、行业所处的发展阶段、组织结构、工作内容及操作流程等因素决定的。

　　信息技术的高度发展缩短了全球各个国家的距离，使经济资源在全球范围内进行重新组合和配置。越来越多的跨国企业进入中国，如微软、IBM、苹果等，同时，中国的企业也在国外发展，如华为、阿里巴巴等。

　　中国也成为世界的代工中心，从世界工厂到中国制造，企业的国际化势必要求具有国际化视角与素质的员工。

　　大学生进行职业生涯规划时，也应当具有一定的国际化视角，将自己放到更广阔的平台上，这样才有利于长久的发展。对宏观工作世界的了解可以帮助大学生在求职时比较从容地承受激烈的竞争，提前做好技能、心理等方面的准备，以积极的心态应对面临的各种情况。

> 我们这个时代的麻烦就是将来不会是过去那个熟悉的模样。
> ——[法]保尔·瓦雷里

本章知识要点：

◆了解职业分类；

◆如何进行职业分析；

◆了解变化中的职业。

第一节　职业分类

高薪工作　低姿态起步

小兰，目前是上海一家外资企业负责招聘的人事主管，她觉得自己当初走的就是"曲线就业"的策略。6年前刚从上海一所大学毕业时，她就梦想成为一名人事主管，而当时在上海即便找一份人事助理的工作都很难。在很多人都往上海挤的时候，英语八级的小兰做了一个惊人的决定，去南京就业。

凭着扎实的专业知识和良好的英语水平，小兰在南京顺利找到了一份人事助理的工作，没过两年，她又晋升到了人事经理的位置。

去年，上海一家外资石化公司招聘人事专员，小兰凭借自己南京丰富的工作经历优先得以录用，在该工作岗位上，她非常出色地完成了公司的招聘任务。

后来，该公司的一家竞争对手正好招聘人事主管，小兰得到信息后前去应聘，长期相关的工作经历终于让她在竞争中脱颖而出，最终她被成功录用。如今，小兰在工作中得心应手，多年来积累的工作经验让她如鱼得水，工作上也得到了领导的赏识。

她总结自己的成功经验时感慨地说，如果当初自己不能"曲线就业"，面对挫折时不能及时地作相应的调整，自己肯定也不会实现如今的职业理想。

现在很多企业招人时，最先看重的肯定是工作经验，而采取轻地域观念就业正好可以先积累工作经验，这又何乐而不为呢？这样的迂回战略往往能让你获得柳暗花明的机会。

地域选择对个人而言是种博弈，求职者可以根据自身情况选择。如果觉得自己能力强，能够适应高竞争团体，可以选择大城市，毕竟大城市发展速度较快、接触信息量大，在岗位上的成长速度也较快。但是同等素质，在二三线城市或郊区，往往会为求职者提供一个更高起点职位，有利于求职者的快速积累，那些通过在二线城市磨炼快速成长为管理层的人也颇多。所以，地域抉择不是最重要的，重要的是你选择的公司是不是快速发展的公司，是否为你提供高成长性。

一、能力目标 Competency Goal

在为明天的工作做准备的时候，对周围的世界有所认识非常重要。现在，社会及经济趋势对你的工作及工作环境的影响比以往任何时候都更重要。

职业、就业及工作场所都会受到世界经济持续波动的影响。一般来说，经济的增长意味着工作机会的增加。例如，随着技术的提升，创造了许多新的工作，但也有很多工作因为实现了自动化而导致一些非技术性的工作减少。

通过本节的学习，你将能够：

1. 了解工作与职业；
2. 了解我国职业的分类；
3. 了解变化中的职业。

（一）工作与职业

对你来说，工作是什么？"工作"与"职业"这两个词一直是我们经常使用的。工作的概念是劳动生产，主要是指劳动，即体能的消耗过程。一个人的工作是他在社会中所扮演的角色。工作有时还被界定为岗位，它是指人在特定的时间和特定的日子待在特定的岗位上。

这些岗位上的任务与职业有关，职业是指人们为获取一系列的需要（既包括物质报酬，也包括精神及心理方面的需要）的满足而从事的连续的、相对稳定的、专门类别的社会工作，是人的社会角色的重要方面。

在过去，人们几乎一生都从事年轻时选择的职业。农民们在田野里劳作，秘书们在写字楼里办公，教师们在教室里教课，工人们在生产线上劳动，一直到退休，都不怎么变换。谈不上什么职业生涯规划。现在，我们越来越多的人一生从事多个职业，同时，随着社会的快速变化，很多传统的行业慢慢消失，与之相关的岗位和工作再也找不到了。同时，新的行业和工作应运而生，于是你得寻找新的工作。那么清楚地知道自己想做什么，并且根据自己的兴趣和工作市场的趋势来安排教育和培训，对你来说至关重要。了解自己，制订符合自己兴趣和工作职业市场需求的行动计划，将有助于你获得最令你满意的职业，千万不要脱离兴趣去追求某个世人看起来很光鲜，或某个很流行，或报酬非常高的行业或职业。

眼睛所看到的地方就是你会到达的地方。伟人之所以伟大，是因为他们决心要做出伟大的事。

——[法]戴高乐

人类以前所渴望得到的是至高无上的爱情、金钱、食物、住所、和平及自由，过去30年使我们大家发生了变化，如今人们想要的是一份好工作，也希望自己的孩子们拥有一份好工作。

——[美]吉姆·克利夫顿

请举出一个例子：你身边的亲戚、朋友或邻居等谁对工作感到特别满意？他或她的工作类型，日常的工作内容，工作地点和出勤时间，工作场所，并说明这份工作在哪些方面吸引你？

工作与职业最主要不同之处在于个体的态度。也许两个人从事相同的工作，拥有相同的职务、相同的教育背景，但却有不同的工作成效。假如你的工作仅仅是用来谋生，那么它很快就会成为单调乏味的例行公事。每天上班你带着怨恨而来，上班就像坐牢，每天下班你如释重负。如果你的工作与你职业发展方向无关，你也不会为获得晋升或实现自己的职业理想而努力。如果你的工作是达成职业目标所不可或缺的，那么你的工作动机就会有所不同，你不仅将工作视为一种挑战，还会将它视为一种有助于你将来获得新技能的机会，你可以预见你的未来，并设立为之奋斗的目标。你要知道决定你的职业生涯的并不是工作或岗位本身，而是你对待工作的态度。

孟子说："或劳心，或劳力，劳心者治人，劳力者治于人。治于人者食人，治人者食于人。天下之通义也。"孟子的话说明我们中国人很早就开始进行职业分类了。

（二）职业的分类

世界上没有能帮你预测正确职业的预言家，你在做职业探索发展的时候，必须要考虑多个备选的方案。那么，先让我们来看看职业世界的分类吧。

传统中国社会将人民分为四类：士、农、工、商。《唐六典三户部尚书》中说："凡习学文武者为士，肆力耕桑者为农，工作贸易者为为工，屠沽兴贩者为商。"

职业分类是对职工进行考核和智力开发的重要依据。考核就是要考查职工能否胜任他所承担的职业工作，考查他是否完成了他应完成的工作任务。这就需要制定出考查标准，对各个职业岗位工作任务的质量、数量提出要求，而这些都是在职业分类的基础上才能加以规定的。

在美国 1991 年修订的《职业名称词典》中，定义了 12741 种不同的职业。2015 年颁布的《中华人民共和国职业分类大典》将我国职业归为 8 个大类，共 1838 个职业。8 个大类分别是：

◆第一大类：国家机关、党群组织、企业、事业单位负责人，其中包括 5 个中类，16 个小类，25 个细类；

◆第二大类：专业技术人员，其中包括 14 个中类，115 个小类，379 个细类；

◆第三大类：办事人员和有关人员，其中包括 4 个中类，12 个小类，45 个细类；

◆第四大类：商业、服务业人员，其中包括 8 个中类，43 个小类，147 个细类；

◆第五大类：农、林、牧、渔、水利业生产人员，其中包括 6 个中类，30 个小类，121 个细类；

◆第六大类：生产、运输设备操作人员及有关人员，其中包括 27 个中类，195 个小类，1119 个细类；

◆第七大类：军人，其中包括 1 个中类，1 个小类，1 个细类；

◆第八大类：不便分类的其他从业人员，其中包括 1 个中类，1 个小类，1 个细类。

（三）典型职业岗位要求

1. 群众自治组织负责人

（《国家职业大典》代码：1-03-03-00）

指在居民委员会和村民委员会担任领导职务的人员。属于第一大类"国家机关、党群组织、企业、事业单位负责人"。

从事的工作主要包括：

（1）组织宣传国家的法律、法规及有关方针政策，动员、教育居（村）民依法履行应尽义务，维护居（村）民的合法权益，保护社区的环境和资源；

（2）支持和组织居（村）民发展生产，承担居（村）民委员会集体资产的管理，开展社区便民利民活动；

（3）召集并主持居（村）民委员会会议，讨论决定有关公共事务、公共利益、公益事业，协助人民政府搞好综合治理，维护社会治安；

（4）负责调解居（村）民之间的民事纠纷；

（5）组织开展多种形式的社会主义精神文明建设活动，搞好社区内的普及教育；

（6）听取居（村）民的意见和建议，并向人民政府及其有关部门反映民情民意；

（7）主持居（村）民委员会的日常工作。

▶ **小案例**

暑假，一家报社到阿馨的学校招兼职校对，虽然上夜班，但待遇还不错，阿馨决定一试。面试那天，报社走廊里站满了应聘者，大家都知道面前站着的是自己的对手。9点钟时，报社一工作人员给每人发了一份应聘表，大家纷纷掏出笔，趴在桌子上填起来。交表时，阿馨发现很多人同时还交了一份自带的简历，只有阿馨两手空空。材料交上去后，工作人员把所有应聘者领进一间宽大的办公室，让大家在那里等候面试。坐在沙发上，阿馨看看大家，

> 失业一年半或更长时间的人，通常会失去朋友、社会及家人的交往。如果陷入长期的失业，人的生活就会开始出现更糟糕的情况。
> ——[美]吉姆·克利夫顿

> 一个员工只有不断地积累新的技能，他才会更有价值。当组织要裁员，雇员如果拥有更多的技能，他才会有优势说服领导，而不被任人宰割。

屁股上都像长了刺，来来回回地折腾。有几个学生烟瘾犯了，刚掏出烟，看看墙上，禁止吸烟的标语，手又缩了回去。时间一分一秒地过去了。终于，刚才那个工作人员又进来了，给每个人倒了杯水，然后说，领导正在开会，要大家再等一会儿。

　　喝水声，咳嗽声，抱怨声，墙上的挂钟声……又过了一个小时，已苦苦等待许久的应聘者再也坐不住了，阿馨也变得烦躁不安。中午12点时，一些应聘者开始走了，一个又一个。阿馨也想走，但又一想，既然来了还是见见主考官吧。12点半的时候，一屋子人只剩下阿馨和另一个坐在沙发上的人。他坐的姿势比较舒适，面无表情地盯着墙上的挂钟。"你也是来应聘的吧？"阿馨忍不住问道。他扭过头看了阿馨一眼："不是。""不是来应聘的？那你在这儿等什么呢？"阿馨惊讶地望着他。"你觉得做一个校对员需要具备什么条件？"他反问道。"嗯，细心，当然还要有耐心。"他的脸上露出了笑容："恭喜你，你被录取了。""什么？"阿馨的脑子一片空白。"噢，忘了告诉你，我是报社的编辑部主任，这次面试的主考官。"他笑了笑说。

　　阿馨一下子就从沙发上跳了起来。就这样，阿馨开始了大学生涯中一段快乐的打工时光。

2. 心理医师

（《国家职业大典》代码：2-05-01-10）

　　指运用心理学、人格心理学、变态心理学和医学的理论知识，通过理疗的手段，解决来访者心理障碍的专业人员。属于第二大类"专业技术人员"。

　　从事的工作主要包括：

　　（1）从来访者、来访者家属等信息源获取有关来访者的心理问题、心理障碍的资料；

　　（2）对来访者的心理成长、人格发展、智力、社会化及家庭、婚姻、生活事件等进行全面的评估，包括心理和生理测查；

　　（3）根据心理发展史和心理、生理测查的结果，对来访者作出心理诊断，制订心理治疗计划，并指导实施；

　　（4）实施危机干预；

　　（5）为来访者保密；

　　（6）在心理咨询中发现来访者有精神障碍或躯体疾病时及时请示会诊或转往其他专科。

> 最适合女性的"长寿职业"：
> 1. 教师；
> 2. 公务员；
> 3. 心理咨询师；
> 4. 医生；
> 5. 律师；
> 6. 职业规划师；
> 7. 会计师；
> 8. 营养保健师。

3. 行政业务办公人员

（《国家职业大典》代码：3-01-01-01）

　　指在国家机关、党群组织机关、企事业单位中具体办理行政业务工作的人员，以及基层人民政府和派出机构中司法助理、民政助理等行政业务人员。属于第三大类"办事人员和有关人员"。

从事的工作主要包括：

（1）根据党和国家的方针和领导的指示，草拟有关的规章、政策或实施细则等文件；

（2）了解执行政策的情况，指导有关工作，向领导报告调查研究的情况；

（3）对有关业务工作提出政策和方法方面的改进建议；

（4）接待来访和办事人员，处理有关事宜；

（5）完成领导交办的其他工作。

4. 餐厅服务员

（《国家职业大典》代码：4-03-05-01）

指顾客安排座位、点配菜点、进行宴会设计、装饰、布置、提供就餐服务的人员。属于第四大类"商业、服务业人员"。

从事的工作主要包括：

（1）主动与厨房联系，了解当日货源及品种供应情况，检查餐厅的桌椅、照明、空调等设备的完好情况，做好餐具、酒具、水具等应用器具，以及饮料、酒水、水果等准备工作；

（2）按不同类型和规格的宴会要求，设计出典雅和谐的整体台型，根据摆台的特点选配、摆放器皿和餐具；

（3）根据顾客需要编制菜单；

（4）进行上菜、报菜名、介绍菜点、布菜、斟酒倒水、更换餐具等席间服务；

（5）迎宾送客；

（6）向散座顾客介绍菜点，协助点菜、上菜，结账收款，清理餐桌。

5. 农艺工

（《国家职业大典》代码：5-01-01-01）

指从事农田耕整、土壤改良、作物栽培、田间管理、收获储藏等农业生产活动的人员。属于第五大类"农、林、牧、渔、水利业生产人员"。

从事的工作主要包括：

（1）进行农田的土地耕整、土壤改良；

（2）选种、制种、育苗、播种、栽插等；

（3）进行施肥、灌溉与排水、中耕除草等田间管理；

（4）对农作物的长势长相、营养、群体、生理保障等进行诊断以及产量预测；

（5）对旱、涝、干热风、低温冷害等开展抗灾活动和生产自救；

（6）提纯复壮、杂交制种，储藏、保管种子；

（7）收获农作物；

（8）对收获的农作物及其产品进行脱粒、晾、晒等初加工和储藏；

发现是看到其他人所拥有的东西，而思考是思索其他人没有想到的东西。

21世纪的文盲不会是那些不能读写的人，而是那些不能够学习、并对知识和信息更新换代的人。

——[美]阿尔文·托夫勒

（9）维护和保养农具。

小知识

消失的补锅匠

补锅匠，操此职业的，肩挑一头是火炉、一头是风箱的担子，穿街走村，一路吆喝。居民、农户闻声后，会拿出家中的坏铁锅交给补锅匠。补锅匠放下担子，将风箱组装到火炉上，在炉膛里添些煤炭，拉起风箱，把炉火烧得旺旺的，烧红几盏铁水，浇铸到铁锅的漏洞或裂缝处。待铁水一凉凝结后，坏铁锅就补好了。

6. 影视动画制作员

指从事影视动画片调色、描线、上色以及影视剪纸制作的人员。属于第六大类"生产、运输设备操作人员及有关人员"。（《国家职业大典》代码：6-19-01-04）

从事的工作主要包括：

（1）配制动画绘制、描线、上色等所需颜料；

（2）根据动画片稿对复描线条和颜色设计的要求，在透明片或计算机上描线、上色；

（3）对剪纸影视片人物和各片种中特技镜头等与剪纸工艺有关的景物形象进行剪、刻、勾、描、上色、渲染、装配等制作。

二、案例讨论 Case Discussion

案例一：即将消亡的职业

千万不要觉得这很遥远。20世纪，已经有打字员、铁匠、电话接线员等很多职业消失了。随着科技的快速发展，未来职业变迁的速度将越来越快。以下将盘点这些未来可能濒临消失的职业。将要入行的人千万要当心。

1. 银行柜员：未来10年，中国大陆80%的现金使用会消失，人们逐渐开始选择网银或移动支付。未来20年，绝大多数中小银行如果不把前台业务外包将难以生存——无论这个预言如何，传统金融业和科技行业正在进行一场生死时速。银行柜员要小心了。

2. 司机：谷歌的无人驾驶汽车在高速公路上穿梭，累计行驶超过100万公里，其他公司的无人驾驶汽车也正在研发之中。因为汽车已经不需要人来驾驶，司机这一职业会消失。包括驾校老师、停车执法者等等职业也都随之消失。未来的法律有可能禁止人类驾驶汽车。

3. 装配车间工人：全球最大代工企业富士康百万"机器人大军"

爱迪生75岁时，每天准时到实验室里签到上班。有个记者问他："你打算什么时候退休？"爱迪生装出一副十分为难的样子说："糟糕，这个问题我活到现在还没来得及考虑呢！"他活了84岁，一生的发明有1100多项，对自己成功的原因，他曾这么说："有些人以为我所以在许多事情上有成就是因为我有什么'天才'，这是不正确的。无论哪个头脑清楚的人，如果他肯努力行动，都能像我一样有成就。"

计划公布后引起外界瞩目。专家称一线工人短期内被挤占不可避免，一批生产工人将下岗成为共识。随着机器人成本的下降和普及，装配车间的工作将不需要真人插手了。

4. 有线电视安装人员：借助一个电视盒子，就可以让每一台普通电视升级为智能云电视机，同时实现与家庭其他无线终端（手机、Pad、电脑）的交互。只要身处带宽足够的 Wi-Fi 环境，就可以在电视上免费观看在线视频内容。有线电视这回事最终会消失。甚至电视台的构建都会被打乱。

5. 加油站管理和工作人员：加油这回事可能会消失，因为石油在枯竭。未来，新能源充电站也许会遍布。不过，充电站也会实现自动化。不需要人来服务。

6. 小商品制造者：3D 打印将颠覆制造业。商品将不再通过制造和物流的环节来到达用户的手中，用户将购买从杯子到房子等所有产品的设计，然后就地 3D 打印出来，这种方式最大的革新之处在于成本将比供应链产品便宜，而且有些东西不需要专门的人来制造了，你只需要有一个程序就行。

有一些职业的消亡是我们可以预见到的，比如案例中的邮政人员，在网络还未普及的时候，很多人在节日表达祝福通常都会通过邮局邮寄贺卡（当时快递行业也还未普及），但网络普及之后，大多数人就开始用 E-mail 来代替贺卡，这就对邮局的一项业务有了一定的冲击。

> 要全面了解问题，就要进行系统的思考。这种思考模式能帮助你看见事物与事物之间的内在联系，而不仅仅是事物本身；能帮助你看见变化的方式，而不仅仅是静止的影像。
>
> ——[美]彼得·圣吉

讨论：

1. 你觉得周围还有什么样的职业会日渐消亡？
2. 如果我的职业岗位消失了，我将怎么办？
3. 这样的职业是否有被其他职业取代的可能？

案例二：增长的职业机会

在下一个 10 年里，以专业为基础的工作的增长有以下行业：

◆艺术/多媒体：作家、艺人、晚会策划、艺术家、数码设计师、动画设计师、绘画师将会有很好的前景，但是限定在企业范围。

◆基础科学：生物工程在下一个 10 年里，将是非常重要的领域。生物技术通过运用活体细胞来制造医药材料、医学诊断材料、农业材料、环保材料，以及其他有利于社会的产品，临床基因科学将进一步发展。

◆商业管理：会计、数据分析、工资支出管理、金融业务策划和投资组合管理将是快速增长的领域。增长主要源于退休和财产管理。对于临时雇员的需求增长。在管理领域，包括远程通信管理者、全球商业发展、环境保护和安全系统。

◆计算机科学和信息系统：下面的职业将来会充满机会：设计、编程、网络搭建、维护、数据挖掘以及网络安全。

◆烹饪艺术：许多饭店和酒店将大量需要饭店经理和厨师长。

◆教育：为了满足不断增加的学习和培训的需求，学校系统对于教师和管理者的需求也在不断增长。新的互动式教育产品将会不断出现。教育互动游戏将会应用在远程教学上。

◆工程：将有大量需求的专业，包括机器人、航空工业、生物技术、制造技术、纳米技术、土木工程。

◆环境科学：有大量需求的专业，包括：危险废弃物管理、环境影响研究、环境保护、可替代燃料。

◆健康服务：将来会需要大量的基础护理工作者，如护理从业者、护理救助、放射科技师、营养咨询师、健康知识专家等。

◆酒店管理和旅游：观光旅游是一个巨大的正在扩张的产业，这一领域包括饭店、度假、旅游服务以及会议安排。

◆人力资源和人事部门：工资管理的意识增加、福利选择的多样化，使得员工管理这一领域继续扩大。所需要的专业包括工作评估、福利计划及培训、雇用和解雇员工。

◆维护和修理专业：人们要时刻保持各种设备的正常运行，就需要各种维护的工人，如电工、管工、空调和制冷专业人员、供暖和网络维护人员。

每个人对周围的变化都深有体会，很多职业在我们小的时候并不存在，但是现在却随处可见，比如快递员。

讨论：

1. 以你的经历，说一说有哪些职业是近年来才发展起来的？

2. 这些职业的工作范围是什么？什么样的需求导致了这个职业的发展？

3. 你认为未来是否还会继续衍生出哪些更新的职业？试着设想一下，并与其他同学讨论。

三、过程训练 Process Training

活动一：变化着的工作世界

想一想你以及你的朋友、家人、亲戚或邻居所从事的职业，并完成下列表格：

我们破灭的希望，流产的才能，失败的事业，受了挫折的雄心，往往积聚起来变为嫉妒。
——[法]巴尔扎克

在年轻人的颈项上，没有什么东西能比事业心这颗灿烂的宝珠更迷人的了。
——[波斯]哈菲兹

10 年内已消失的职业	10 年内新出现的职业
如修鞋匠	如无人飞机驾驶员

活动二：考察职业产生时间

通过查找网络资料看看如下职业产生于何时，以理解当今时代职业的快速变化：

职业	大致产生时间	标志事件
淘宝店主		
网红		
程序员		
游戏设计师		
快递员		
网络歌手		
滴滴司机		
职业生涯规划师		

四、效果评估 Performance Evaluation

评估：对职业分类的理解

当你搜集职业信息时，一定要关注那些职业选择中可能存在的问题和领域。下列表格是指导你识别即将从事的职业选择路径。请按照自己的实际情况完成下列表格中的问题：

1. 请描述你将从事的职业的特点	
2. 你喜欢什么样的工作环境	
3. 你喜欢这份职业的哪些方面	
4. 这份职业有你不喜欢的部分吗	
5. 这份职业满足了你的哪些价值观和兴趣	
6. 这份职业需要什么教育背景和技能	
7. 这份职业能给你提供什么样的工资和福利	
8. 在你期望的工作上能进阶到什么样的职位	
7. 请预测你在这份职业岗位上的五年发展前景	
8. 你与这个岗位之间还有什么差距	

第二节　职业分析

职场在线

　　美国加利福尼亚大学的学者做了一个实验：把6只猴子分别关在3间空房子里，每间两只，房子里分别放着一定数量的食物，但放的位置高度不一样。第一间房子的食物就放在地上，第二间房子的食物分别从易到难悬挂在不同高度的适当位置上，第三间房子的食物悬挂在房顶。

　　一些日子后，他们发现第一间房子的猴子一死一伤，伤的缺了耳朵断了腿，奄奄一息，第三间房子的猴子也死了。只有第二间房子的猴子活得好好的。

　　究其原因，第一间房子的两只猴子一进房间就看到了地上的食物，于是，为了争夺唾手可得的食物而大动干戈，结果伤的伤，死的死。第三间房子的猴子虽然做了努力，但因食物太高，难度过大，够不着，被活活饿死了。只有第二间房子的两只猴子先是各自凭着自己的本能蹦跳取食，最后，随着悬挂食物高度的增加，难度增大，两只猴子只有协作才能取得食物，于是，一只猴子托起另一只猴子跳起取食。这样，每天都能取得够吃的食物，很好地活了下来。

　　（1）从上述案例中，你获得了哪些启示？

　　（2）案例虽然是猴子取食的实验，但在一定程度上也说明了人才与岗位的关系。从这个角度讲，职业分析应注意什么？

一、能力目标 Competency Goal

在进入某一职业或者某一行业之前，通常都要对该职业进行职业分析，分析之后才能知晓自己的兴趣是否在此，该职业是否适合自己，自己能够通过该职业走向成功。

通过本节的学习，你将能够了解：

1. 职业环境分析；
2. 未来可能比较热门的职业；
3. 个人职业探索与岗位匹配；
4. 职业选择中的社会影响。

（一）职业环境分析

所谓职业环境分析，就是要认清所选职业在社会大环境中的发展状况、技术含量、社会地位、未来发展趋势等。进行职业环境分析的要求是，通过职业环境分析弄清职业环境对职业发展的要求、影响及作用，对各种影响因素加以衡量、评估并做出反应。

1. 社会环境分析

所谓社会环境分析，就是对我们所处的社会政治环境、经济环境、法制环境、科技环境、文化环境等宏观因素的分析。社会环境对我们职业生涯乃至人生发展都有重大影响。通过对社会大环境包括国际、国内与所在地区 3 个层次的分析，来了解国际、国内和自己所在地区的政治、经济、科技、文化、法制建设、政策要求及发展方向，以更好地寻求各种发展机会。

当前的社会环境对就业来说是极为宽松的。作为重返大国之巅的中国来说，有各种各样的机会可供我们选择。特别是国家倡导的"大众创业、万众创新"战略，已在全国各地燃起燎原大火，很多有志之士已经行在路上，新行业中的新公司如雨后春笋般地成立并壮大，吸纳了众多就业人口。同时，国家"一带一路"战略为全球经济的复苏添加了一剂强心针，很多国家在中国的带动和影响下，热烈响应积极参加到这一全球战略中来。在寻求中国梦的大背景之下，个人梦想的实现是可望而可即的。

> 如果你表现得"好像"对自己的工作感兴趣，那一点表现就会使你的兴趣变得真实，还会减少你的疲惫、你的紧张，以及你的忧虑。
>
> ——［美］卡耐基

▶ 小知识

"一带一路"是"丝绸之路经济带"和"21世纪海上丝绸之路"的简称。它是充分依靠中国与有关国家既有的双边、多边机制，借助既有的、行之有效的区域合作平台。"一带一路"旨在借用古代"丝绸之路"的历史符号，高举和平发展的旗帜，积极发展与沿线国家的经济合作伙伴关系，共同打造政治互信、经济融合、文化包容的利益共同体、命运共同体和责任共同体。

2. 产业环境分析

世界各国把各种产业划分为三大类：第一产业、第二产业和第三产业。

第一产业是指提供生产物资材料的产业，包括种植业、林业、畜牧业、水产养殖业等直接以自然物为对象的生产部门。

第二产业是指加工产业，利用基本的生产物资材料进行加工并出售。

第三产业是指第一、第二产业以外的其他行业。第三产业行业广泛。包括交通运输业、通信业、商业、餐饮业、金融保险业、行政、家庭服务等非物质生产部门。各国划分不完全一致。我国把第三产业分为服务部门和流通部门两大类。这两大类又可分四个层次：

第一层次为流通部门。包括交通运输、仓储及邮电通信业，批发和零售贸易、餐饮业。

第二层次为生产和生活服务部门。包括金融保险业，地质勘查业，水利管理业，房地产管理业，社会服务业，公共事业，旅游业，信息咨询服务业和各类技术服务业，农、林、牧、渔服务业，交通运输辅助业、综合技术服务业等。

第三层次为提高科学文化水平和居民素质服务的部门，包括教育、文化艺术及广播电影电视业，卫生、体育和社会福利业，科学研究等。

第四层次为社会公共需要服务的部门，包括国家机关、党政机关和社会团体以及军队、警察等。

> 最爱发牢骚的人就是没有能力反抗，不会或不愿工作的人。
> ——[苏]高尔基

> 在学校和生活中，工作最重要的动力是工作中的乐趣，是工作获得结果时的乐趣以及对这个结果的社会价值的认识。
> ——[美]爱因斯坦

（二）未来可能比较热门的职业

综合各项观点和研究，下面列出一些未来可能热门的职业，仅供参考（见表4-1）：

表4-1　未来可能比较热门的职业分析

职业名称	职业分析	压力度	灵活度	创造性	从业门槛
销售人员	从业门槛低。销售是一项艰难工作，也是一项轻松工作。你可以成为一个高收入的辛勤工作者，也可以成为一个收入最低的轻松工作者。	★★★★★	★★★★	★★★	★
投资经理	他们是一些接受良好教育，具有优秀金融理论素养，经过专业认证的高级金融人才。民间的流动性太高，私人手里的钱没法去投资，或者盲目投资。投资经理目前的人才缺口大。	★★★★★	★★	★★★	★★★★

续表

IT工程师	人们对电子产品、网络等的依赖程度越来越高，掌握电子信息产业技术的人必定身价随之上涨。这是一个需要承受巨大工作压力的职业，拥有尖端技术的工程师还会有更好的薪资收入。	★★★★	★★★	★★★★★	★★★★
职业经理人	一个企业的好坏、成败，完全依靠职业经理人。那些拥有现代人力资源管理理念和操作技能的人才已经超出了通常的人力资源工作的范畴，成为影响企业经营状态的关键职员。	★★★★★	★★★★	★★★★	★★★
咨询经理	职业要求非常高：集专业能力和管理能力于一身。其特点为智力型服务，也被人们称为"头脑产业"。它以专门的知识、信息、经验为资源，针对不同的用户需求，提供解决某一问题的方案或决策建议。	★★★★	★★★	★★★	★★★★★
电子商务工程师	它是在全球商务活动趋向电子化的形势下应运而生的专业人员，是互联网商务活动的架构设计开发者和主要参与人员。在线交易额增加，市场缺口大。	★★	★★★	★★★	★★
公务员	工作稳定、薪水逐年提高、优厚的福利待遇、良好的社会地位和仕途前景及建立社会关系网络的便利条件。一些热门职位的报考与录取比例已超过1000:1。	★★	★	★	★★★★★
科技产品研发人员	科技产品人性化设计的理念已经被越来越多的企业所认可和接受，那么如何攻破产品人性化设计这一关，成为企业生存与发展中亟待解决的问题，故科技产品研发人员成了企业的生存命脉。	★★	★★★★	★★★★★	★★★★
农业从业人员	农村在过去几乎是一片空白，如今农民的需求和农业市场的兴旺，催生了大量就业和创业的机会。	★	★★★★	★★★	★
教育培训从业人员	适龄劳动人口基数大，技术技能培训需求也大。同时，中国人特别重视下一代的教育。在中国，整个培训市场规划接近万亿级的体量。	★★	★★★	★★★	★★★
旅游从业人员	中国经济发展积累的财富，让中国人可走出社区和家庭，走向世界，旅游业的需求极为巨大。中国已成为出国旅游人数最多的国家。	★★	★★★★	★★	★★
健康管理行业人员	特质生活空前发达的当下，亚健康的人群并未减少。健康管理从单一的医疗型向疾病预防型、保健型和健康促进型转变。	★★	★★★★	★★	★★★

▶ 小案例

　　在我国包括第一产业、第二产业的物质生产部门的比重都不同程度下降，第三产业的比重持续上升。至2013年末，全国第三产业即服务业就业人员占全国就业人员比例为38.5%，分别超过一产和二产就业比例，已经连续3年在三个产业中就业占比最高。这个趋势还在上升之中。

（三）个人职业探索与岗位匹配

1. 职业探索

职业探索是你对喜欢或者要从事的职业进行理论分析和实际调研过程，目的是对目标职业有充分的了解，并在明确和职业的差距中制定求职策略。职业探索应该从以下几个方面（见表4-2）进行考虑：

表4-2　职业探索内容表

职业描述
职业的核心工作内容
职业的发展前景及对社会和生活的影响、作用
薪资待遇及潜在收入空间
岗位设置及不同行业、企业间的差别
入门岗位及其职业发展通路
职业标杆人物
职业的典型一天
职业通用素质要求及入门具体能力
工作思维方式

我们在进行职业探索时通常采用查阅、讨论、参观、实习和访谈的方法。其中对宏观环境的探索主要采用查阅和讨论的方法；而对行业环境、组织环境、岗位环境的探索，除了通过查询资料和讨论外，还可以通过实地参观、实习以及对相关从业人士进行访谈等方法。通过职业探索，你就可以根据自己的兴趣、优势等找出适合自己而自己又感兴趣的职业。

人类以前所渴望得到的是至高无上的爱情、金钱、食物、住所、安全、和平及自由。过去的30年使我们大家发生了变化。如今，人们想要的是一份好工作，也希望自己和孩子们拥有一份好工作。

2. 岗位探索

岗位探索就是对岗位本身和影响岗位发展的因素的调研。岗位是你的阵地，当你要占领一片阵地时，你一定要对阵地有全面、准确的了解，而这种了解的方式就是探索、调研或访谈。

表4-3　岗位探索表

岗位的描述
岗位晋升的路径
不同背景下的岗位要求
个人与岗位的差距

小案例

小邵是某大学计算机系学生，刚上大学时，由于家境不好，生活所迫，他开始利用课余时间出去做些兼职工作，刚开始由于没有经验，只能去一些快餐店如麦当劳等做简单的工作，即便是这些简单的工作，小邵也满怀热情地投入进去。等到大一的暑假，小邵开始思考以后的职业方向，他辞掉了快餐店的工作，去了一家软件公司，开始接触专业相关的岗位和技术。经过大二一年的学习和了解，他发现自己对软件开发并没有很浓厚的兴趣，他更愿意享受与人沟通的乐趣。到了大三，他去超市做了一名促销员，在这个过程中，对大型超市的岗位和经营流程有了一个比较详细的了解。大三暑假，他又去尝试了一家医疗器械公司的业务员工作，尽管很辛苦，收入也不高，但这份工作让他迅速提升了自己的沟通能力。

经过几年的社会实践，他对自己的优势和缺点有了很清楚的认识。毕业时小邵成了某大公司的一名市场推广人员。三年后，小邵成了该公司的客户经理。

> 对于年轻人来说，注重才能的积累远比注重薪水的多少更重要，因为它是每个人最厚重的生存资本。

在进行岗位探索时，我们要对入门岗位及其职业发展路径做深入了解。入门岗位是指针对应届毕业生的工作，职业的一些中低端岗位是面向大学生开放的。还要了解一个岗位对应的日后职业发展通路是什么，这个岗位有哪些发展途径，最高端岗位是什么这些你都要知道。即使你很看好这个职业，但你最终也是要从低端工作做起的，所以，你一定要知道你能通过哪些岗位进入到这个职业。从企业的每年校园招聘里就能看到那些岗位是针对应届生的。

通过岗位探索得出的结果，你可以对照自己的优缺点，找出自己与岗位的匹配程度，如果距离岗位要求还有一定的差距，可以尽快想办法把这些差距进行弥补。

3. 素质与能力要求

在职业与岗位探索时，我们要了解该岗位所要求的职业通用素质及能力。职业通用素质要求是指从事这个职业的一般的、基本的要求。主要是个人通用素质能力，就是把这个工作做好要具备的能力。通过职业的外在素质要求的了解，对比自己是否能够胜任，还有哪些要加强和补充的能力，从而可以将它规划到自己的学习计划中。其实每个岗位的岗位描述中的任职资格都有介绍，我们需要把其整理出来，尤其要加上职业访谈中的内容，然后与自己一一对照，可以促进发现和认识自我。

小链接

苹果公司 Apple Store 商务专员职位招聘广告：

你热情、友好，并喜欢分享知识。

你喜欢与人交流，并与顾客建立良好的关系。

你有零售或顾客服务方面的经验，或者你非常喜欢帮助别人。

你理解顾客的需求，并乐于接待他们并提供合适的解决方案。

你热爱 Apple 的技术，并相信它能够丰富人们的人生。

你与其他人相处融洽，并热衷于提供卓越的顾客体验。

你是一个能够快速独立思考，同时又具有团队协作精神的人。

你对于能够在一个不断变化的环境中学习并成长的前景感到兴奋。

（四）职业选择中的社会影响

每个人的梦想、抱负和幻想都会受到这个社会中有形或无形的规则的影响。比如，当我们想起幼儿园老师时，一般脑海中浮现的都是女性教师形象，如果说某个男人是幼儿园老师，可能我们会觉得有一点奇怪。这种情况与女性占多数的护士职业类似。旧的意识和刻板形象仍然存在着，很多年以来社会限制和期望在男女职业选择中扮演着很重要的角色。

在对职业进行选择时，你的生活状况会影响你所做的选择以及如何做出这些选择。你所在的社会、背景、家庭、朋友和对自己的感觉都是影响因素。有时这些因素使得职业选择变得更简单，比如，朋友和家庭成员鼓励你努力学习和工作，这会帮你树立自信并因此提高所在领域的成功率。

但是，社会、文化、家庭、同伴还有对于自己的感觉有时也会成为你做出选择的障碍。

看看以下说法：

"我年龄太小以致现在没法选择职业。"

"我想去学唱歌，可我父母不同意。"

"我真的不适合那种工作，而且我的成绩很差，不知道怎样才能表现优异。"

"我想出国深造，可我的孩子怎么办？"

"我的家庭需要我挣钱养家，我没有精力再去报名额外的学习班。"

以上的表述中，你是否曾经听别人说过？或者是有时是你自己说过呢？他们代表了当在学业和职业中做选择时，人们最常碰到的一些障碍。

不断变化是职业生涯不可分割的一部分，需要你能对此适应并应对自如。围绕技能不断致力于终身学习对取得职业生涯的成功至关重要。

世间没有一种具有真正价值的东西，可以不经过艰苦辛勤劳动而能够得到的。
——［美］爱迪生

销售世界上第一号的产品不是汽车，而是自己。在你成功地把自己推销给别人之前，你必须百分之百地把自己推销给自己。

二、案例讨论 Case Discussion

案例一：两个家族的命运

　　一个家族的始祖是 200 年前美国康涅狄格州德高望重的著名哲学家嘉纳塞·爱德华。由于他重视子女的教育，并代代相传，在他的八代子孙中共出了 1 位副总统、1 位外交官、13 位大学院长、103 位大学教授、60 位医生、20 多个议员……在长达两个世纪中，竟没有一人被关、被捕、被判刑的。

　　另一个家族的始祖是 200 年纽约州的马克斯·莱克，他是个臭名昭著的赌棍加酒鬼，开设赌馆，对子女教育不闻不问。在他们八代子孙中有 7 个杀人犯、65 个盗窃犯、324 个乞丐，因狂饮夭亡或成为残废者的多达 400 多人。

　　这两个家族的八代发家史，告诉我们家庭是子女的第一个"学校"，父母是孩子的第一个"老师"，潜移默化的家庭教育及影响，将会直接关系到子女的道德品质、法制观念、人生观等的形成。

　　这个故事告诉我们：家庭环境的影响对一个人的职业、成长和生活具有极大的影响。

讨论：

　　1. 假设你生活在一个破落的家庭里，你有什么办法能改变环境对你的影响？

　　2. 逆境对你来说有什么样的意义？你是随波逐流，还是奋发图强？你如何改变境遇？

> 　　每一个人都应该有这样的信心：人所能负的责任，我必能负；人所不能负的责任，我亦能负。如此，你才能磨炼自己，求得更高的知识而进入更高的境界。
>
> ——[美]林肯

案例二：岗位职责的界定

　　一个机床操作工把大量的机油洒在机床周围的地面上。车间主任令操作工把洒掉的机油清扫干净，操作工拒绝执行，理由是工作说明书里并没有包括清扫的条文。车间主任顾不上去查岗位说明书上的原文，就找来一名服务工做清扫。但服务工同样拒绝，他的理由是岗位说明书里也没有包括这一类工作。车间主任威胁说要把他解雇，服务工勉强同意清扫，但是干完之后立即向公司投诉。

　　有关人员看了投诉后，审阅了两类人员的工作说明书。机床操作工的工作说明书规定操作工有责任保持机床的清洁，使之处于可操作状态，但并未提及清扫地面。服务工的岗位说明书规定服务工有责任以各种方式协助操作工工作，如领取原材料和工具，随叫随到，即时服务，但也没有明确写明包括清扫地面工作。

职责不明的确会给管理带来很多问题，所以，在管理规范的公司都有非常详细的岗位职责说明书。

讨论：

（1）整个过程发生了什么问题？作为工厂领导的你应该怎么处理？

（2）在工作说明书制定的过程中应该如何做才能避免上述情况的发生？

三、过程训练 Process Training

活动一：职业与岗位分析

寻找一个你感兴趣的行业，比如商业、教育业或娱乐业。在下面的表格中写出 10 个与这个行业有关的工作。写完之后，根据它们对你的吸引程度进行排序。如果你发现这些工作不适合你，那再找另外两三个你感兴趣的行业重复刚才的练习。

序号	职业名称	排序	序号	职业名称	排序
1			6		
2			7		
3			8		
4			9		
5			10		

活动二：了解职业

了解不同职业的生存现状，有利于你更好地选择自己的职业。请参照式样完成下列表格：

职业名称	职业门槛	工作难度	压力感	创造性	自由度	收入
流水线工人	★	★	★★★★	★	★	★
焊接工						

续表

理发师					
面包师					
售货员					
医生					
教师					
快递员					
护士					
幼师					
培训师					
律师					
设计师					
警察					
保安					
士兵					
飞行员					
瑜伽教练					
救生员					

四、效果评估 Performance Evaluation

评估：职业探索评估

（一）情景描述

以下职位是深圳华为技术有限公司客户经理职位的招聘广告，此广告为原文，只改动个别标点符号。

职位类别：销售

工作地点：中国／深圳

职责：

客户经理可以成长为：

销售大咖：驰骋五洲、纵横四海，征服广阔市场，实现销售增长；

战略专家：洞悉行业与市场动态，引领华为与客户战略合作方向；

经营大师：营造商业规则、掌控交易质量，助力客户商业成功；

项目管理专家：引领项目，调度内部资源，实现项目盈利和客户满意。

满级状态是商业领袖：你的潜力，借由明确的业绩衡量，成就你迈向高层的清晰步伐。

日常工作职责：

客户关系平台的建立和管理者：客户关系规划、客户关系拓展、客户关系管理；

销售项目的主导者：组建团队、制定项目策略、项目监控和执行、竞争管理；

全流程交易质量的管控者：客户群风险识别、合同签订质量把关、合同履行质量监控。

要求：

我们希望你具备良好的沟通理解和人际交往能力；

通信、电子、计算机、数学、物理、材料等理工科专业将被优先选中；

拥有丰富的学生会、社团组织、社会实践经验将更有优势；

掌握法语、西语、葡语、阿语、俄语等小语种还会有加分项哦。

如果你志存高远、乐于挑战、渴望成功，并希望在不同国度不同文化中积累跨国工作经验，那么你应该就是我们要找的人了！

> 权，然后知轻重；度，然后知长短。物皆然，心为甚。
> ——《孟子·梁惠王上》

（二）回答问题

1. 描述该职业的具体工作内容；
2. 分析该职业的组织环境；
3. 分析该岗位的发展前景；
4. 了解该职位的典型的一天；
5. 该岗位所要求的通用素质和入门具体能力你是否具备？打算如何弥补？
6. 你认为该岗位的工作思维方式应该是怎样的？

第三节　变化中的职业

职场在线

夜幕刚刚降临，一个14岁的男孩儿小东坐在电脑边，光着脚丫，等待着上他的几何辅导课。这个中学一年级的小男孩儿戴上了一副耳机，点开电脑上的软件，就可以和他远在天边的辅导老师张老师通话。

这被称为电子辅导。这是一个活生生的例子，现代的通信设施，加上人数众多的受过高等教育的兼职人员已经把外包的领域不断扩展，渗透到我们的日常生活中。

张老师问："你好，小东，怎么样，你考得怎么样？"

小东回答："喂，我很好。我考得很不错。"

小东的辅导课很快开始了，一份几何试卷出现在他的电脑屏幕上。辅导老师和学生互相交谈，打字输入有关的信息，并用一个数字化的"铅笔"做习题、改错误。张老师在一个很像鼠标垫的板子上写字，他写的东西就出现在小东的电脑屏幕上。小东还可以用扫描仪将他课本上老师布置了作业的那几页发给张老师。小东说："我们开始吧。"于是他们开始讲解什么是平行线和补角。

网络给人们带来了很多便利，很多时候即便不在同一个地方，也能够及时传递信息，网络的普及极大地影响了人们的生活，也给各行各业带来了很大的改变。

一、能力目标 Competency Goal

随着互联网越来越多地深入到各行各业，自动化的程度越来越高，许多职业也发生了根本性的变化，有些行业甚至直接被机器所取代。

网络编辑、动画绘制员、数字视频合成师、景观设计师等等，这些在 20 年前无论如何发挥想象力都想不出的职业，如今早已赫然出现在新的职业分类大典中，而那些原先我们生活离不开的职业，如磨刀修剪、锔锅补碗、电话接线、铅字排版等等，却早已难觅踪影。望着渐行渐远、直至消失的曾经熟悉的职业，我们不免有一丝留恋和几分伤感。

职业的新旧更替，其背后的社会动因何在？而作为一个社会成员，又应该怎样应对职业变迁带来的机遇和挑战？

通过本节的学习，你将能够：

1. 了解职业发生的变化；
2. 明白工作方式的多样化；
3. 明白技术进步给人的压力和终身学习的重要性。

> 别想一下造出大海，必须先由小河川开始。

（一）职业正在发生变化

托马斯·弗里德曼（Thomas L. Friedman）撰写的《世界是平的：一部二十一世纪简史》（*The World Is Flat: A Brief History of the Twenty-first Century*）一书中，将全球化划分为三个历史阶段：

第一个阶段，从 1492 年哥伦布发现新大陆开始，一直到 1800 年商船环游各大洲寻求商贸结束；

第二个阶段，是 1800—2000 年，其标志是跨国公司对轮船、火车等各种新的运输方式和人造卫星通信、计算机、电话等新的电信方式的使用；

第三个阶段，与前两个阶段有着显著不同，因为它的标志是个体可以运用新的软件在全球范围内进行合作和竞争。这个阶段不是由欧洲或美国的个人或公司引发的，而是由包括中国、印度、韩国、日本、土耳其、南美等全球各地的人引发的。这波最近的全球化浪潮使世界变得小而平——现在，拥有技术和知识的个体可以直接参与到全球化经济中去了。

全球化、网络化使得教育和工作上的各种合作成为可能，并且可以超越距离的限制而限时实现。他列举了许多新兴的职业，比如相隔

> 积极的人在每一次忧患中都看到一个机会，而消极的人则在每个机会都看到某种忧患。

千里之遥的家庭教师对中学生的"电子辅导"、在家工作的网络工作者等等。

关于生活方式的巨大变化，弗里德曼举出了碾平世界的动力，随着个人电脑及万维网的普及，人与人之间的交流合作越来越不受距离的限制，比如，在网上快餐店订餐，订餐信息可能穿越几个市到达餐厅终端，再由餐厅将订餐派送到个人手中。世界范围内的合作与交流加强，美国的更多公司把一些复杂性相对较低的业务分包到印度或中国，日本也有很多企业把部分业务分包到中国，通过光纤传输信息和数据，这些分包的业务能够如同在眼前一样按期按量完成。

在我国，职业也同样在发生巨大的变化。

1. 近年来，交通运输业、邮电通信业、商业、服务业、金融保险业、信息咨询业、租赁广告业、卫生、体育、教育培训和文化艺术等发展迅速，尤其是其中的信息产业，潜力更为巨大，国外有人把它称为"第四产业"。

2. 终身依附一个组织的固定职业不断削减，独立的、不依赖于任何组织的自由职业不断产生。就像现在的微商和网店，经营者并不需要有固定的上下班时间，他们是独立的自由职业者。

3. 新职业的知识含量、技术含量越来越高。不仅那些信息产业、管理、咨询服务业的新职业如计算机系统分析师、金融分析师、投资咨询师、心理咨询师、保险精算师、收益精算师、税务代理师、理财师等，对从业者的教育背景、知识技能的要求很高，就是那些"灰领"职业，也要求从业者具有良好的专业知识与操作技能。如数字视频策划制作师除了需要掌握数码、策划等方面的专业知识之外，他们还需要掌握视频节目策划、视频拍摄、视音频编辑合成、剪辑、DV影片输出与刻录等方面的技能。

> 伟人之所以伟大，是因为他与别人共处逆境时，别人失去了信心，他却下决心实现自己的目标。

（二）工作方式的多样化

随着电脑和互联网的普及，人们现在越来越多地能够通过网络传递信息，职业也随之发生了变化。职业所需要的工作方式也呈现多样化的特点，比如很多人可以在家上班，有的人是通过网络上班，有些人的工作只要一部电话和一台电脑就可以完成，还有些人仍旧遵守传统的工作方式在特定岗位上完成工作，但这些工作所使用的工具也越来越智能化……

在今天，人们能在任何地方工作——家里，办公室里，家庭办公室里，咖啡店里，甚至在野外也能通过手机或平板电脑收发邮件。这样的工作空间无孔不入，它能让更多公司雇员从事开发项目的工作场所，让他们无论身在何处都能开展工作，所有事情都将与时间有关，而不是与真实的地方有关。

> 世界上那些最容易的事情中，拖延时间最不费力。

这种趋势正在改变办公室的设计方式，让家庭办公室或工作角成为现代家庭中的必备之物。同时还使办公室与家庭、全职工作者与自由职业者之间的界线变得模糊，而且随着时间的推移，这种界线将会变得越来越模糊。

可以说，互联网带来的社会影响是深远的，它从各个方面改变着人们的生活和生活方式，下面我们来看看工作方式上有哪些常见的变化（表4-4）：

表4-4　不同的工作形式

远程工作	利用高科技，远程式的工作将更加容易被管理和控制。
弹性工作	允许员工选择适合自己的时间表来工作，而非强制要求他们按照公司制定的安排，这种方式将更能激发他们的工作效率。
全职工作	指相对长期、稳定的工作模式，通常用正常上下班时间来划分工作日和休息日、工作有受一定限制的特性。
兼职工作	指在不脱离本职工作的情况下，利用业余时间从事第二职业；为第三方提供体力或脑力劳动支出。
自由职业	自由、开放、没有固定的雇主和时间，大多有固定的工作内容。
自我创业	自己当老板，为自己打工，具有高风险、高回报的特点。

（三）人工智能的进步

随着科技理论和技术日益成熟和进步，人工智能（Artificial Intelligence，AI）应用领域也不断扩大，可以设想，未来人工智能带来的科技产品，将会是人类智慧的"容器"。人工智能不是人的智能，但能像人那样思考、也可能超过人的智能。

> 积极思考造成积极人生，消极思考造成消极人生。

不只是餐厅服务员，还有工厂流水线上的工人、司机，越来越多的工作和岗位，会默默地被人工智能取代。近期有关低技能工种将很快被AI取代的新闻越来越多，它们通常被冠以"人工智能将如何解放人类双手"等积极导向的标题。但在社会结构未能迅速随技术流变而加速变革的当前，空余出来的低技能工种劳动力实在应该有些危机感，明天，你要靠什么技能吃饭？

在未来，人工智能可以发展到给机器人眼睛和耳朵，让他们感受到周围环境的变化，像人或者动物一样思考，这就是所谓的"新型柔性机器人"。他们可以在真实的工作场景当中工作，因为他们能够对于周围发生的一切做出一种适应或者调整。试想一下，会思维、会适应环境、有情绪变化、有决策能力还百毒不侵的机器人出现后，我们的工作世界将会是一个什么样的图景？你的职业是不是很容易被他或被机器替代，如果是的话，现在还来得及，赶快学习一些新的技能吧。

> 在准备进入职场时，你应该知道工作环境正在如何变化。个人职业发展的主要部分将取决于你是否能够预测和适应经济、技术全球化和文化多元化方面的变化。

（四）终身学习

社会和环境的变化是怎样影响你的？你对未来的期望受到你早期的家庭环境和周围的文化环境的影响。家庭生活、学习经历、社会实践都可以帮助你探索工作目标。你是否能够找到适合你并能够让你发挥所长的职业，决定了你对生活和工作的满意程度。

然而，机会并不是对所有人都是平等的。你可能会感受到被经济状况、学术水平或者家庭责任所限制。随着观念的改变及经济全球化的影响，雇主们希望能够雇用有多种能力的人，每个人都根据兴趣选择适合自己的工作，并接受相关的培训。

如果你对目前的职业感到困扰，那么去寻求他人的帮助来克服它们。你可以找家人、师长或专业的生涯规划咨询师来帮助你。

不要让世界为你的计划和目标设置不必要的阻碍，相反，要努力去克服这些阻碍，抓住所有可能的机会。你会发现当你形成特定的目标和计划时，战胜困难、努力向前变得更加容易了。

成功的职业生涯发展是一个需要致力于终身学习的长期过程。让自己的工作技能与知识与时俱进是保证自己胜任新的工作机会的唯一路径。古代哲人孔夫子就告诉我们，学习才能改变命运，只有终身学习才有出路：

好仁不好学，其蔽也愚；
好知不好学，其蔽也荡；
好信不好学，其蔽也贼；
好直不好学，其蔽也绞；
好勇不好学，其蔽也乱；
好刚不好学，其蔽也狂。

终身学习的机会有很多，包括单位的培训计划，在职获取更高的学历，参加一个职业培训或文凭课程，或是行业协会以及其他途径提供的短期培训。只有不断地学习，你才不会落伍，只有不断地学习，你才有新的技能可应对未知的问题。

> 终身性是终身学习最大的特征。它突破了正规学校的框架，把教育看成是个人一生中连续不断的学习过程，是人们在一生中所受到的各种培养的总和，实现了从学前期到老年期的整个教育过程的统一。既包括正规教育，又包括非正规教育。它包括了教育体系的各个阶段和各种形式。

二、案例讨论 Case Discussion

案例一：高学历人士正改变固有的职业

陆步轩，1966 年出生于西安市长安区，1985年以长安区文科状元的成绩考入北京大学中文系。这位北京大学的毕业生，十几年前因为开家"眼镜肉店"卖猪肉而名噪一时。当时引发了不少争论甚至批评，认为北大才子卖猪肉，即使不讲斯文扫地，也是人才的浪费。

没想到十几年后，陆步轩还在卖猪肉。不过，他目前已是一家猪肉企业的品牌顾问，还兼任"屠夫学校"——一所培养卖肉人才的学校校长。最近，陆步轩现身广州一家超市，在猪肉摊旁举办签书会，推介新书《北大"屠夫"》。现场颇有喜感，霍霍磨刀声中，他一边操刀卖肉，一边签名赠书。他自称，综合卖猪肉和掌握猪肉的理论知识，自己"绝对是中国最高水平"。

其实，今天再看这位北大"屠夫"，比十几年前多了些平常心。不仅因为近几年又先后出现"米粉硕士""鸡排博士"，还在于越来越多的人发现高学历和低门槛职业并不违和。

北大才子卖猪肉当年引发热议，主要是当时大家普遍认为，不识字的人都可以卖猪肉，寒窗苦读十余年的名校生去端这个饭碗太不值了。即使个人不考虑学以致用，对整个社会来说也是一种资源浪费，毕竟培养一名大学生尤其是名校生不容易。就连陆步轩自己也抱着这样的看法，3年前，他受邀回到北大给学弟学妹们演讲，现场哽咽道歉，说自己给母校丢了脸，是反面教材。倒是北大老校长许智宏致辞时为他辩解："北大学生可以做国家主席，可以做科学家，也可以卖猪肉。"

许智宏先生说得没错。不一定学什么干什么，才是学以致用。很多人毕业多年后，发现因为久不应用，自己连初中的数学题都不会做了，是不是就意味着中学数学白学了？显然并非如此。因为我们在学校不仅要学习知识，更要在学习知识的过程中，掌握思维方法、培养独立思考的能力。如同篮球队员平日里练习蛙跳，不是上场比赛时要用蛙跳，而是通过蛙跳锻炼腿部肌肉，提升上赛场用得着的弹跳力。卖猪肉时的确不会用到诸子百家，但是学中文的陆步轩后来写出了《猪肉营销学》，一般"屠夫"恐怕很难做到。学习本来就是举一反三、触类旁通，只要肯用心，北大学生卖猪肉，也能卖出不同寻常的"北大范儿"。

陆步轩的经历堪称另类励志故事。他自国家机关辞职下海，几起几落，最后开了肉店。"鸡排博士"据说也是找不到合适的工作，被迫选择卖鸡排。近年来，很多高学历人才步入低门槛行业，却是欣然而往。　如今，"互联网+"已经诱惑一批高学历人才走向低门槛行业。当然，他们不会和前辈一样因循守旧，他们要做的是通过互联网推动农业、制造业等传统产业焕发新生机。同样，这些高学历年轻人自己可能都没意识到，他们也在改变人们心中固有的职业等级。

北大"屠夫"当了12年公务员，之后辞职回去卖猪肉，现在已经把卖猪肉这个行当发展到了一定的规模。他选择卖猪肉是生活所迫，

> 生涯不是一个人所拥有或占有的事物。更好的想法是将生涯视作一条航线、一段旅程、一个过程或是一条道路，而不是一个目的或战利品。

这个案例不是个案。《我硕士毕业为什么卖米粉》一书的作者张天一，北大法学硕士毕业后卖起了米粉，颇受职场白领的欢迎。

讨论：

1. 你是否愿意一直做一份工作？为什么？

2. 针对上面的案例，你认为北大"屠夫"的卖猪肉职业发展与互联网有无关系？如果有，试列举出你所能想出的方法。

案例二：他颠覆了美国教育

萨尔曼·可汗出生在美国新奥尔良市，父亲是孟加拉裔，母亲来自印度。可汗很小的时候，父母就离了婚。他13岁那年，父亲因病去世。聪明好学的他进入麻省理工学院，一口气拿下了数学学士学位、电子工程与计算机科学学士学位及硕士学位。此后，他又在哈佛商学院拿了一个工商管理学硕士学位。毕业后，全能型的萨尔曼·可汗进入美国的一家基金公司，做着与教育毫不相干的工作。

萨尔曼·可汗

1. 无意中成为数学教父

萨尔曼·可汗有个小侄女叫纳迪亚，2004年，在新奥尔良上七年级的她要求可汗给她辅导数学。因不在同一个城市，于是可汗通过互联网教纳迪亚学数学，讲得生动有趣，概念清晰，纳迪亚的数学成绩提高神速。很快，消息在大家庭里传开了，说有人在提供免费辅导。于是，他每天下班后，都在给来自全国各地的10~15个亲戚朋友的孩子辅导功课。

可汗想，这样辅导效率太低，不如做成视频，放到互联网上，让大家免费观看。结果回到家他就躲进衣帽间里，把自己关起来，拿摄像头开始录制视频。

他的视频非常生动，能在十分钟内把一个数学概念讲完，在互联网上引起了很大的关注。结果一发不可收拾，他把自己关在衣帽间录制了一年的视频，从小学数学，到高中的微积分，再到大学的高等数学，统统讲了个遍，共计4800个视频。

这些视频在互联网上获得了极大的成功，点击率接近5亿，共有4800万人观看。在美国，有2万多所学校，上数学课时老师已经不再讲课，让学生观看可汗的视频，老师只负责答疑。

2. 成立可汗学院，颠覆美国教育

2006年，萨尔曼·可汗成立了非营利性的"可汗学院"网站，用视频讲解不同科目的内容，并解答网友提出的问题。萨尔曼·可汗有

> 慕课（MOOC）的M代表大规模（Massive），与传统课程只有几十个或几百个学生不同，一门MOOCs课程动辄上万人，最多达16万人；第二个字母O代表Open（开放），以兴趣导向，凡是想学习的，都可以进来学，不分国籍，只需一个邮箱，就可注册参与；第三个字母O代表Online（在线），学习在网上完成，无须旅行，不受时空限制；第四个字母C代表Course，就是课程的意思。

意识地把每段视频的长度控制在 10 分钟之内，以便网友能够理解、消化。没想到，视频很快就受到了网友们的热捧。"他们的留言充满了感谢与鼓励，让我欲罢不能。"萨尔曼·可汗说。那时，他每天下班后，就一头扎进卧室的衣橱间里，用放在其中的简单设备拍摄、制作视频，平均每晚要工作 3 个小时。不久，他又开始尝试制作科学、电脑等相关科目的辅导视频。萨尔曼·可汗老师教学的方式，就是在一块触控面板上面一边画，一边录音，电脑软件会帮他将所画的东西全部录下来，最后再将这一段录下的影片上传到网上，一切就大功告成了。

2009 年，萨尔曼·可汗干脆将基金公司的工作辞掉，全身心投入到可汗学院建设中。学院由萨尔曼·可汗给亲戚的孩子讲授的在线视频课程开始迅速向周围蔓延，并从家庭走进了学校，甚至正在"翻转课堂"，被认为正打开"未来教育"的曙光。

3. 拒绝 10 亿美元，坚持免费教育！

萨尔曼·可汗的视频获得成功后，很多风险投资机构找到他，希望注资成立公司，将视频收费，萨尔曼·可汗可以立马成为坐拥 10 亿美元的富豪！

但是，这个穷小子却拒绝了，他宁愿做一个中产阶级，只接受别人的捐助，也绝不收费。他说："我就是要做免费教育，一旦收费，很多发展中国家的孩子不就看不起了。我想象不到我的生命中有任何一种方式，能比我现在活得更有意义。"

2012 年，萨尔曼·可汗成功登上《福布斯》杂志封面。《福布斯》撰文称这是一个一万亿美元的商业机会，而当今市值最高的公司是苹果公司，也不过才 7000 亿美元。

4. 比尔·盖茨也是他的狂热"粉丝"

萨尔曼·可汗的成功，受到许多科技领袖的热捧。2011 年 3 月，萨尔曼·可汗在加州举行的 TED 大会上发表演讲，全体听众起立鼓掌。比尔·盖茨当场上台，就可汗的项目与之交流。比尔·盖茨可谓是可汗最狂热的"粉丝"之一。他曾经花费很多时间教 3 个孩子数学和科学的基本概念，可孩子们总是听得懵懵懂懂。没想到那些他怎么也解释不清的知识点，萨尔曼·可汗通过短短 12 分钟的视频，就让孩子融会贯通。比尔·盖茨直言，"我真有些嫉妒他"。

后来，他在多个重要场合提到萨尔曼·可汗，邀请萨尔曼·可汗到微软公司面谈，并通过基金会向萨尔曼·可汗捐款 150 万美元。"我认为，萨尔曼·可汗是一个尽一切所能利用技术让更多人学到知识的先锋，"盖茨说，"这是一场革命的开始。"

慕课优秀平台

Coursera：目前发展最大的 MOOC 平台，拥有 500 门以上来自世界各地大学的课程，门类丰富。

edX：哈佛与 MIT 共同出资组建的非营利性组织，与全球顶级高校结盟，系统源代码开放，课程形式设计更自由灵活。

Udacity：成立时间最早，以计算机类课程为主，课程数量不多，却极为精致，许多细节专为在线授课而设计。

这个不起眼的小伙子萨尔曼·可汗（Salman Khan），可谓真的是颠覆了美国数学教育，成了美国数学教父，让数学老师不再讲课。他成功登上了《福布斯》杂志封面，但是他却拒绝成为10亿美元富豪，这是一种真正的奉献精神。

讨论：

1. 从萨尔曼·可汗的基金分析师到网络教学的职业改变中你发现了什么？

2. 兴趣与特长在自己的职业中应该是处于什么样的位置？

3. 萨尔曼·可汗拒绝收费，誓言要为全球发展中国家的孩子服务。我们可从他身上学到什么？

三、过程训练 Process Training

活动一：探讨工作方式

通过你对周围朋友、亲戚的了解，讨论你所知道的工作方式。5人一组，列出本组所确定下来的工作方式，讨论这些工作方式的利弊。例如，弹性工作制对职业人有哪些要求？如何衡量工作是否完成？

活动二：变化的职业

以你的经历，5人一组，分组描述你所知道的发生变化的职业，试列举出来。这些职业的变化包括消亡，或是新生职业，该职业的变化对生活带来什么样的影响？试讨论之。

活动三：第一印象

思考一下如下情况，你的第一印象是什么？

1. 你坐上了南方航空的飞机去深圳工作，你登机后男性乘务员把你引向座位坐好后，一位女性的声音飞入你的耳朵："我是本次航班的机长……"

2. 你第一天到公司报到，男性接待人员引你进入办公室，一位女性总裁迎接你并为你派发工作任务。

全球经济一体化是指世界上大多数国家在现有生产力发展水平和国际分工的基础上，由政府间通过协商缔结条约，建立多国的经济联盟。在这个多国经济联盟的区域内，商品、资本和劳务能够自由流动，不存在任何贸易壁垒，并拥有一个统一的机构，来监督条约的执行和实施共同的政策及措施。

全球经济一体化给我们的职业生涯带来了许多无限可能。

3. 假设你身处广州，吃完早餐去上班，发现电梯里全是黑人邻居。

4. 你去某个幼儿园去做义工，你突然发现你去的那个教室的幼师全是男性。

5. 你即将毕业，去面试某份工作，你发现给你面试的几位工作人员全是一群比你年龄小的、大学还没毕业的年轻男女。

6. 你坐飞机出差，发现空姐的年龄比你妈妈的年龄还要大。

四、效果评估 Performance Evaluation

评估：你对职业变化的认识

你怎样处理这些角色冲突与紧张焦虑？请使用下面 1~5 所标示的不同程度来描述你参与下列行为的程度。在每个行为前面括号中写下合适的数字。

（一）情景描述

程度 1~5 分别代表：几乎不或完全不同、程度有限、一定程度上、很大程度上、极大程度上。

1. （　　　）决定不做与其他活动冲突的某些事情。

2. （　　　）从家庭之外获得帮助（例如，上门维修，照看孩子，照顾老人）。

3. （　　　）从家庭成员中获得帮助。

4. （　　　）从工作场所的同事那里获得帮助。

5. （　　　）和家庭成员一起参与角色冲突问题的解决。

6. （　　　）和工作中的同事一起解决问题。

7. （　　　）从家庭成员那里获得精神支持。

8. （　　　）从工作中的同事那里获得精神支持。

9. （　　　）角色整合与结合（如，让家庭成员参与到工作中或者用某种方式把家庭和工作结合起来）

10. （　　　）尝试改变社会对性别角色、工作角色或家庭角色的定义。

11. （　　　）与工作中的同事一起商谈或规划，使他们对你的期望更符合你自己的需求和预期。

12. （　　　）与家庭成员进行商谈或规划，使他们对你的期望更符合你自己的需求或预期。

13. （　　　）在不同的角色中设定优先顺序从而确保完成最重要的任务。

> 全球 70 亿人中，有 50 亿 15 岁以上的成年人。这 50 亿人中，有 30 亿在工作或想工作。问题在于：当前世界只有 12 亿个全日制正式工作岗位。全球缺乏 18 亿个好工作岗位，这无疑是一个巨大的缺口。
> ——《盖洛普写给中国官员的书》

14. （　　）将角色划分成不同部分。在扮演某个具体角色时要全身心投入。

15. （　　）忽略或降低完成某些任务的标准（如将不太重要的诸如打扫或整理物品这类事情先稍微搁置一下）。

16. 改变对某些角色或任务的态度（如，得出以下结论：与恋人或朋友一起度过的时光）。

17. 放弃某些角色（如决定停止工作）。

18. 把注意力从一个角色转向别一个角色。当不同的角色出现时，轮流依次应对。

19. 开发自我并培养兴趣爱好。

20. 认真规划、安排和组织。

21. 努力工作以满足所有角色的需求。投入更多的时间与精力，从而完成你被期待完成的所有事情。

22. 不尝试去应对角色需求与冲突，而是让角色冲突自生自灭。

计算自己应对角色冲突的分数

角色重置得分：

1~12 题回答得分 =（　总分　）/12 =

个人角色重置得分：

13~17 题回答得分 =（　总分　）/5 =

杰出角色行业得分：

18~22 题回答得分 =（　总分　）/5 =

得分说明

4.5~5.0 分——非常高，4.0~4.49 分——高，3.0~3.99 分——中等，2.0~2.99 分——低，< 2.0——非常低。

如果你的角色重置得分非常低，这意味着你经常会极大地受到别人对你的期待的影响，而有一些期待是不现实的，你需要与你的角色给予者探讨，以确定他们对你期待的那些事情是否合理，是否与你的其他职责和兴趣一致。

如果你的个人重置角色得分低，说明你对你自己最看重什么还没有清楚的认识。如果在一个具体的角色中你不是非常清楚自己应该怎么做，那么你很可能会受到那些非常强烈地认为你应该怎样扮演好自己角色的人的影响。需要重新评估你对各种角色的态度，建立对你自己来说明确的优先事项。

第五章　　生涯规划制订

　　明确而合适的目标，是一个人职业生涯中的灯塔，可以指引其走向成功。成功与不成功的人唯一的差别在于：成功的人可以无数次修改方法，但绝不轻易放弃目标；与之相反，不成功的人总在修改目标，就是不改方法。法国著名作家蒙田曾说："灵魂若找不到确定的目标，就会迷失。"无数事实证明，一个人能否成就一番事业，很大程度上取决于有无一个正确而恰当的人生目标。

　　没有人生目标或人生目标选择不正确，将使人浑浑噩噩、一事无成。美国著名激励大师拿破仑·希尔认为，人生的追求目标包括金钱、健康、家庭、身份地位、专业才能、个人成就六项。一个人的最终目标，实际上取决于他的人生原动力。人生原动力来自于内心，有了它就会激发职业生涯行动，它是人们肯定自身生命价值的自我表现形态。

　　生涯规划制订过程中，目标就像是一艘船的舵手，掌控着方向。但是除了目标之外，还应该有具体的行动计划，否则再宏伟的船也是不能前进的。行动计划像一艘船上的各个水手，只有相互配合，一环扣一环才能使船快速向前进。

　　在行进过程中，有时会遇到风浪，可能会把船吹得偏离方向，这时就需要重新确定正确的方向，否则沿着错误的方向越走越远，永远也不能到达理想的目的地。

> 当一扇门关闭时，另一扇门会打开。遗憾的是我们经常苦苦死守在紧闭的门前，而看不到那扇对我们敞开的大门。
> ——[美]亚历山大·格兰姆·贝尔

本章知识要点：

◆收集职业信息；

◆确定职业目标；

◆生涯规划制订。

第一节　收集职业信息

职场在线

管理大师彼得·德鲁克曾说过：

我应该做什么？为了回答这个问题，我设定了三个清晰的步骤：

"目前的形势对我提出什么要求？"

"以我现有的知识，怎样才能在我的工作中最大限度地贡献自己的力量？"

"为了事情有所改观需要达成怎样的效果？"

彼得·德鲁克的问题将我们从自我评估推向职业转型过程，从而获得职业选择与职业发展暗示。

我们进行职业生涯制订的过程中，针对我们的职业方向，首先要做的也是进行信息的收集，只有收集足够多的信息，才能进行分析总结，找出适合自己的职业发展方向。

一、能力目标 Competency Goal

信息采集就是通过各种途径对相关信息进行搜索、归纳、整理并最终形成所需有效信息的过程：一是通过实地调查、采访、亲身经历、亲眼目睹获得的第一手资料，也就是直接信息。二是通过某种介质间接获得的信息。如通过书刊、报纸、电视、电脑获得的各种信息。目前由于各种条件的局限性，以及网络技术的发达、便捷，我们进行信息采集的主要途径来自于网络，主要工具就是计算机。

信息收集要求信息准确、全面、及时。为了达到这样的要求，靠单一渠道收集信息是远远不够的。

有效信息就是对我们切实有用的信息，不是随便一条信息对我们都是有用的。一般来说，我们需要的信息往往具备这样几个属性：即信息的综合性、准确性和时效性。

通过本节的学习，你将能够：

1. 了解职业信息获取的渠道与方法；
2. 了解就业信息的收集方法；
3. 明白如何加工职业信息。

（一）整合自我评估的信息

自我评估过程的另一个关键步骤是对前面所做的评估信息进行整合，并从中理出头绪来。职业满意度和职业成功感取决于很多因素，其中最重要的因素是要有清晰的自我认知。所以，你需要将使用的自我评估方法和由此生成的信息一并整合成一幅完整的图画。

到现在，你已经积累了很多关于自己的详细信息，那么怎样将它们整合在一起并对它们进行合理的分析，以发现这些信息给我们的职业生涯带来的启示呢？当然，我们是要总结信息，并找出强项和弱项并寻找改进办法。然后还要进行详尽的数据分析，这会帮助你发现自我评估中内在的职业意向。具体行动请看本节第三部分"过程训练"活动一。

（二）获得职业信息的渠道

职业信息的搜集途径有很多种，不同途径所获取的职业信息侧重点各有不同，信息的"含金量"也不一样。让我们来看看都有哪些搜集就业信息的方法。

1. 社会就业机构、学校就业主管部门

各地教育部主管机关都有就业指导服务单位，学校也都有毕业生就业主管部门，同时各企业的人力资源也有生涯规划的功能。一般学校会将每年毕业生就业相关信息统计、整理、分析，建立完善的信息库。一方面，能够方便以后的毕业生查询相关就业信息；另一方面，通过信息库中相关信息的统计分析，可以清晰地了解各专业、各层级、各地区毕业生的就业流向。

2. 出版品、专业协会 / 学会等

有些行业有其特定的杂志，上面有时会刊登一些同行业的企业招聘启事。

特定行业组织会组成协会或者学会，意在交流信息。这样的组织也能够提供一定的招聘信息。

3. 人才交流会和行业展览会

这两种方式是比较普遍的获取招聘信息的一种方法。很多企业会在行业展览会上有展位，一方面可以展示本企业的相关产品等；另一方面，也可以挖掘潜在的人才。

人才交流会是比较集中的企业招聘场所，通常会有各种专业的招聘信息。由于其招聘想信息的真实性，所以很受应届毕业生们的青睐。各校毕业生们在人才交流会上也会投递很多简历，要想引起招聘人员的注意，往往也需要一些小技巧。

4. 网络

通过网络收集招聘信息是目前采用较多的方式。招聘信息主要通过以下几种方式（见表5-1）：

表5-1　网络信息来源渠道

公司官网	这些招聘信息通常是直接公布在该企业的官网上，如果你对企业比较关注，可经常浏览该网站的招聘信息。
招聘网站	这是目前很多大学生收集招聘信息的方法。常用的招聘网站有：前程无忧、智联招聘、赶集网、58同城、中华英才网、应届生求职网、南方人才网等，也有一些针对应届生的求职网。这些网站收集了大量的招聘信息，他们也会在网站上提供简历模板，求职者可以根据网站的要求进行简历的填写，然后直接在网站上进行简历投递。 虽然通过招聘网站投递简历比较便捷，但也有其缺点。因为这些网站上的招聘信息并不是百分百准确的，比如该岗位已经招到人，但是网站上并未撤销这条招聘信息，有时也会出现一些虚假信息。
微博、微信公众号等	有些招聘单位为了避免麻烦，可能只是简单地在微博或微信公众号上展示了招聘启事，其目的是针对同行进行招聘。这种情况下，你可以通过新浪微博进行搜索，或者通过微信号进行关注，也能获得相关的招聘信息。 人人网、微博、豆瓣等社交网站会经常有人分享出招聘信息。其中也有一些小组、微博是专门做招聘咨询的，因此要多关注该类型的账户。另外，在社交网站中进行关键词搜索也能得到部分有效的招聘信息。
论坛	很多行业在网上都有专门的论坛，这些论坛通常是进行一些技术讨论等，但有时会有人在论坛上发布一些招聘信息。应届毕业生也可以通过这种方式收集招聘信息。

5. 校园宣讲会、供需见面会

这两种方式通常是学校安排的，一般在学校内部举行。校园宣讲会是某企业直接进入校园进行讲解，包括企业的发展、现状等，最后再说一说需要什么样的人才，很多企业可以当场投递简历。

供需见面会相对来说来的企业较多，主要是针对本校学生的招聘。

6. 人脉关系（亲朋好友、师兄师姐、院系负责人等）

求职过程中，如果身边有人给予一定的帮助也是很好的。比如院系负责人同意推荐你到校企合作单位实习，或者亲朋好友能够给你透露内部消息等等，这样找工作就比较轻松了。还有一些是已经毕业的师兄师姐可以给你提供帮助，他们已经参加工作，对本行业的企业有一些了解，通常也能够提供一些招聘信息给正在求职的应届毕业生们。

通过师长、朋友、已毕业的校友等获取信息，俗话说"多一个朋友多一条路"，可请教认识的每位朋友，了解哪里正有空缺。由于是朋友、特别是知心朋友，对自己各方面情况比较了解，而且中国人又特别讲情面和义气，所以朋友的介绍是找到理想工作的一条重要的途径。

7. 实习、社会实践、社交等活动

毕业生在实习、社会实践中可以直接与用人单位接触，可以更清楚地了解有关需求情况，让用人单位更多地了解自己。如果本公司或接触到的相关企业也正在招聘，那么你就可以获得较早的招聘信息，而且还能够通过与其公司的职员的接触了解招聘的要求。这种方式获得的信息对于求职者来说成功率是比较大的。

8. 生涯人物访谈

通过对 2 ~ 3 个生涯人物的访谈，不仅可以了解行业性质、工作内容，同时也可以了解到相关职业及就业机会。

图 5-1 是几种情况下获取招聘信息的精确度及难度的比较：

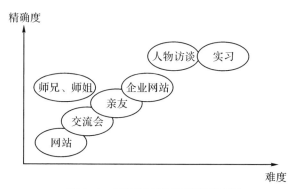

图 5-1　获取信息精确度及难度图

当然，收集信息的途径还很多。总的来说，关键在于掌握主动权。

> 在信息社会里，处理所需信息的能力变得越来越重要，它成为每个人获得竞争优势的关键。未来的竞争完全可以理解为信息收集、运用、处理能力的竞争。

（三）就业信息的收集方法及选择依据

1. 就业信息的三种收集方法

表 5-2　就业信息收集方法

全方位搜集法	把与你的专业有关联的就业信息统统搜集起来，再按一定的标准进行整理和筛选，以备使用。这种方法获取的就业信息广泛，选择的余地大，但较浪费时间和精力。
定方向搜集法	根据自己选定的职业方向和求职的行业范围来搜集相关的信息。这种方法以个人的专业方向、能力倾向和兴趣特长为依据，便于找到更适合自己特点、更能发挥作用的职业和单位。需要注意的是，当你选定的职业方向和求职范围过于狭窄时，有可能大大缩小你的选择余地，特别是你所选定的职业范围是竞争激烈的"热门"工作时，很可能给你下一步的择业带来较大困难。
定区域搜集法	根据个人对某个或某几个地区的偏好来搜集信息，而对职业方向和行业范围较少关注和选择，这是一种重地区、轻专业方向的信息收集法，按这种方法收集信息和选择职业，也可能由于所面向地区的狭小和"地区过热"（即有较多择业者涌向该地区）而造成择业困难。

2. 就业信息的选择依据

（1）以真实、可靠、全面为标准：尽量选择正规网站收集招聘信息，收集真实的、有效的信息。

（2）以适合自己为原则：即量体裁衣，有的放矢。有些信息虽然看起来条件很好，但如果不适合自己，那么即使以后从事了这个职业，可能也会后悔。所以在选择信息时，要以自己的职业兴趣及性格为首要考虑目标，寻找适合自己的职业信息。

（3）有利于自身发展原则：寻找职业信息时，应该考虑该职业以后的发展前景，秉持有利于自身发展的原则。

（4）注意信息的时效性原则：职业信息的申请一般都有时间限制，所以寻找职业信息时应该注意其时效性。

> 掌握了信息，就掌握了成功的钥匙。掌握信息越多或越新的人，就越能获得成功。

（四）就业信息的加工整理

1. 就业信息的处理

（1）鉴别信息：研究用人单位的要求、具体职位、发展如何、待遇条件、地点等，依此对信息做筛选、排队。将获得的职业信息进行科学筛选排序，保留与自己兴趣或专长有关的部分，达到收集和筛选信息的目的。

（2）重点了解：对重要的信息要追根究底、了解透彻，以便全面掌握情况及时做出决策。

（3）对照衡量：避免盲目从众，不是所有信息都适合于自己，不要好高骛远地去挑选不适合自己的工作岗位，不切实际地对号入座，会误导自己。

（4）核准时效性和可靠性：来自不同渠道、时间的信息，要在有效的时间内对信息进行可靠性核实。同时还应重视信息的时效性，用人单位要求在什么时间以内报名或面试、笔试等。

（5）主动共享：有些信息对自己未必有用，但可能对他人十分重要，所以在收集信息后可以及时和周围的同学分享交流，以达到信息共享互通有无的目的。

2. 就业信息的处理技巧

（1）建立个人就业信息管理库

应届毕业生求职阶段，往往有大量的求职信息铺天盖地而来，对于这么多的信息，如何筛选出自己所需信息，就需要一点儿技巧。

首先我们可以建立个人就业信息管理库，如表 5-3 所示。

表 5-3　个人就业信息管理库

单位名称	收集时间	单位性质	招聘专业	招聘人数	所在地或网址	联系部门和联系人	联系电话	E-mail	备注
单位 A									
单位 B									
……									

个人就业信息管理库的建立是为了记录下适合我的或者我感兴趣的职业信息，并可以按照重要性进行分类。这样的分类方法既不会遗漏某些重要职业信息，也方便个人进行分析和比较。

（2）建立用人单位基本情况数据库

对于有意向的工作单位，你也可以建立下面的用人单位基本情况数据库（表 5-4），以便对用人单位的情况有个大体的了解和把握，在投简历或面试时会更有针对性。

表 5-4　用人单位基本情况数据库

单位名称	总体概况	经营范围	经济状况	福利待遇	发展前景
单位 A					
单位 B					
……					

（3）养成好习惯

◆每天上相关就业网站浏览一次，保持信息更新；

◆每天检查邮箱有没有新邮件；

◆面试之前把面试单位的资料了解清楚；

◆保持手机畅通；

◆面试后两天打电话或通过E-mail方式及时获取就业信息的反馈。

（4）就业信息的甄别

就业信息的来源广泛，有些非正规网站提供的信息可能暗中藏有陷阱，形形色色的招聘陷阱对于大学生来说也是需要时刻提防的，例如承诺陷阱、合同陷阱、试用陷阱等。

求职"陷阱"通常有如下特征：

◆没有经过工商部门注册的单位；

◆职位条件过于宽松；

◆名称好听，不符合实际功能；

◆承诺的报酬不符合市场行情。

应对求职陷阱，常见的应对方法包括选择正规的网站或职介结构、牢记不掏钱原则、了解招聘单位的实际情况等，不能抱有侥幸心理。

> 用人单位冠以"高级主管"等头衔，又强调无须经验，这里面肯定大有文章。

二、案例讨论 Case Discussion

案例一：小王的就业准备

某毕业班大三下学期一开学便安排在外地实习两个月，正当班上其他同学整装待发之时，小王却不动声色地忙开了：他先找了班主任，拜托班主任如有合适单位请帮忙推荐，并留下两份自荐材料。然后他又找到学校负责就业推荐工作的老师，请他们有重要信息及时告知自己。

接下来，他走访了自己最要好的一位低年级朋友，拜托这位师弟定期到校就业信息栏看看，将有关重要信息及时通报给他。最后，他仔细查询了即将离开的两个月中各地人才交流会的信息，并根据实际情况做了安排。做完了以上联系工作，小王安安心心地前往外地实习去了。

这样，小王尽管人在外地实习，却总比班上其他同学消息更灵通，不断接到用人单位的面试通知，选择的机会颇多。实习刚结束，小王的工作单位也顺利敲定。

机会总是会留给那些有准备的人。

> 许多用人单位开出高薪，这些单位大多对学历、经验、能力、社会关系要求非常高。如果刚毕业就轻易能得到这样高薪的工作，应三思而后行。

讨论：

小王获得工作为什么似乎那么顺利？他的方法是否值得借鉴？

案例二：迷恋大城市限制了择业

刘晓是应届毕业生，直到当年3月他还未落实工作单位。和他一起上大学的老乡王珺，两人都来自于广东某市下属的一个农村，王珺找到了一份在家乡的用人单位，已经签订了三方协议。一天，王珺向刘晓要了他的个人资料，帮他在家乡某单位投一份简历。

一段时间后，家乡某用人单位给刘晓打电话，邀请刘晓过去面谈一下，刘晓的专业对口，实践经验也很适合该单位，但是刘晓拒绝了，理由是想留在广州，不想回到家乡。

直至毕业将近，刘晓才勉强找了个工作，该工作与刘晓的专业不对口，但此时刘晓已经别无选择了。

刘晓的思想在当前毕业生的择业过程中具有一定的代表性。不少毕业生过于向往经济发达地区，尤其是发达的东部、沿海地区中心城市，最低的期望也是回自己家乡所在地的中心城市。他们只注重经济文化发达、工作环境优越的一面，而忽视了人才济济、相对过剩的一面，择业期望值居高不下，从而导致主观愿望与现实需求之间的巨大落差。

讨论：

1. 如果你是刘晓，你会怎么选择，是回家乡，还是留在大城市？

2. 回家乡发展有哪些好处和坏处？留在大城市，以你的了解，又有什么好处和坏处呢？

三、过程训练 Process Training

活动一：整理自我评估数据练习

你已完成了自我评估练习活动的任务，现在需要点时间浏览一下，对每项评估内容进行反思与总结，写出这个练习对你的启发，你从中学到了什么？它揭示了你的哪些优势？它指出你可以在哪些领域进行发展？

为了帮助你总结从本教材前面几章学习到的内容，我们为你提供了一个自我评估总结表。请花几分钟时间填写这张表格以帮助你反思自己：

自我估计工具	我的优势	我的劣势	我还应该进行哪些学习
让他人评价自己			
生涯自传			
我的价值观			
"约哈里窗"的自我认知			
我的性格气质			
我的九型人格			
我的霍兰德兴趣类型			
我的MBTI定位分析			
我的"职业锚"			

活动二：职业信息收集活动

1. 避免求职陷阱

5人一组，讨论你所了解的或者是你知道的招聘陷阱信息，给出应对方法，然后由组长总结。最后，班长对这些陷阱及应对方法进行汇总，并进行针对性的讲解。

2. 生涯人物访谈活动

生涯人物访谈活动最好是面对面进行访谈，如果条件不允许，也可以通过电话访谈。生涯人物可以是师长、已毕业工作的学长等。请列出访谈内容，形成一份生涯人物访谈报告提交给老师。

活动三：收集职业信息

根据下面的要求通过在网站、图书馆或职业指导中心对3个工作进行研究。你可以选择3个不同的工作（如保险销售员、办公室文秘和社会工作者），也可以选择3个相关的工作（如律师、法律辅助人员或律师助理），或在同一个领域但工作特点不同的3份工作（如市场经理、平面设计师和展示助理）。

当你确定了感兴趣的职务名称，对每一个职务收集下列信息：

信息项目	具体资料
职业名称	
工资与福利待遇	
工作时间	
就业前景	
教育程度要求	
专业要求	

上岗证书要求	
对求职者个人的要求	
性别要求	
体格要求	
工作描述	
工作条件	
工作地点	
晋升机会	

在研究了与工作有关的要求细节后，你是否仍然对这个工作感兴趣？这个工作与你期待中的生活方式是否吻合？

四、效果评估 Performance Evaluation

评估：职业信息收集

（一）回答问题

1. 你知道的职业信息收集有哪些方法？

2. 哪种职业信息收集方法的效果更好？

> 一个不注意小事情的人，永远不会成就大事业。
> ——［美］卡耐基

3. 有些人认为网上投简历的方法已经是过去的方法了，这种观点是否正确？

4. 生涯人物访谈方式的获取职业信息，你觉得成功率高吗？

5. 你或者身边的人是否接触过求职陷阱？

6. 和求职陷阱类似的陷阱，比如诈骗陷阱等你是否接触过？

7. 合同陷阱应该注意些什么？

8. 你了解的还有什么其他求职陷阱？

9. 通过收集信息活动，你是否觉得在求职过程中，简历写得更有针对性一些是有必要的？

10. 信息收集得是否全面对求职有影响吗？

（二）评估训练

根据自己的判断看一看有哪些方面掌握得还不够好，并针对这些方面制订受益人训练计划，提升自己的信息获取能力。

第二节　确定职业目标

职场在线

> 一位弹奏三弦的盲人渴望重见天日。
>
> 他遍访名医，有人介绍他求见一位在深山修行的师父。师父答应了他的要求，为他开了一张能让他看得见的药方。"但是，"师父说，"你得弹断一千要弦。"
>
> 他无奈地带着失明的小徒弟，心里怀着一丝希望，游走四方。他走遍大江南北，弹琴卖唱为生。冬去春来，年复一年。第一千根琴弦将断的时候，他们落脚黄土高原。
>
> 夜半，弦断。
>
> 天明，抓药。
>
> 药房师父接过药方，对着天井透入的强光，正面、反面瞧着，说道："这只是一张白纸，哪有处方？"琴师听了，弦琴落地，茫然一片。
>
> 当天晚上，他悲恸欲绝，但细细思索，终而恍然大悟。他看不见，但他看见了；许多人看得见，却一直看不见。
>
> 隔日，他小心翼翼地将药方交给徒弟，说："我已年迈，此药方交给你。它能够让你看得见。""不过，"他停顿了一下，"徒儿，你得先弹断一千根弦。"

人的行为是有目标导向的。一个人若是看不到未来，就掌握不了现在；一个人若是掌握不了现在，就看不到未来。目标与理想并不是成功人士的专属品，普通人拥有它，并努力实现它，就能拥有超人的力量。

一、能力目标 Competency Goal

在生涯规划过程中，我们还会遇到一些问题：确定职业目标时，我能否一次确定多个目标？在行动实施过程中，如果我发现这个目标对我来说不可能实现，或者说在实现过程中我不能体会到目标达成的喜悦，而是将它作为负担一样的存在，我是否可以经常更改目标？计划实施时，我经常陷入低迷状态怎么办？诸如此类的问题会经常困扰着我们，因为这些问题的存在，可能导致我们面对困难时会退缩，进而不能顺利按照职业生涯路线前进。

通过本节的学习，你将能够：

1. 确定准确的职业方向；
2. 确定好职业目标；
3. 了解目标达成的必要条件。

> 一个人，即使驾着的是一只脆弱的小舟，但只要舵掌握在他的手中，他就不会任凭波涛的摆布，而有选择方向的主见。
>
> ——[德] 歌德

（一）确定准确的职业方向

如果你不知道自己想去哪儿，你就不会到达目的地。换句话说，如果你不清楚自己的目标是什么，你的行动就没有方向，你就不太可能实现它。这就是为什么在你职业生涯的任何一个点上——即使是职业生涯的早期——你也需要有目标的原因。所以，作为普通人的我们，要根据自己的个人情况去制定切实可行的目标，这样才能在一步步的前进中收获属于自己的果实。

职业方向是职业生涯制订过程中的职业选择，这个方向是根据个人的性格、兴趣、价值观、技能等确定下来的，有了方向才能有后面的目标确定和行动计划，否则后面的计划都是空谈。

确定职业方向是职业生涯规划最重要的一个步骤，所以在寻找职业方向时要尽量准确，让我们来看看还有哪些要注意的事项：

1. 不能没有方向

没有方向就像没有灯塔的航行，虽然看起来也是在向前走，但很多时候是在原地踏步。

想一想，在过去的经历中，你有没有过绕圈子的感觉？如果你已经绕了几年，你还想再继续绕下去吗？记住：新生活是从选定方向开始的。

有人问：我选择这个职业是一辈子就必须干这个吗？不一定。人一生可能换三个以上的职业。但一旦决定在某几年中从事哪一个职业，那么就应该按照这个职业去提高专门的知识和技能，以提高自己的职业化水平。

2. 不能同时有很多方向

一个放大镜在太阳底下，将阳光聚焦到一张纸上，一会儿工夫就可以点燃一张纸。这是聚焦的力量。如果三心二意，一会儿移到这边，一会儿移到那边，则永远也点燃不了纸。飘移的多个方向等于没有方向。

不同的职业需要不同的技能，如果同时有很多职业方向，就像没有重点的文章，看起来洋洋洒洒一大篇，但实际没有任何意义。所以方向只要找准一个就好，按照这个方向练习、填补你缺少的职业技能，这样才能在找工作时脱颖而出。

3. 不能随意改变方向

我们一生当中可能会换好几个职业，但想在每一个职业上都取得成功是不容易做到的。因此我们在确定职业方向、修改职业方向时，一定要特别慎重。不能因为某一个方向是现在的热门行业就跟风去做，这样频繁地换方向，几年以后，在每一个行业方向上都没有一定的积累，那么当然也很难成功。

> 老骥伏枥，志在千里；烈士暮年，壮心不已。
> ——曹操

可能有人会说，很多名人不也是在尝试很多次才成功的吗？比如马云，做过老师，开过翻译社，还干过许多别的工作，他这算是随意改变方向吗？确实，马云这个阿里巴巴的创始人，在创建阿里巴巴之前干过很多职业，但这些都是创业之前的尝试和积累，就像马云自己说的："人要有专注的东西，人一辈子走下去挑战会更多，你天天换，我就怕了你。"

> 古之立大事者，不惟有超世之才，亦必有坚忍不拔之志。
> ——苏轼

小案例

一天，一条小毛虫在朝向太阳方向爬行的时候遇见了一只蝗虫。小毛虫告诉它要去大山顶看整个山谷，因为昨晚做了这么一个梦。

蝗虫很惊讶地说："你疯了？对于你来说，一块石头就是高山，一个水坑就是大海！"小毛虫没理会，慢慢走远了。小毛虫在路途中又遇到了蜣螂。听明白缘由之后，蜣螂笑着说："有健壮腿脚的我，都没这么狂妄过。"小毛虫不顾嘲笑，继续前行。随后，蜘蛛、鼹鼠、青蛙和花朵都以类似的方式劝小毛虫放弃这个念头。但小毛虫始终向前爬行。终于，它筋疲力尽觉得快要死了。它停下来，用最后的力气，建了一个安息的地方——蛹。所有的动物都来瞻仰小毛虫的遗体。它的蛹变成了勇于实现梦想的纪念碑。一天，小毛虫圆柱状的蛹突然裂开，一只美丽的蝴蝶出现在大家面前。最后，美丽的蝴蝶飞到了大山顶上，重生的小毛虫终于实现了梦想！

> 能力决定你能做什么，动机决定你要做什么，态度决定你能做得怎样。
> ——[美]卢豪兹

目标是你前进的动力。没有目标，才是最累的时候。

（二）职业抉择需要考虑的因素（5W1H）

在职业抉择过程中，可以考虑的因素主要包括以下 6 种：

1. 我是谁（Who）

"我是谁""我的职业兴趣是什么""我具备什么特质与能力""我喜欢什么""我的特长是什么""我的家庭如何"等。对这些因素考虑之后，你的职业抉择会明确很多。

2. 我选择什么职业（What）

职业抉择时，还需要问自己"我有哪些职业选择""我的问题有哪些""我每个决定的可能影响是什么"等。

3. 需要多长时间（When）

时间也是职业抉择需要考虑的因素。"我职业目标的实现需要多久时间""我思考的时间需要多长""我的计划容许我搜集的时间有多久"等等。

4. 我在哪里就业（Where）

空间的因素同样也是职业抉择要考虑的因素，即在我的职业目标中，我向往什么样的工作环境与生活空间？居住地点与工作场所的距离远近如何等等。

5. 我为什么要选择它（Why）

探讨自己选择某种职业的原因、理由，思考"我为什么要选择 A 而不选 B""我职业困境的原因有哪些"。

6. 我如何完成我的选择或目标（How）

确定了职业选择，接下来要考虑"如何完成目标""如何找到合适的工作""如何安排时间"等。

> 一个人若是看不到未来，就掌握不了现在；一个人若是掌握不了现在，就看不到未来。

（三）职业生涯选择的路径

对照图 5-2 你可以对你的职业生涯做出初步的选择：

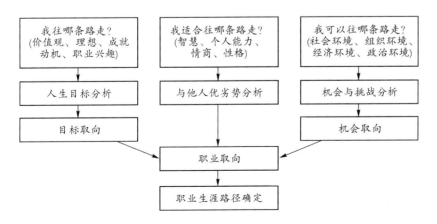

图 5-2　职业生涯选择路径图

（四）如何确定好目标

好目标通常有 6 条标准，我们用"SMART+1"来形容它：

1. 明确性 S（Specific）

所谓明确，就是要用具体的语言清楚地说明要达成的行为标准。明确的目标几乎是所有成功人士的一致特点。

2. 衡量性 M（Measurable）

衡量性就是指目标应该是明确的，而不是模糊的，应该有一组明确的数据，作为衡量是否达成目标的依据。如果制定的目标没有办法衡量，就无法判断这个目标是否实现。

3. 可实现性 A（Attainable）

目标是要能够被执行人所接受的。

"我要在 2020 年夺得奥运会冠军。"除非说这句话的人是具备国际顶尖水平的运动员，否则作为平常人的我们，实现的可能性微乎其微。不是绝对没有可能，而是可能性太小了。

4. 相关性 R（Relevant）

目标的相关性是指实现此目标与其他目标的关联情况。如果实现了这个目标，但对其他的目标完全不相关，或者相关度很低，那这个目标即使被达到了，意义也不是很大。

5. 时限性 T（Time-bound）

目标在什么时候实现呢？设定目标完全没有时间限定，目标实现过程中可能会有拖延的情况，因为没有日期限制，所以很多人会想"时间还多着呢，不急在这一时"。

6. 整体平衡

整体平衡是指自己的健康、家庭、工作能够得到均衡发展。"我为了当上经理，宁愿天天加班，累得半死。""我为了当上公司的高层领导，宁可妻离子散。"这样定目标就不是整体平衡。

世界上最快乐的事，莫过于为理想而奋斗。
——[古希腊]苏格拉底

二、案例讨论 Case Discussion

案例一：如何寻找职业方向

师范中文专业本科毕业的阿秀，今年 24 岁，性格文静，善文字表达而不善口头表达，沟通能力欠缺。在一家私立中学教语文。在两年的教学过程中，阿秀发现自己并不适合当教师，不具备教师应有的管理学生能力，课堂上无法调动学生积极性，所带班级成绩不理想。学校对其工作表现不是很满意，阿秀自己也很苦恼。但学校工作环境稳定，福利优厚。

阿秀开始审视自己，重新考虑自己的职业方向了。因为她觉得教师岗位上可以说很难成功。虽然目前的工作的确能给阿秀带来稳定的收入和不错的福利，但凭她的表现，这个稳定还能维持多长？工作没有满足兴趣和能力，反而由于工作不顺利严重打击了自信心 。所以，她必须果断做出选择，重新择业，找一份真正适合自己发展的工作。

她面临的问题是自己今后的职业方向里，找到能够发挥自己文字特长的工作。但，转到其他行业的可行性有多大？应该转到其他什么行业合适？

她来找生涯咨询师咨询，得到如下意见：重新择业。

从阿秀的性格特点分析，阿秀的确不适合教师行业，教师不仅需要相应所教学科的学科知识，更需要懂得如何管理学生，调动学生的积极性，且要有很强的口头表达能力、多样的教学方法呈现能力。文静，不善表达的阿秀显然不具备教师应有的教学和管理技巧。

但是，阿秀虽然不善管理学生，口头表达差，但阿秀文笔优美，文字能力强，其内心职业倾向也是希望发挥自身的文字能力。故咨询师建议阿秀可尝试广告公司、教育培训公司等行业的文案，报纸、杂志、多媒体等传统媒体和新媒体行业文字、编辑工作，这些岗位对工作人员管理能力，口头表达能力要求不高，相对重视个人的文字创作能力，无须过多与人打交道，对于阿秀正好扬长避短，发挥优势，转行的成功概率也较大。

> 古谚说得好，机会老人先给你送上它的头发，当你没有抓住再后悔时，却只能摸到它的秃头了。或者说它先给你一个可以抓的瓶颈，你不及时抓住，再得到的却是抓不住的瓶身了。
> ——[英]培根

如今，已从事各种职业的年轻人，往往会发现自己当初刚刚走出校门时懵懵懂懂选的工作并不适合自己，这一问题表面上看是择业的问题，实质是个人的职业发展方向问题。正是因为当初选的工作不适合自己，不能提供职业生涯的发展点，所以才须重新择业，重新找寻适合自己的发展点何在。所以，职业者必须果断转行，不能犹豫。而且，重新择业也不再是简单地再找一份工作，必须按照自身性格能力特点，个人价值倾向，结合职场情况，准确定位适合自己长远发展的出发点。

讨论：

1. 你希望你的第一份工作是什么样的工作？

2. 如果你的第一份工作与你的兴趣不相符，职业方向不对路，你应该怎么办？

案例二：脚踏实地

小玲和小慧毕业于同一所大学，小玲冷艳秀丽、才华出众、性情孤傲，小慧聪颖活泼、热情随和、善解人意，毕业后两人同时走进人才交流中心应聘于一家公司，公司老总是一位四十多岁的女性，应聘那天天气很热，女老总随口说了声："天气这么热，连喝的水也没有。"小慧听后很快出门，不一会儿几瓶矿泉水送到了招聘人的手中，小玲则不屑一顾，只顾忙着交出自己的求职信和简历。最后小慧凭着她的善解人意打动了老总的心，虽然从简历上看稍逊于小玲，也还是和小玲一起顺利地走进了这家公司，两人又被安排在了同一部门工作。

工作中小玲带给人的总是一种居高临下、高人一等的感觉，对办公室的同事直呼其名，对下属部门的职工也是不管不问，甚至对顶头上司的杨经理也是爱搭不理，每天上班准时来，下班就走人，很少与公司的员工交流；而小慧却给人一种热情、活泼、大方和随和的感觉，见面时总是人未启口先有笑，非常尊敬每一位同事和上司，下班后见有未完成工作的同事就过去帮个忙，顺便和同事聊聊天，下属部门哪位职工有了困难和麻烦也总能见到她的身影。因此，她有什么事情大家也都乐意帮她，人缘非常好。

> 告诉你使我达到目标的奥秘吧，我唯一的力量就是我的坚持精神。
> ——[法]巴斯德

过了一段时间，部门需要新增一位副经理，公司决定从本部门员工中提拔一位，通过公开民主竞选，小慧以绝对优势战胜了小玲，坐上了副经理的位子，成为公司里最年轻的中层领导。而此时的小玲正考虑要不要辞职。

职场里，人本身的知识和专业才能只是一个基点，越是有才能的人越要学会收起自己的高傲，从小事做起，这样才能得到大家的认可和爱戴。那些藐视一切，自己拿自己当回事的人肯定不会有什么人缘，受老板重用更是无从谈起。

讨论：

1. 作为职场新人，你觉得应该抱有一种什么样的态度？
2. 职场前辈指使新人做很多杂事，对这种情况你会怎么处理？
3. 如果你是领导，你将如何帮助案例中的小玲？

三、过程训练 Process Training

活动一：10个吸引你的职业

确定一个你感兴趣的行业，如IT业、工商业或教育业等。在下面的空格中写出10个该行业内的

工作 。根据你感兴趣的程度排列顺序。选择 2~3 个不同行业重复这个
练习。利用知名招聘网站如智联招聘、51JOB 等完成这个练习。

序号	职业名称	序号	职业名称
1		6	
2		7	
3		8	
4		9	
5		10	

活动二：不给工资你也愿意干的工作

假设你不必为养家糊口而工作，相反，你可以干任何想干的事。
写出一些想法，注意这类工作的所在行业。如，你认为你愿意把时间
投入在音乐上，你的工作职务名称为音乐家或歌唱艺术家，而这个工
作所在的行业为艺术。

职业名称	行业	理由

四、效果评估 Performance Evaluation

评估：你的计划能力

（一）情景描述
请选择最符合你情况的答案。每个问题的答案
包括"同意""不确定""不同意"三种，分别得 3 分、
2 分、1 分。

情景描述	得分
1. 我的个人目标已经清楚地写在纸上了	
2. 我每个工作日都腾出时间做计划	
3. 我的多数生活都是浮躁而无规律的	
4. 我有一个个人选定的日志或管理系统	
5. 在处理一个项目之前，我很少快速做出决定，在行动之前会进行详细的计划	
6. 我准备了一本台历或约会记录来提醒我要做的事情	

续表

7. 我在做决定方面没有困难	
8. 我把要做的事情归类为"行动"和"延期的行动"	
9. 我通常为我要做的事情确立开始行动的日期及最后的期限	
10. 我确切地知道每天的最佳工作时间是什么时候	
11. 我通常会询问他人的意见	
12. 我对计划实施的具体原因了如指掌	
13. 我相信一切问题都可以立即解决	
14. 我知道我明天最重要的项目	
15. 我有一个当前的项目目录表	
16. 我对计划带给我的益处非常清楚	
17. 我能正确选定计划的参与人和实施地点	
18. 对完成我的学业,我已经有了计划	
总分	

(二)评估标准和结果说明

总分 44 分以上:你是一个很好的计划者;

30～43 分:你是一个一般的计划者,需要进一步努力;

29 分以下:你不是一个合格的计划者,需要全方位提升计划管理能力。

第三节　生涯规划制订

　　阿晓是一所名牌大学计算机专业的高才生，他没有像其他的应届毕业生那样面临找工作难的困境。在他还没有毕业的时候，就有一家大型国企向他发出了录用通知，请他到公司的研发部门工作，另外，还有几家外资企业也表示愿意给他机会。但是，阿晓却认为，凭着自己是名牌大学高才生的背景，完全有能力在政府机关中找到工作，于是断然拒绝了这些企业的邀请。

　　后来，几经波折之后，阿晓在一家中央直属机关找到了工作。虽说就此端上了"铁饭碗"，但是上班以后，上司给他安排的工作是统计和整理一些数据，这与阿晓所学的专业根本就是风马牛不相及的事，而且非常琐碎。阿晓又是那种思维特别活跃的人，常常会有一些奇思妙想，但在单位中，根本没有发挥的余地。于是，阿晓的工作热情便随着时间的流逝逐渐淹没在那些枯燥烦琐的数据当中了。他变得心灰意冷，工作也不断出现失误，屡次被领导严厉批评。

　　几年后，阿晓原来的专业知识已经忘得一干二净，而在现在的工作岗位上也没有做出相应的成绩。后来，在机关的一次人事调整中，他被迫"下岗"了。这时，阿晓才深切体会到"一着不慎，满盘皆输"的道理。他想，如果当初自己选择职业的时候能够根据自身的特点找适合自己的工作，也许今天的自己就是另外一个样子了。

　　苏联心理学家索尔格纳夫认为，在发挥自己的最佳才能时，不要把"想做的"和"能做的"以及"能做得最好的"混同起来，而这又是人们最容易犯的错误。如案例中的阿晓，选择了想做的和能做的，但没有选择能做得最好的，所以他没能发挥自己的才华。

一、能力目标 Competency Goal

到目前为止，你心中可能已经有一个或几个感兴趣的职业领域了。在本节的学习中，你将会回顾、澄清、综合所收集到的关于志向、价值观、兴趣、技能和个人因素等方面的信息，将这些因素综合起来，确定几个比较感兴趣的、可以着手研究的职业领域还是非常有必要的。

通过本节的学习，你将能够：
1. 思考自己的职业选择；
2. 制订出适合自己的职业生涯规划；
3. 学习克服职业生涯中的障碍。

职业选择正确与否，直接关系到人生事业的成功与失败。据统计，在选错职业的人当中，有80％的人在事业上是失败者。正如人们所说的"女怕嫁错郎，男怕选错行"，当然，在男女平等的今天，女人选错行也同样是可悲的。

有人说："人生的悲剧说穿了就是选择的悲剧，而随便地选择也将失去更好的选择。"行业选择，就是如此。因此千万不要忽视行业选择的重要性，因为进行行业选择的时候，"差之毫厘，谬以千里"。

（一）用头脑风暴的方法来思考职业选择

在开始研究职业选择之前，你首先要知道自己想要的是什么。有很多求职者对职业的选择并没有很明确的目标，只有一个模糊的概念，想要"找一个高薪的工作"或者"体面的、稳定的工作"；这种情况下，就有必要结合你之前所做的评估，比如价值观、兴趣、性格等进行综合考虑，所以在进行职业选择的时候，要想选择正确的职业，至少应考虑以下几点：

（1）性格与职业的匹配；
（2）兴趣与职业的匹配；
（3）内外环境与职业相适应。

职业选择可以遵循以下步骤来确定：

1. 列举职业领域

用头脑风暴法列举出你感兴趣的职业领域。这里，你要关注的是想法的数量，而不是质量，你的目标是列出尽可能多的关于职业的想法。

然后，再去比较它们。

2. 列出想从事的职业

从以上领域中找到你最想从事的几个领域，列出你想从事的职业。在这个过程中，你可以通过各种渠道去了解这个领域的相关内容，例如网络查找、向熟人或者亲友咨询等，然后再确定自己的目标。

请注意，依靠这种方法确定下来的职业可能有多个，你也可以用排除法去除那些不适合你的职业，再回顾一下所列的项目，排出优先顺序。如果你所列的职业很多，可以将他们按照行业或者职能进行分类。比如，计算机行业的网络工程师、硬件工程师或软件工程师，可以归并成一类，然后再对剩下的为数不多的几个职业进行进一步的研究。

> **朝着月亮飞，就算没有到达，也会置身于星辰之中。**
> ——[美]莱斯·布朗

小思考

5人为一组，每组用头脑风暴法列出该组所有成员最想从事的职业领域，每组把结果汇总。然后把所有组的结果放在一起，每个人写下自己想要从事的几个职业领域。然后具有相同职业倾向的人，可以针对收集到的关于某一个领域的信息进行讨论。

> **当人们相信自己的时候，他们所能达到的程度是很惊人的。**
> ——[美]山姆·沃顿

确定下来你的一类或几类职业选择后，那么接下来就应该考虑你最想向哪个方向发展，你觉得自己比较适合走哪一条职业线路？走这条线路，你的优势是什么？这条线路的职业方向上你还有哪些方面有待于进一步提高和加强？

（二）SWOT分析法检测

SWOT分析又称态势分析法，是美国旧金山大学管理学海因茨·韦里克教授于20世纪80年代初提出来的，该分析法广泛应用于个人的自我分析之中，其中：

S代表优势（strength）；

W代表劣势（weakness）；

O代表机会（opportunity）；

T代表威胁（threat）；

S、W是内部因素，O、T是外部因素。

SWOT分析法是检查您的技能、能力、职业、喜好和职业机会的有效工具。通过细致的SWOT分析，你会明白地知道自己的优点与弱点，而且还能仔细地评估出自己所感兴趣的不同职业道路的发展机会和存在的威胁。

海因茨·韦里克

表 5-5　SWOT 矩阵分析模型

内部环境 外部环境	优势 -S	劣势 -W
机会 -O	S-O 战略 发挥优势 利用机会	W-O 战略 利用机会 克服劣势
威胁 -T	S-T 战略 利用优势 回避威胁	W-T 战略 减少劣势 回避威胁

一般来说，在进行 SWOT 分析时，应遵循以下四个步骤：

1. 评估自己的长处和短处

每个人都有自己独特的喜好、技能、天赋和能力。如有些人不喜欢整天坐在办公室，而是喜欢去市场寻找机会；有些人天生就喜欢钻研，不善言辞等。请做个表格，列出你自己最喜欢做的事情和你的长处所在。当然，如果你觉得界定自己的长处比较困难，你可以找一些测试习题做一做，做完之后，你就可以发现自己的长处。同样，通过列表，你还可以找出自己不喜欢做的事情和你的弱势。明确短处与长处同样重要，它不仅有利于你努力改正常犯的错误，提高技能，还有利于你选择自己擅长的职业。

2. 找出职业机会和威胁

不同行业、不同职业都面临不同的外部机会和威胁，找出这些外界因素将有助你成功地找到一份适合自己的职业目标。假想你选择的职业一直处于一个常受到外界不利因素影响的行业里，很自然，你获得职业发展的机会就很少。相反，一个充满许多积极的外界因素的行业将为你提供更加广阔的职业前景。请列出你感兴趣的一两个行业，然后认真地评估这些行业所面临的机会和存在的威胁。

3. 明确今后五年内你的职业目标

在仔细的 SWOT 分析评估之后，找出你从学校毕业后 5 年内最想实现的职业目标，目标可以包括：你想从事哪一种职业，你将管理多少人，或者你希望自己拿到的薪水属于哪一级别等。请时刻记住：你必须竭尽所能地发挥出自己的优势，使之与行业提供的工作机会完满匹配。

4. 列出今后5年内的职业行动计划

职业行动计划主要涉及一些具体的东西。请你列出一份实现上述目标的行动计划，并且详细地说明为了实现上述目标，你要做的每一件事，何时完成这些事等。如果你觉得需要一些外界帮助，请说明你需要何种帮助和你如何获取这种帮助。你制订的详尽的行动计划将帮助你实现你的 5 年内的职业目标。

> 你对自己的发展负有全责。必须学会学习这种重要的生存技能。当你不断地寻求各种新的运用技能的方法时，你将在职场中保持竞争力。即便你在目前的岗位上感到安全和稳定，也必须随时了解职场中的发展趋势、机会和隐伏的危险信号。总之，你应当把整个世界当作教室，从所做的每一件事中学习。
> ——［美］戴安萨克尼克

> 凡事预则立，不预则废。
> ——《礼记·中庸》

当然，你还需要围绕你的SWOT分析，在5年内目标实现的基础上，确定出你的长期职业目标，并制订一个长期的行动计划，尽管这个长期的行动计划目前看起来还比较模糊。

（三）生涯规划制定

根据上一部分的内容，相信你已经确定下来了几个你比较感兴趣的职业，那么，接下来就可以进入生涯规划的制订阶段了。在生涯规划制订过程中，主要有以下几个步骤（见图5-3）：

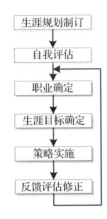

图5-3　生涯规划制订流程图

图中职业确定、生涯目标确定、策略实施和目标修正这几个步骤构成了一个循环。职业确定之后，在实施阶段，可能会对目标有进一步的理解和体会，如果在充分了解了这个职业之后，你还是有兴趣和志向坚定地朝着目标前进，那么，恭喜你，你选对了自己的职业目标。如果你觉得这个职业并不能够完全实现你的目标或者目标需要调整，那么你需要对目标进行修正，然后再重新确立实施方案。

自我评估和职业选择确定这一环节已经在上一部分实现了，下面我们进入到其他阶段。

1. 职业生涯目标的设定

没有目标如同驶入大海的孤舟，四野茫茫，没有方向，不知道自己走向何方。只有树立了目标，才能明确奋斗方向，犹如海洋中的灯塔，引导你避开险礁暗石，走向成功。

目标的设定，是在继职业选择、职业生涯路线选择后，对人生目标做出的抉择。其抉择是以自己的最佳才能、最优性格、最大兴趣、最有利的环境等信息为依据。

目标分为短期目标、中期目标、长期目标和人生目标。

◆ **短期目标**：一般为1~2年，这个可以根据前一阶段的工作或学

猎人的目标

父亲带着三个儿子到草原上猎杀野兔。在到达目的地，一切准备得当，开始行动之前，父亲向三个儿子提出了一个问题："你看到了什么呢？"老大回答道："我看到了我们手里的猎枪、在草原上奔跑的野兔、还有一望无际的草原。"父亲摇头说："不对。"老二的回答是："我看到了爸爸、大哥、弟弟、猎枪、野兔，还有茫茫无际的草原。"父亲又摇摇头说："不对。"而老三的回答只有一句话："我只看到了野兔。"这时父亲才说："你答对了。"

习计划进行调整。短期目标又可细化到每年、每月、每周的目标，目标越详细越具体越好。

◆中期目标：一般为 3~5 年。比如，某同学计划大四考过托福考试，这个目标算是中期目标，那在大一的时候，应该培养英语的听说读写能力，那么具体到短期目标，可以定下每天学习 50 个生词、每周阅读 5 篇英文文章、每月听多少篇听力文章等详细目标。

◆长期目标：一般为 5~10 年。这个长线目标，可以根据具体行业进行设定，比如销售，可以定为 5 年之后做到销售经理的职务等。

有了明确的目标，才会为行动指出正确的方向，才会在实现目标的道路上少走弯路。事实上，漫无目标，或目标过多，都会阻碍我们前进，要实现自己的心中所想，如果不切实际，最终可能是一事无成。

我们的目标越具体，实现它的可能性越大。一个具体的目标涵盖 3 个方面：

（1）具体的行动方案：怎么做来达到目标；

（2）条件：完成目标的程度；

（3）时间计划：在多长的时间内完成。

例如，我们常说的"我要减肥"就是一个典型的不具体的目标，虽然我们知道行动是什么，但是不知道什么时间、怎样实现和在什么程度上实现这个目标。如果我们说："我准备在晚餐减少主食的摄入量以达到在本周体重降低 1 千克。"这个计划就很具体，提供了什么时间及如何去完成它的信息。

▶ **小练习**

列举 1 ~ 2 个你的本周目标，请注意列出详细的目标的三个方面。排除干扰行动起来，在一周后来验证这个目标是否完成。

台阶是一层一层筑起的，目前的现实是未来理想的基础。只想将来，不从近处现实着手，就没有基础，就会流于幻想。
——徐特立

建立目标时有四点必须记住：

（1）要想清楚为了得到你想得到的，你能做出多大的牺牲。在选择职业时，大部分人的生活都会发生变化，你可能不得不暂时放弃你安逸的生活，或者原有的稳定的工作，你需要重新开始，你的决心有多大，行动起来的动力就有多大。

（2）制订一个现实的完成目标的时限。如果能够把每一个步骤和短期目标考虑进你的时间表，完成目标的可能性就增大了。

（3）把目标定高一点儿。这个目标如果是现实的，可以实现的，提醒自己只要最初的步骤足够清晰、具体，你值得为一个较高的目标

只有抗拒诱惑，你才有更多的机会做出高尚的行为来。
——[俄]车尔尼雪夫斯基

付出并且能够实现它。

（4）每一个小目标实现后，可以适当奖励自己。一套内在的和外在的奖励制度会激励我们更加努力获得成功。内在的奖励是成功的感受，外在的奖励更为具体，比如你可以享受一次特殊的晚餐，或买一双盼望已久的鞋子等。

2. 策略实施（建立行动计划）

在确定了职业生涯目标后，行动便成了关键的环节。古人云"不积跬步无以至千里"，没有行动，目标就难以实现，也就谈不上事业的成功。这里所指的行动，是指落实目标的具体措施，主要包括学习、工作、培训、再教育等方面的措施。

例如，为达成目标，在工作方面，你计划采取什么措施，提高你的工作效率？在业务素质方面，你计划学习哪些知识，掌握哪些技能，提高你的业务能力？在潜能开发方面，采取什么措施开发你的潜能等等，都要有具体的计划与明确的措施。

制订行动计划时应考虑以下因素：

（1）确定行动计划的启动日期了吗？

（2）你的行动计划是否有一个明确的目标？

（3）行动计划是否包含一个具体的完成目标的步骤？

（4）行动计划是否包含详细的、完成目标所必备的条件？

在你将行动计划付诸行动之前，你都不算是做出了一个决定。现在就开始行动，按照程序做决定，让你的决定过程如同一次探险。

3. 反馈评估修正

俗话说："计划赶不上变化。"是的，影响职业生涯规划的因素诸多，有的变化因素是可以预测的，而有的变化因素难以预测。在此状况下，要使职业生涯规划行之有效，就需要不断地对职业生涯规划进行评估与修订。其修订的内容包括职业的重新选择、职业生涯路线的选择、人生目标的修正、实施措施与计划的变更等等。

> 一个人有了远大的理想，就是在最艰苦困难的时候，也会感到幸福。
> ——徐特立

（四）克服决策制定的障碍

制订好职业目标和行动步骤之后，就可以朝着目标前进了。但是，在实现目标的过程中，我们可能会碰到各种各样的障碍或者诱惑，那么，你能在这些障碍和诱惑面前保持初心、一往无前地向目标前进吗？

> 收获是耕耘带来的惊喜。在耕耘的日子里，不可能立即就看到丰收的景象。因此，不要急于知道什么是成功，哪里是巅峰。一点一滴尽力地做下去，就是迈向成功；一步一步艰苦地登上去，就是奔向巅峰。

小案例

无知者无畏

1796 年的一天，德国哥廷根大学，一个 19 岁的很有数学天赋的青年吃完晚饭，开始做导师单独布置给他的每天例行的三道数学题。

像往常一样，前两道题目在两个小时内顺利地完成了。第三道题写在一张小纸条上，是要求只用圆规和一把没有刻度的直尺做出正十七边形。青年做着做着，感到越来越吃力。困难激起了青年的斗志：我一定要把它做出来！他拿起圆规和直尺，在纸上画着，尝试着用一些超常规的思路去解这道题。终于，当窗口露出一丝曙光时，青年长舒了一口气，他终于做出了这道难题！作业交给导师后，导师当即惊呆了，他用颤抖的声音对青年说："这真是你自己做出来的？你知不知道，你解开了一道有2000多年历史的数学悬案？阿基米德没有解出来，牛顿也没有解出来，你竟然一个晚上就解出来了！你真是天才！我最近正在研究这道难题，昨天给你布置题目时，不小心把写有这个题目的小纸条夹在了给你的题目里。"

多年以后，这个青年回忆起这一幕时总是说："如果有人告诉我，这是一道有2000多年历史的数学难题，我不可能在一个晚上解决它。"这个青年就是数学王子高斯。

障碍可能是困难，也有可能是诱惑。面对困难应该用积极的态度、顽强拼搏的决心迎难而上，"有志者，事竟成，百二秦关终属楚；苦心人，天不负，三千越甲可吞吴"，保持平静的心态，审时度势，方能战胜困难。

> "心动百次不如行动一次"，规划固然好，但更重要的是将规划付诸实施，并取得成效。

▼ 小案例

有一次，一位记者对公司的总裁发问："您是怎样做到这样辉煌的业绩，在无数困难中仍使您的公司岿然不倒呢？"老总说："很简单，当我面对困难，即将放弃时，我总是告诫自己再坚持一下。纵使无数次风雨，我也挺了过来。"

很多人面对困难时能够表现出顽强的勇气和毅力，而面对诱惑则深陷其中，因为诱惑一般都是裹着糖衣炮弹的，很容易让人沉醉其中。那么，面对诱惑时又该怎么办呢？比如，你制订了本周计划，每天要背诵50个新单词，而今天晚上恰好有一场新电影上映，同学拉着你去看电影，那你会怎么选择呢？

二、案例讨论 Case Discussion

案例一：惊掉眼球——北大退学读技校

2014年11月4日，第六届全国数控技能大赛决赛开幕式在北京工业技师学院举行。在会场，一个看起来很沉稳的男孩儿代表参赛选手进行宣誓，他的一举一动时刻吸引着媒体记者们的眼球。他就是让人惊掉眼球的、从北大退学读技校的周浩。

2008年周浩高考660多分，是青海省理科前5名，本来想报考北京航空航天大学，但遭到家人和老师的一致反对。"我从小就喜欢拆分机械，家里的电器都被我重装过。在北航，有很多实用的课程，这比较对我的胃口。"但是，周浩最终还是妥协了，"当时还小啊，再有主见也还是听家长的。"没想到，当年的妥协竟困扰了他两年多。

到了北大，周浩以为可以有一个新的开始，事实证明，他错了。大学生活一开始，喜欢操作和动手的周浩开始适应不了。"生命科学是比较微观的一门学科，侧重于理论和分析，操作性不是很强。而我又喜欢捣鼓东西，喜欢操作。"于是，周浩学习开始不那么积极了，"越来越迷茫，不知道自己的出路在哪儿。"就连作业，周浩也不再认真完成，每次都是敷衍了事。

周浩觉得问题的关键在于自己适应能力差。于是，他试了各种办法让自己习惯这种学习氛围。

为了找到自己的兴趣，他便去旁听北大和清华工科院的课，却发现这些课基本上也是纯理论，而实践操作课只有工科院本院的学生才能去上。他发现，转院并不是一件容易的事。想转的院和所在的院系公共课要达到一定的学分才能转院。接二连三地遭受打击之后，周浩开始陷入了绝望。于是，他决定大二先休学一年。

休学期间，他来到深圳，他当过电话接线员、做过流水线工人，没有一技之长又不擅长交际的周浩感受到了社会的残酷。周浩以为初入社会的挫败感让自己能喜欢上北大的生活，静下心来学习，能再次接受自己不喜欢的专业。

然而，重回校园，周浩有了比以前更大的不适应感。在旁听、转院、逃避都没有解决问题的情况下，周浩开始打起了转校的"算盘"。从大一开始，他就已经在网上对中国的一些技师学院进行了了解，并且还翻墙去看德国数控技术方面的网站，对比了中国与德国这方面的差距，初步对中国的数控市场进行了判断。"我觉得中国是比较缺知识技能复合型人才的，就像德国很多技术工人都是高学历，而中国的技术工人基本上都学历不高。"

> 事业常成于坚忍，毁于急躁。
> ——[波斯]萨迪

了解了自己的优势，周浩开始选择适合他的学校。"在网上搜到了北京工业技师学院，它的水平在行业内是领先的。既然想学点技术，尤其是数控技术，那这里就是最好的地方。"

从北大退学，要去一个不知名的技校，在常人看来，这想法一定是疯了！但心意已决的周浩最后还是通过各种办法说服了父母，收起铺盖从北大到了北京工业技校，开始了人生新的起点。

对于北京工业技校来说，这无疑是一个天大的喜讯。"为了增加生源，我们学校给农村户口的孩子减免学费，却还是没有起到多大的效果。这样一个北大学生的到来，当然是很惊天动地的。"学校党委副书记仪忠谈起自己的得意门生很自豪："考虑到周浩的情况，让他直接进入了技师班，小班授课，并且给他配了最好的班主任。"找到兴趣点后的周浩重新拾回了对学习的热情。努力没有白费。凭借北大的理论基础和北京工业技师学院的技术学习，周浩慢慢朝着自己努力的知识技能复合型人才的道路发展，他成为学院最优秀的学生之一。"我所学的技术在人们的生活中起着很大的作用，我不会后悔自己的选择。三百六十行，行行出状元，每个人只要在适合自己、自己感兴趣的岗位上工作，都会很强大的！"周浩说。

周浩的经历是我们许多同龄人曾经有过的经历。听众父母或老师的意见上了自己不喜欢或没有兴趣的专业，等于就是选错了方向。你再怎么用力都是白搭。所以，学习、做事一定要从兴趣开始。

讨论：

1. 你有过类似的经历吗？周浩的经历说明了什么问题？
2. 生涯规划不能盲目追求"高大上"，兴趣是学业和工作的起点。你如何看待周浩的转学？

> 给我五个系数，我将画出一头大象，给我六个系数，大象将会摇动尾巴。
> ——[法]奥古斯丁·路易斯·柯西

案例二：小玲的 SWOT 分析

小玲目前是某名牌大学大三的学生，所学专业是工商管理专业。为了更加详细地了解自我和外界信息，她将自己的内向、勤奋好学、任劳任怨的性格和在校期间学习的办公室管理、商务秘书实务、商务英语、会议管理、商务沟通、战略管理、财务管理、人力资源开发与管理、市场营销管理、国际贸易及其他相关专业课程与自己规划的职业生涯目标，业务主管、公务员、行政助理工作等综合在一起，进行了详细的 SWOT 分析。分析结果如表 5-6 所示：

表 5-6　小玲的 SWOT 分析表

	优势（Strength）	劣势（Weakness）
内部个人因素	做事认真、踏实，有浓厚学习兴趣和一定实力，尤其在行政管理方面；富有极强的责任心和耐心；能够熟练运用办公室软件；掌握了工商管理专业相关理论知识；参加2家公司的行政助理社会实践；具备一定的商务写作能力；英语四级证书；有亲和力，能较好地处理人际关系。	性格偏内向，对管理工作有一定的不利影响；办事不够细致，有时候考虑问题不够全面；做事不够果断，有点拖拉；工作、学习上有些保守，创新能力有待提高；个人工作经验还有一定不足。没有做过学生干部。

续表

	机会（Opportunity）	威胁（Threat）
外部环境因素	向往的区域外资企业比较多；在学校构建了良好的人际关系条件；就专业知识方面而言，随着我国经济的高速发展，对管理型人才的需求正不断扩大；有师兄师姐在外资企业从事行政管理工作；国家公务员考试逐渐规范。	距离毕业还有一年的时间，各种准备相当不充分，相比其他重点大学的学生来说自身实力还不够突出；外资企业对个人综合素质要求不断提高，特别是沟通能力、合作能力、学习能力及英语的口头表达能力；用人单位对毕业生要求越来越高；国家公务员考试竞争越来越激烈。

自己真实的卖点：对文字方面的工作有兴趣；办公软件运用能力较强；有亲和力。

总体鉴定：通过上述分析，自己在从事行政助理的工作时，个人优势与机会大于弱势和威胁。同时，根据自身条件和外在因素，同样也可以往公务员方向发展。

讨论：

1. 小玲的 SWOT 分析对你有何启示？
2. 小玲的 SWOT 分析还存在什么问题？

案例三：认真地将地摊摆好

阿曼西奥·奥特加

有个人，父亲是一个摆地摊的，住棚屋，交通靠步行。

他父亲总是这样对他说："孩子，由于爸爸的能力有限，家境不好，给不了你太多的帮助，所以我除了能教你怎样摆地摊外，再也教不了你任何东西了。你除了跟我去学摆地摊，其他的就是想也是白想啊！"

他跟父亲摆了几天地摊后，就哭着不肯去了，因为摆地摊日晒雨淋不说，还常遭人白眼。可是，一想到除了摆地摊，再也没别的事可干，他又硬着头皮跟父亲出发了。可是，还没干几天，他又受不了了，又吵着闹着不肯去了。因为没事可干，不久，他又跟着父亲出发了。

慢慢地，他竟然从摆地摊中发现，要想永远摆脱摆地摊的工作，就得认真地将地摊摆好。于是，几年后，他终于拥有了自己的专卖店。30 年后，他拥有了属于自己的服装集团。如今天，该集团在世界 68 个国家中总计拥有 3691 家品牌店，一跃成为世界最大的成衣零售商。他就是 ZARA 的创始人，西班牙人奥特加。2016 年 9 月 9 日，根据福布斯的全球富豪榜单显示，长期位居第二位的阿曼西奥·奥特加继 2015 年后，再次超越比尔·盖茨成为新晋世界首富。

人并不是选择越多越好，奥特加没有选择，但他想改变，于是只有"认真地将地摊摆好"，这也是不得已的人生规划，有了规划，就有了努力的方向。朝着目标努力，坚持到底，最终一举成功。

193

讨论：

1. 摆地摊都能成功，你还有不成功的道理？请与同伴分享，这个案例给你最大的感受是什么？

2. 奥特加的成功气质中，你最渴望学到的是什么？

三、过程训练 Process Training

活动一：职业发展盾形图

请按如下样式在 A4 纸上画出一个几何图形的盾形图。图形是由六个矩形和一个半圆形构成，注意：

1. 图形样式

A4 纸的边离图中矩形和半圆的边不超过 1 厘米。如下图：

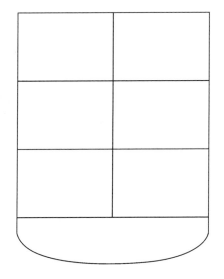

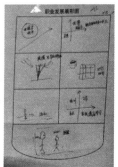

2. 操作步骤

（1）在左上角第一个矩形中用图形描绘出你的价值观是什么；

（2）在右上角第二个矩形中用图形描绘出你的优势是什么；

（3）在第三个矩形中用图形描绘出你生命中的脆弱；

（4）在第四个矩形中用图形描绘出你对压力的反应；

（5）在第五个矩形中用图形描绘出你如何提升你的技能；

（6）在第六个矩形中用图形描绘出你成功的动力；

（7）在第七个半圆中用图形描绘出你十年后职业生涯的图景。

这是一个如何挖掘你的潜力和优势、直指你的劣势的内心分析活动，可以团队多人在一起做，也可以单独一人做。它就像生命的盾牌一样，在保护你，同时也会激起你内心的强大动力。

职业发展盾形图样例

现在开始动手吧，请尽量与右边的样例表现得不一样。

活动二：制订行动计划

1. 写出你的生涯规划目标，针对目标，制订出短期、中期、长期行动方案。列举出来，和大家一起讨论可行性。

2. 行动是目标实现的途径。针对你所制订的短期目标，请制订出短期目标实现的行动计划，这个计划要切实可行，在截止日期之后再来验证目标实现的程度，并反思行动是否需要调整。

3. 试着在网上收集信息，找出他人克服困难的实例。以小组讨论的方式列举困难面前我们需要怎样的心态和做法，然后由本组组长上台向全体同学演讲如何克服困难（请注意搭配适当实例）。

活动三：职业幻游

这里是一个在教师或培训师指导下的幻想。每位参与者找一个舒服的位子坐下。过程中，可以播放一些轻松舒适的音乐。

现在开始：

闭上你的眼睛，深深地吸一口气并且放松。将身体彻底放松，清除头脑里的各种想法和忧虑。

想象你5年以后正准备去上班，你坐在床边琢磨着今天穿什么好。你翻看衣柜……最后，你选择什么样的衣服……

想象你已经准备好了去上班。你对这一天有什么想法？当你渴望着开始一天的工作时，你有一种什么样的感觉？你感到很兴奋？很厌倦？很担心？……是什么原因造成你的这种感觉？……

现在是早餐时间，你是和什么人一起吃早餐的？是自己独自吃早餐？……

你已经吃完早餐，正准备走出家门。突然你停住了脚步，打量一下你的邻居。你周围的邻居是什么样子？你的家看起来是什么样子？当你看这一切时，你会产生什么的想法和感受？……

幻想你正在前往工作的路上。你是乘什么交通工具去上班的？家离工作地点有多远？这时，你有了什么样的想法和感受？……

现在，你已经进入了工作状态。停一会儿，你在脑海里设想一下工作的情形。想象一下工作地点在哪里？它是个什么样子？大多数时间你是在室内，还是在室外工作？你与多少人一起工作？……

你进入具体的工作内容。谁是你第一个见到的人？这个人长得什么样？这个人的气质如何？你们的关系怎么样？你们之间的沟通是如何进行的？说了什么？……

即将到来的世界战争，是一场为竭力争夺好工作岗位而引发的全球战争。这场争夺好工作的战争，已成为世界各国领导人需要应对的压倒一切的要务，因为这是世界各国已经历过的所有问题的起因和结果。随着全球竞争的加剧，未来这场战争甚至更容易一触即发。如果国家无法创造好的工作岗位，社会就将分崩离析，国家，更为确切地说是城市，就将遭遇苦难、不稳定和混乱，甚至最终导致革命。这就是各国领导人将要面对的新世界。

——［美］吉姆·克里夫顿

设想一下，你在这个岗位上具体做了什么？不要把它设想成某一种职务的典型工作内容。要想象你实际正在做什么事，如用手进行工作、计算数字、写一个什么方案策划、与人在讨论什么事、画图、思考、发呆……

在你的工作中，你基本是独自一人工作，还是和其他人一起工作？你和他们一起做什么？其他人都是谁，他们多大年龄，长得怎么样？你与他们的关系如何？……

你去哪里吃午餐呢？你和什么人一起去吃午餐？他、她是谁？你们在一起聊什么呢？……

下午的工作与上午的工作有什么不同？随着时间的推移，你有什么感受？累了？很清醒？厌倦，兴奋？……

现在，你工作的一天结束了。这一天是满意的一天吗？如果是，是什么原因？这一天中，有什么事让你不太高兴？你是否会将什么工作带回家？……

回到家，有没有谁迎接你？如果有，谁是第一个迎接你的人？……

> 闪光的东西，并不都是金子。动听的语言，并不都是好话。
> ——[英]莎士比亚

四、效果评估 Performance Evaluation

评估：职业生涯决策能力

请你运用 SWOT 分析法和 5W 分析法进行自己的职业生涯规划。你可能会面临几种职业生涯目标的选择，如何选择出最适合自己的职业生涯发展目标，取决于你的职业生涯决策能力。你可以通过下面的职业生涯决策平衡表来评估一下你的决策能力。

（一）填写职业生涯决策平衡表

职业生涯决策考虑要素		重要性权数 (1～5倍)	第一职业方案（ ）		第二职业方案（ ）		第三职业方案（ ）	
			得（＋）	失（－）	得（＋）	失（－）	得（＋）	失（－）
自我精神方面	1. 适合自己的能力							
	2. 适合自己的兴趣							
	3. 适合自己的个性							
	4. 符合自己的价值观							
	5. 未来有发展空间							
	6. 其他（写下来）							

续表

自我物质方面	1. 较好的社会地位						
	2. 符合理想生活状态						
	3. 适合目前个人处境						
	4. 其他（写下来）						
外在精神方面	1. 带给家人声望						
	2. 有利于择偶和建立家庭						
	3. 其他（写下来）						
外在物质方面	1. 优厚的经济报酬						
	2. 足够的社会资源						
	3. 其他（写下来）						
加权后合计							
加权后得失差数							

（二）相关说明

1. 经过 SWOT 分析和 5W 分析，把你选择出的职业发展方向（三个）填写在职业方案一栏中。

2. 在第一栏"职业生涯决策考虑要素"中，根据你对职业选择的重要性和迫切性的认识，给这些要素赋予权数，权数范围为 1～5 倍，填写到"重要性权数"一栏中。其中 5 代表"非常重要"，权数越高，说明你越看重该要素。

3. 根据职业生涯决策要素给每个职业方案评分，每个方案的得分或失分，可以根据该方案具有的优势（得分）、劣势（失分）或优劣势的程度大小来回答，计分范围为 1～10 分。注意每个方案的得分或失分只能填写一项。

4. 将每一项的得分或失分乘上权数，得出加权后的得分和失分，并分别计算出加权后合计。再把加权后的"得失差数"算出来，即每个方案加权后的得分减去失分。据此做出最终决定。得分越高，该职业方案越适合你。

5. 通过职业生涯决策平衡表的测评，你可以大概评估出你职业生涯决策能力的强弱。

成功的人生，胜于成功的事业，一味追求事业的赢家，最后可能酿成人生的输家。

第六章　简历与面试

研究表明，求职过程会持续地经历一段时期，有时这一过程可能长达半年，甚至更长。不论你现在对职业选择是否确定，你都应有一个明确的职业目标，以便有目标地完成个人简历的制作和接踵而至的面试。

最基本和最重要的是，把你的注意力集中在你所要实现的目标上，忘记了这一点，你就有可能被一些偶然的机会或一些并不能满足你期待的工作所干扰。

前面的章节我们已经制订了职业生涯规划，并收集了足够的信息供我们进行职业定位，那么在本章我们就可以制作简历并进行投递了。制作简历及简历的投递也是有一定的技巧的。同时，记住，你所寻找的第一份工作并不是你的唯一职业，它和其他可能从事的工作共同组成你的职业生涯。

本章知识要点：

◆简历；

◆面试；

◆测评。

> 做什么工作当然重要，但更重要的是，你是否把每一件小事都做得比别人好？如果答案不是这样，请你减少自己的工作量，直到你把每一件事情都做得令人刮目相看！那么，你的好机会就悄悄来临了。

第一节　简历与求职信

职场在线

　　阿东兴冲冲地告诉妈妈"我这周收到了4份录用通知书，其中就有我最想去的那家公司。"妈妈先是表示赞赏，然后又开始疑惑："你的实习经验很少，是怎么一下就收到4份录用通知书的呢？尤其是你最想去的那家公司还强调要有实习经历。"阿东得意扬扬地说："实习经历还不是说有就有？"说着晃了晃手里的简历。

　　妈妈一看简历，简直不认识简历中的人了：成绩优秀，学生会干部，活动能力强，实习经历丰富……"这还是你吗？这不是造假吗？"妈妈一脸的不赞同。晚上爸爸回来知道了这件事后，很严肃地告诉阿东："你立刻去把你投出去的这4份简历拿回来，1份都不许少。诚信永远都是我们做人最基本的常识和底线。这份简历你可以珍藏，当作一个严厉的提醒。男子汉做错事要有承担的勇气，简历上造假会使用人单位觉得你没有诚信，这对你以后的工作有百弊而无一利。"

　　阿东反驳道："简历不过就是敲门砖，我有个师兄在复旦大学参加了个培训，他在简历上就写是复旦大学的毕业生，现在已经上班一周了。"爸爸还是坚决反对，坚持要阿东把那些简历收回，并向用人单位道歉并承认错误。

　　阿东没办法，只能去一一收回那几分简历，并分别道歉。在他沮丧地离开最想去的那家公司之后，回家途中又接到了这家公司的电话："有个工资低一些的岗位，如果你有意向，我们愿意给你机会，你也不必面试了，我们看好的是你的诚意与职业操守，相信你可以做好。"

　　阿东上班一个月之后，听说那个造假的师兄被用人单位辞退了，因为被发现能力与简历严重不符，用人单位进而怀疑其简历的真实性，查证之后将其解雇。

　　简历是一个人能力与经历的证明，虽然只是个敲门砖，但必须以诚信作为基础，诚信可谓是我们的第二个"身份证"。简历虽然描绘了我们最光辉和最荣耀的一面，但我们立身处世，当以诚信、真实为本。

一、能力目标 Competency Goal

有些人觉得自己的简历做得不错，为什么一投出去就石沉大海，杳无音信？很大的原因是你的简历并没有吸引招聘者的眼球。你只用自己的眼光来看自己的简历，而没有从招聘者的立场看待自己的简历。无论你的简历做得多么精美，你都要清楚一点，招聘者在筛选简历时根本没时间把你的简历看个遍。所以，在投递简历之前，首先设计相应的求职策略，然后根据投递过程中的反馈，对简历进行修改再修改，直至改成精致的、能迅速吸引人眼球的简历，这样能够增加更多的面试机会。职场新人们一般都没什么经验，但并不是说没有工作经历的同学就不能写出一份好简历。秘诀就是：尽力地去展示能体现自己与所要应聘岗位或职业相关的东西。

通过本节的学习，你将能够掌握：

1. 简历的内容与形式；
2. 简历撰写要领；
3. 塑造网络形象；
4. 求职信。

（一）简历的内容

简历是你个人的一份展示清单，同时，它也是你推介你自己的一个良好机会。用人单位通过简历来考察你的教育背景、工作经验和职业目标等能否满足你所申请的职位的需要。而招聘经理又只能在很短的时间内浏览，所以，你的简历必须简明扼要、清晰流畅。一份合格且有效果的简历自然应该包括必需的元素，如个人基本信息，姓名、性别、年龄、学历、学位、专业、联系方式等。这些资料不能修饰，也不好加工。但只是有这些资料远远不够，简历还必须拥有如下元素：

1. 求职意向

表明你想做什么，能为用人单位做些什么。内容应简明扼要。

"求职意向"这一栏不太好写。一是应届毕业生对工作认识不足，没参加过工作，当然不会对工作有很深入的了解，往往很多毕业生在写简历的时候对自己到底能做什么、想做什么，没有明确的概念。但是这也说明求职者具有很强的可塑性。二是应届毕业生的简历没有针对性，很多人的简历就是一站通，求职意向上写着无数个职位，而且有的职位跨度很大，没有丝毫的联系。

简历注意事项

整洁：简历一般应打印，保证简历的整洁性。

简明：要求简历一般在1200字以内，让招聘者在几分钟内看完，并留下深刻印象。

准确：要求简历中的名词和术语正确而恰当，没有拼写错误和打印错误。

通俗：语言通俗流畅，没有生僻的字词。

这其实是一种让人摸不着头脑的做法，看起来好像是个全才，什么都能做，可是你到底能做些什么呢？求职者的这种心态可以理解，写少了怕局限了自己的选择。其实你可以换一种做法，多准备几份不同的简历，每份简历只写一个求职意向，比如人力资源，简历的其他内容全部围绕着这一主题写，这样你的简历看起来会更有针对性。

2. 教育背景 / 学习经历

有些毕业生会把自己中小学的学习情况写上，这个不需要，从大学写起就行。如果只是中专或技校毕业，也只需要写你的专业学习经历。一些毕业生在校可能参加过一些相关技能的培训，这些培训经历也应该写到简历中。

3. 工作经验 / 社会实践

一般来说，应届毕业生没什么工作经历。至于社会实践，你可以把你在校期间的实习或其他经历写上，如在学生会任某部长，做过哪些事，出过哪些力，取得过哪些成绩，一定要写得详细些，不要只说个大概，比如担任系学生会生活部长，组织过系辩论赛。这样写就不太详细，你应该把在辩论赛中做了哪些工作、发挥了什么作用、取得了什么成果简单说一下。切记一点，这部分简历不能随便乱编，你以为你编得天衣无缝，但是招聘官往往几句话就能让你原形毕露。

工作经历或社会实践要挑重点的写，不能眉毛胡子一起抓，重要的要写在前面，还应有主次。

> 没有相关工作经验，没有大赛项目经历，没有很强的专业技能，对于一个刚毕业的大学生而言，这是很普遍的情况。没有工作经验，那么就挖掘出相关的技能、荣誉、能力等等。学会把这些东西写详细。

小技巧

很多求职者想全面展示自己的实力，把自己所有的经历和能力都写在简历上。这种做法不会让自己加分，这样写至少有三个不良后果：

1. 该岗位上的优势不突出；

2. 对应聘要求缺少精准分析；

3. 企业筛选花费时间太多；

这就是为什么我们在制作简历时，一定要只展示与应聘岗位相关的经历和能力，制作一份切中要害的简历的原因。

4. 课程

毕业生往往只是在罗列自己学过的课程，没什么条理性，招聘经理看起来也比较乱，往往对毕业生学过的课程没什么系统的认识。有些招聘经理建议毕业生最好把自己的课程分类。比如管理系的学生，在写自己的课程时可以分为管理类、营销类、财会类、金融类、经济类等等，这样招聘人员在看你的课程时就一目了然，更有针对性。毕业生列课程时，要挑出与应聘职位相关的课程，不要学过的课都给写上。

5. 计算机、外语水平

一般来说，招聘经理们不强制性要求毕业生计算机过级，即使你过级了，也不说明你计算机水平如何了得，而且计算机等级考试的内容很多在工作中根本用不上（当然不排除一些例外，比如有些软件开发等工作要求计算机过级的）。一般只要办公软件如 OFFICE 操作熟练就行，包括 WORD、EXCEL、PPT 等，如果是专业性比较强的工作，可能还要求掌握其他软件。当然，技多不压身，掌握一些常用软件如 PHOTOSHOP 等也是比较有优势的。

外语水平如果过了 CET4 或 CET6，可以写上。很多毕业生在写英语能力时，常用的字眼是"良好的听说读写能力"。这是个很模糊的概念，你应该说得具体些，比如能和外国人自由交流或在某比赛中获得什么奖项。这样写会使你更具竞争力，也会让招聘经理们更能了解你到底良好到什么程度，所以说写简历切忌那些空洞的词语。

6. 奖励、证书和科研成果

凡是获得奖励的都要写上，如奖学金、优秀干部等。证书，比如注册会计师证，这样的证书会增加你获得面试的机会。这也是许多在校生为什么热衷于考证。像注册会计师这样多科目考试的，即使你没有完全通过，也不要紧，把你通过的科目写上。有些毕业生说自己没有全过，写出来作用不大，没必要写。其实是很有必要的，别无意中把你自己的优势给抹杀了。

科研成果方面，如果发表过的论文或专业文章都应写上。

> 人事经理最不愿意接受简历中的如下错误：
>
> 1. 联系方式是错的。应该至少留 2 个不同的联系方式。
>
> 2. 求职岗位不是在很明显的地方，很难找。
>
> 3. 文本和表格的制作不规范，格式、间距错误。这说明本人不用心、基本功不扎实。

▶ 小常识

很多人力资源经理浏览简历，特别是网络简历最快的时间是 5 秒左右，有时看到条件不行，马上关闭，大约只需要 2 秒。如何在短短的 2 秒钟内抓住招聘者的眼球呢？这是个大问题。比方，要像起新闻标题一样拟写邮件的主题。标题切忌用"求职""应聘"等没有冲击力的字眼。要突出你最具竞争力的优势，提炼成几个关键词。

7. 能力、特长和爱好

要想吸引招聘经理的眼球，你不如只挑几个词，在这些词的后面举个简单的例子证明一个，比如，你说自己组织能力强，你可以说自己独立组织了某某活动，在系里反响很好，受到了学校表扬等等。那些与工作相关的特长一定要展开写，比如你说自己写作水平好，你可以说自己非常擅长写应用文、各种报告等，这样比你只说自己写作水平好，让人误认为你是写散文写诗歌的高手。

另外，与职位无关的特长、爱好不用写，这些特长、爱好都是需要你以后在工作中有机会展示的，而不是在简历中，写多了，会让你的简历没有重点。

（二）简历的形式

简历的类型包括三种，一种是时序型，一种是功能型，另外一种则是这两种的混合体，即混合型。

1. 时序型简历

时序型简历是最传统也是最普遍的简历。它要求以逆向时间顺序罗列出你的教育背景和工作经历，也就是按照日期来排列信息，即将最近的经历、职位或工作最先列出来。工作经历包括工作的日期、职业名称、岗位职责、单位名称、地址和电话号码等。这种简历对求职的新人们来说比较简单，也比较方便。另外，如果你在同一个职业领域内转换工作，这种简历也是比较合适的。

2. 功能型简历

功能型简历只包含你所有经历中与所找工作相关的部分。在每个类别下面列举出资格、技能、经历等，这些将合理地支持你在各个功能领域中的工作目标。这种简历在陈述你想要表达的技能或功用时比较有效，尤其是当你的背景发生变化或转换职业的时候。如果你的就业和教育这两个阶段的时间间隔比较长，这种方式也许更为有效。

> 你没有实习经历，并不是说你就放弃了相关经历这一项，相关经历并不是只有实习／工作经历，只要你所做的任何事与你要应聘岗位的工作相关，那它就是相关经历。不要犹豫，详细地写出你所做的内容。

表 6-1　功能型简历的格式

姓名：×××
个人资料： 性别、年龄、民族、籍贯、居住地址、联系方式 **职业目标：** 清晰表达你想申请的职位类型以及长期目标。该目标中，你还可以说明你希望获得的进步和挑战。 **专业经验与技能：** 按逆向时间序列，列示所有的专业技能，向用人单位证明你有多种经验。 **工作经历：** 按逆向时间序列，从最近的工作，列举你所从事的各项工作，包括职位名称。 **社区服务或志愿者工作：** （可选）

特殊荣誉：

（可选）

教育背景：

按照逆向时间序列逐条列举受教育信息，即首先列示的是专业培训经历或大学经历，接下来是其他学习经历。

所学课程：

如果所列课程有助于说明你的专业能力，那么你就可以将其一一列出。

推荐人：

（可选）

现在，网络上有很多可供参考的简历模板。这一点，千万要慎重。如果你使用模板或请专业服务机构帮你制作简历，你要确保简历适合你的个性和情境。招聘人员通常能辨识出是否运用了简历模板，从而推断你是否缺乏创新和自信。在撰写简历时花些时间是值得的，它给你提供了一个向用人单位展示你的经历和能力的机会。

简历形式多种多样，除了传统的简历外，比较常见的还有电子简历、光盘简历、视频简历、音频简历等。如有兴趣，可通过网络搜索并了解。

（三）简历撰写要领

每个人的特点及经历都是不一样的，这就决定了简历不能千篇一律，在简历中要反映出个性和创意。如果简历没有新意，无法做到"与众不同"，就无法引起用人单位的注意。下面五个要领有助于让你的简历更加个性化。

1. 真诚为本

简历中的资料都应该是真实可信的内容。求职者们千万要切记不可无中生有，把自己没有做过的事套在自己头上，同时，也应避免夸大其词，将自己只是一个参与者的小角色夸大成由自己主持负责或领导，这样的简历即使通过初选，也会在后来的选拔中露馅。

2. 突出重点

一个招聘者希望看到你对自己的事业采取的是认真负责的态度。不要忘记雇主在寻找的是适合某一特定职位的人，这个人将是数百名应聘者中最合适的一个。因此如果简历的陈述没有工作和职位的重点，或是把你描写成一个适合于所有职位的求职者，你很可能将无法在任何求职竞争中胜出。同时，要吸引用人单位的注意，就要突出你最具竞争力的优势，提炼成一些关键词。

美式简历

美式简历即"美国式简历"。这是一种可放之四海而皆准的简历。

美式简历要求言简意赅，字字珠玑，限一页纸。它对求职者的学历、才能及过去的工作表现描述详尽。同时，你既要知道哪些信息不适合写在简历上，还要了解哪些信息必须在简历上写清楚，而且越详细越好。这些知识都建立在你对企业文化认同的基础上。这也正是美式简历的魅力所在，因为它要求最高效地传达信息。

国际大公司比较欣赏美式简历。

小窍门

从企业角度出发，会对简历提出哪些问题呢？

1. 简历经历太多，没有亮点；

2. 简历内容与岗位无关，和企业需求不匹配；

3. 简历突出优势只是主观评价，缺少具体事例说明。

3. 呈现具体

通过了简历筛选，招聘官希望搞清楚你在某一段经历中具体干了什么，并且判断你的能力具体达到了什么水平。面试官喜欢具体的经历。

◆具体显得充实：如果你的简历写得朦朦胧胧欲遮还羞，面试官可能会觉得你没什么干货。所以，要把经历中重要的事情都写清楚。

◆具体显得真实：如果要瞎编经历，当然是越简单越好，但一求证就会露馅儿。

◆具体显得准确：面试官看经历，是为了判断能力，因此经历越具体，判断就会越准确。

4. 广告效应

简历就是你推销自己的广告。最成功的广告通常要求简洁、美观而且富有感召力。个人简历应该限制在一页以内，工作介绍不要以段落的形式出现，尽量运用动作性短语，使语言鲜活有力。

5. 强调优势

简历篇幅有限，我们应该在有限的容量内，尽量强调自己的优势。招聘者对理想的应聘者也有要求：相应的教育背景，工作经历，以及技术水平，这会是应聘者在新的职位上取得成功的关键。应聘者应该符合这些关键条件，这样才能打动招聘者，并赢得面试的机会。同样，简历中不要有其他无关信息，以免影响招聘者的看法。

> 写好简历的STAR原则：
> S（Situation 你面临什么情况）；
> T（Task 你面临什么任务）；
> A（Action 你采取了什么行动）；
> R（Result 你取得了什么结果）。

（四）"网络形象简历"

严格来说，"网络形象简历"不是简历，但是它已起到了简历的作用，甚至比简历更鲜活，更能说明问题。

在互联网还不流行的时候，面试官了解你的唯一方式就是你手上的那一张纸。但现在情况全然不同了，那样的情况已一去不复返了。

现在，招聘经理要做的就是在网上搜索一下你的名字，你的电话号码，你的电子邮件或你的其他个人标记，如果你曾经在微信、人人网、领英、百度贴吧、58同城、赶集网、天涯论坛、博客、微博、私人空间、网络相册以及各种论坛出现过，对不起，你的资料就会被一览无余。现在大多数招聘经理都会在网上搜索你的名字，期望发现你的蛛丝马迹。据调查，有高达 70% 以上的人力资源经理因为在百度、谷歌上发现了他或她认为不应该的或不喜欢的内容而拒绝过应聘者。那么，你应该如何做呢？你不妨从如下几个方面着手：

1. 编撰

在网站上能发声的地方，把自己的正面形象建立起来，并传播出去。同时，在百度上搜索自己的名字、电话或相关信息，认真阅读能搜索到的每一条信息。研究每个社交网站，删掉任何对你的形象有损害或对你找工作有阻碍的信息。如果你发表过的帖子想删掉，你也可以搜索一下，去找删帖的方法。

2. 拓展

在网上拓展你的存在。利用各种论坛、博客、微信、微博、视频网站等等发布对自己正面形象有帮助的资料。

网络形象是自己长期建立起来的，不是某一天就形成的，所以，要在平时积累和下功夫，在网络留下自己一点一滴的美好印记，创建自己良好的网络形象。

> 成功＝实力＋运气

（五）求职信

求职信的功能是表明你的作用并介绍你的简历，它与简历同样重要。给企业招聘经理发简历如果没有求职信搭配会显得很突兀和没有礼貌。同时，求职信也是你最重要的广告之一。

求职信不要求太长。用 4 号字或小 4 号字、单倍行距来编排，宋体、仿宋或楷体均可。一张 A4 纸的一半，最多三分之二即可，不建议写一整页。其主要内容是：

（1）你是谁？

（2）你是通过何种途径知道你求职的企业的？

（3）你想申请什么职位？

（4）你对求职企业的了解如何？

（5）你有什么能力适合该企业的这个职位？

（6）你希望得到面试机会，并期望得到答复。

（7）你的联系方式。

二、案例讨论 Case Discussion

案例一：招聘经理眼中的不合格简历

很多应届生在制作简历的时候都有些迷茫，因为他们不知道什么样的简历才是招聘经理想看的简历，什么样的简历才能让招聘经理的目光留在自己的简历上，这样自己才能有机会。那么让你去看看招聘经理们认为是不合格的简历吧。

1. 错别字连篇，英语翻译搞笑

建议：自己看不出的让朋友或让家人看，务必杜绝错别字和翻译错误。

2. 简历厚厚一沓，当成写人物传记

建议：一般的简历最好在一页内，中英文双语简历两页足够，请尽量写与申请职位相符的内容。一般一份简历招聘经理初审在1~2分钟左右。

3. 字体过小，排版乱七八糟，或五颜六色

建议：除非你是应征设计和美编，否则请尽量用最传统的方式，黑色宋体或楷体，一定要大于5号字体，有些求职者为了多写内容，字体小得看不清。排版问题上，建议Word用最常规的方式或者转换成PDF或者Jpeg格式。

4. 学历从幼儿园开始

建议：简历还是从本科（非本科从最高学历往下写两种就够了）以上就可以了，用倒叙，从最近（最高）学历开始写。

5. 简历中放入英姿飒爽的艺术照

建议：除非你应征模特、文秘、前台、主持等靠脸蛋儿吃饭的，否则只需要1张常规的证件照就可以了。

6. 语句中半中文半英文。如"我在去年获得Dean' sHonorList后就去做了一个Project，在做Team Leader期间，我Touch到了许多不同的Relationship"！

建议：中文简历中争取不要出现英语单词，除非没有相关的中文翻译名称。

7. 爱好：吃饭，睡觉，发呆，聊天，上网……

建议：爱好可以写阅读、写作、运动、音乐、艺术类等等，没有可以不写。

8. 期望月薪：面谈

建议：要么不要写这项，要么给出一个价格区间，然后写上"可

根据具体情况协调浮动"。

9. 措辞不礼貌

建议：可以在邮件中写几句礼貌的话。如果对敬词和谦词不太懂的，用平实的语言简单写写就可以了。

简历错误各种各样，千奇百怪，只有认真和仔细才能尽可能少犯或不犯错误。

讨论：

你的简历中有没有出现过或者你有没有发现你的同学的简历中出现过错误？如果有，应该如何修正？

案例二：包裹里的尿片

有一位女士现在是国际 4A 公司的创意副总监。说到她的求职经历，直到今天依旧有如传奇一般。

当时她 27 岁，想应聘广告员，但她在广告这个行业的经验等于零。可她对那些小广告公司却不感兴趣，当她说要进国际排行 50 强的 4A 公司时，所有的朋友都认为那是痴人说梦。

但，事实是，她做到了！

她没有用普通的信封投递求职信，而是用一只包裹。她向所有她中意的公司全部投递了这样一只巨大的包裹，并且直达公司总经理。

试想一下，一个包裹，在一堆千篇一律的信封中已经鹤立鸡群，一下就抓住了所有的好奇视线。打开那只包裹后，里面空空如也，只有一张薄薄的纸尿片，上面写了一句话，"在这个行业里，我只是个婴儿。"背面写了她的联系方式。

几乎所有收到这张纸尿片简历的广告公司老总都在第一时间内给她打了邀请面试的电话。无一例外，他们问她的第一个问题就是："为什么你要选择一张纸尿片？"她的回答同样富有创意。她说，我知道我不符合要求，因为我没有任何经验。但我就像这纸尿片一样，愿意学习，吸收性能特别强。并且，没有经验并不等于我是白纸一张，我希望你们能通过这个小小的细节看到我在创意上的能力。

她成功了。

简历必须有创意，没有创意的、千篇一律的陈旧简历打动不了人力资源经理的心。

> **简历格式细节**
> 1. 字体：宋体、仿宋或楷体。
> 2. 字号：4 号或小 4 号。
> 3. 段落格式：首行缩进 2 个字符。
> 4. 行距：1.5 倍行距。

讨论：

1. 你的简历有创意吗？它的最大亮点在哪里？
2. 你认为简历如何才能有创意？

三、过程训练 Process Training

活动一：设计简历中你的经历

假如你现在应聘某公司行政助理一职，请根据自己的情况设计简历中我的经验和能力，这里的设计不是指编造虚假的经历，而是从真实的经历中提炼出能吸引用人单位眼球的各项能力，并辅以实例佐证。每人按自己的经历写一份，然后大家比较看谁的经历最具有真实性及最能突出本人的能力。

活动二：检查个人简历格式

下面表格是简历的形式部分检查。请在本人简历完成之后进行改进。

内容	是	否	其他改进意见
没有"个人简历"4个字			
姓名和个人信息在简历上方，清晰，一目了然			
所有内容在一页纸之内			
内容充满整页（过短或过长都需要调整）			
上边距、下边距、左边距、右边距留白得当			
段落间距舒适、美观			
正文字体一般为10.5pt，不小于9pt			
使用一种简洁的项目符号（最多不超过2种）			
项目符号对齐			
时间项左对齐或右对齐，字体大小、格式一致			
字体颜色为黑色			
各段标题对齐，字体、字号一致			
经历各段字体一致，字号一致			
重点突出不超过5处，用加粗或下划线标示			
没有中英文标点混用			
段落开始没有标点，段落结束标点统一			
表格样式没有突兀加粗的边界线			
简历若超过一页，请重新编辑或调整、缩小边距或行距			

四、效果评估 Performance Evaluation

评估：简历评估

请同学或已工作的朋友、老师评估你的简历，检查有哪些地方不适合，该如何修改。评估可以从以下几个方面进行：

项目	内容	很好	还行	有缺陷	改进方案
外观	布局是否清楚、吸引人？打印清晰吗？使用了正确的格式吗？				
长度	是否太长或太短？关键词突出吗？				
重要性	你选择了你最有说服力的经验了吗？				
交流	你的文字达到了你想要的栩栩如生的效果吗？求职意向是否清晰？				
简明性	你提供的信息和你申请的工作相关吗？				
完整性	你写出了所有重要的信息吗？你是否确实写出了你的经历和你所申请的工作的关系？				
准确性	你的简历是否准确传达了"你有能力具备参加面试的资格"这一信息？				
技能	你的简历是否反映了你已掌握了这个工作所必要的技能？				

第二节　面试

　　一家公司准备聘用一名公共关系部部长。经笔试筛选后，只剩下八名考生，等待专业技能考试。考试限定每人在两分钟内对提问做出回答。每一名考生进入考场，主考官都说："请您把大衣放好，在我面前坐下！"其实考场内除了考官使用的一桌一椅外，什么也没有。

　　考试时的具体情形是：有两名考生不知所措，两名考生急得掉眼泪。另有一人，听到提问，脱下大衣，搁在考官的桌上，然后说："还有什么问题吗？"这五名考生被淘汰了。

　　剩下的三名考生中，有一名考生听到提问后环顾室内，先是一愣，旋即脱下大衣，往右手上一搭，躬身施礼，轻轻说："这里没有椅子，我可以站在您面前，等待回答下一问题吗？"考官的评语："有一定应变能力，但创新、开拓不足。彬彬有礼，能适应严格的管理制度，可用于财会、秘书部门。"另一名考生的回答是："既然没有椅子，就不用坐了，谢谢您的关心，我愿听候下一个问题。"考官评论说："守中略有攻，可以培养先对内，后对外。"最出色的一位考生的表现是听到发问后眼睛一眨，把自己候坐的椅子搬进来，放于离考官1米处，然后脱下大衣，折好放在椅背上，自己在椅子上端坐。当"时间到"的铃声一响，他即站起施礼，道声"谢谢"，便退出室外，把门关上。专家的评语是："不著一词而巧妙回答了试题；性格富于开拓精神，加上笔试成绩上佳，可以录用为公关部部长！"

　　面对心理学家设计的试题，表现出色的考生或许是综合素质高，应变能力强，或许是经过类似的测试，或许是经过专门的就业指导。

一、能力目标 Competency Goal

面试是筛选求职者和招聘新员工最广泛的必要程序，目的是进一步了解被测试者的知识、技能和素质。它其实就是一种口头测试，目的是你要向用人单位表明你将是这个工作最合适的人选。你要告诉用人单位，你将是组织中一名有价值的人才，你能帮助公司解决问题并达成组织目标。了解如何更好地准备和跟进面试对你获得求职成功会有帮助作用。

通过本节的学习，你将能够了解：

1. 如何准备面试；
2. 面试的过程、要领和注意的事情。

面试只是一场对话，它是面试官和求职者的一个相互了解的过程，面试官需要了解："你能胜任这份工作吗？你有我们需要的技术和技能吗？你能够和同事们和谐相处吗？"等等，而你需要了解的是："我符合他们的用人要求吗？我认同他们的企业文化吗？我想要留在这里工作吗？这份工作符合我的期望吗？"

你被几个或一二十个面试官面试过，他们没有录用你，但他们不代表所有的面试官。每个人都是不同的，面试官们也是各有不同的，所以即使你没有通过他们的面试，也不必怀疑自己，因为可能你刚好不是这些面试官的菜。你肯定能找到工作。某些你认为是缺点的方面，在某些面试官看来可能刚好是适应这个岗位的优点。

所以，现在的问题是你需要突出自己的优势，并且通过适当的展示，找到欣赏你的面试官，取得一份工作。

> 面试，无论对应聘方还是招聘方都是重要事件。原则上讲，两方的地位是对等的。然而，眼下的现实却是招聘方大多占据着强势地位。

（一）面试前的准备

1. 知识情境准备

对用人单位的性质、地址、组织结构、业务范围、经营业绩、发展前景、公司地位、薪酬和福利、对应聘岗位职务及所需的专业知识和技能等要有一个全面的了解和分析。这些资料可能在面试中会被问起，一位资深人力资源经理说："面试时，我们都会问求职者对我们公司了解多少，如果他能很详细地回答出我们公司的历史、现状、主要产品，我们会高兴，会认为他很重视我们公司，对我们公司也有信心。"

2. 心理情绪准备

心理准备涉及多个方面，它既包括你对公司、对你所申请的职位以及你想要遵从的职业路径的认知，也包括你对工作的总体态度和各种期望以及你有能力去做好工作的信心。

同时，面试前还会有一种焦虑情绪。缓解焦虑情绪通常可以通过自我心理暗示、深呼吸、身体放松、控制节奏等方法进行。例如，面试之前深呼吸几个来回，同时对自己说："我应该很容易通过面试""今天我的状态很棒"等积极语言，也可以有意识地按摩太阳穴、大笑、做鬼脸等身体放松法进行放松。面试过程中，控制自己回答问题的速度，尽量在心理上减轻面试官对你的压力，此时可以放慢回答问题的速度，控制好回答问题的节奏。

3. 面试形象准备

从你走进面试官所在房间的那一刻起，你的一举一动都被面试官们仔细观察着，包括你的穿着、举动、谈吐等，他们想要从你的一举一动中分析出你是个什么样的人，能否适应应聘的岗位。很多面试官相信"细节决定成败"，在与你交谈前，你的形象就会在他眼中建立起对你的第一印象。所以，首先，你得穿着得体，不浓妆艳抹，不穿奇装异服，不喷过量香水，不带刺激性气味进入面试现场。同时，你的站、坐、行、走等动作也得显示你的自信和风度。

4. 模拟面试问题

你可以在网上搜索，或者和同学一起演练招聘单位可能会问到的问题，招聘人员通过这些问题来观察你是否满足他们的要求，求职者最好对一些常见的问题做一些准备，例如自我介绍、你的缺点是什么、你有哪些优势等问题。

55387定律

决定一个人的第一印象中55%体现在外表、穿着、打扮，38%的肢体语言及语气，谈话内容只占到7%。可见注重第一印象，注重我们的外表形象对于我们整体的事业，和生活来说是多么的重要。

小知识

面试官爱问的一些问题

1. 你正在寻找的公司类型或工作环境是什么？
2. 你正在寻找的职位或职责或责任类型是什么？
3. 谈谈你的专业培训或大学经历。
4. 描述一下你的兼职工作或暑期打工经历。
5. 你的学习成绩如何？你最不喜欢的课程是什么？为什么？
6. 描述一下你的课外活动情况。
7. 你认为你的优点、缺点是什么？你在学校属于好学生吗？
8. 你的长期、短期目标是什么？
9. 请介绍一下你之前的工作？
10. 你了解我们公司的哪些信息？
11. 你为什么要选择这个专业来学习？
12. 你为什么要选择这所学校接受教育？

面试过程中目光的使用也是有讲究的。心理学家研究发现在交际中每个个体在倾听期间会有75%的时间在注视对方，而在谈话期间他们会有41%的时间在注视对方，平均每次目视的长度是2.95秒，每次相互对视的时间是1.1秒。

13. 你一生中三大最重要的成就是什么？你是如何做到的？

14. 你曾经应对的最困难的事情是什么？你是如何解决的？

15. 我们为什么要录用你？

16. 你的同学、老师或同事如何评价你？

17. 请举一个恰当的例子来证明你的团队合作能力。

18. 你能给公司带来什么？

19. 你参加过什么义务劳动或慈善活动？

20. 与上级意见不一样，你将怎么办？

21. 什么动机推动你作出最大努力？

22. 在什么样的工作环境中你觉得最舒适？

23. 你怎样达成你的生涯目标？

（二）面试过程

你在与面试官见面时，与他握手要用力，要显示出你的自信，而且还要保持眼神交流，露出友善和职业的微笑，同时还要主动打招呼，并说："您好！我是××（你的名字）。很高兴见到您。"等面试官示意你坐下后方可落座。

1. 开始部分

开始的几分钟一般用来营造融洽、开放和有利沟通的氛围。利用宝贵的时间来谈谈天气、新闻或可供暖场的话题，是为了让面试者能愉快地交流。这是必不可少的一个环节，它可以使面试者在接下来的话题中更容易投入。虽然不是所有的面试都是一样的形式，但大部分面试都会遵循类似的模式。典型面试可以粗略地分为如下几个部分：

面试会在自我介绍和握手中开始。这一小段时间，可以充分地表达自己，这也是一个展示自己的机会。

2. 正题部分

一般面试官会很快把话题切入到面试的环节中来。这一部分中，面试官会给你机会来陈述自己的背景，如果回答一些关于你自己的问题，你还可以补充你的简历中没有提到的内容。

在这一部分内容中，你要充分展开你的陈述，比如，你的课外活动，你在校园组织或团体活动的经历。这是一个证明你自己的优势、强调你辉煌过去的机会。但请记住，你不要主导对话，要随面试官的节奏来走。回答中，你千万不能只是回答"是"或"不是"。你可以提一些有分量的、与职位或与公司有关的问题，以示你对公司的了解。

3. 匹配部分

所谓匹配部分就是面试官觉得对你的技能、知识、兴趣等了解得

在面试过程中，目光应停留于面试官的双目之间或鼻尖，既显示出你的坦诚、不卑不亢，又能够给面试官留下诚恳、严肃的感觉。面试中后期，可用目光笼罩住考官的面庞，这会给考官以自然、舒服的感觉，有利于双方的进一步交流。

差不多了，就要开始考虑你与这个职位的匹配程度。如果感觉比较匹配，面试官将会和你讨论公司和这个职位的具体情况。

4. 收尾部分

面试的最后，你可询问面试官你在面试中的具体表现或者面试官对你的感受。如"您觉得我适合这个职位吗？""您还需要其他什么信息或资料吗？""我什么时候能得到您的答复？"等等。

小案例

一位女孩儿应聘一个秘书的职位，面试接近尾声，双方都谈得很愉快。招聘人员最后问了一个问题："对你来说，现在找一份工作是不是不太容易，或者说你很需要这份工作？"按常理如果她回答"是的"，一切便大功告成。然而，这位女孩儿可能为了体现她的不卑不亢，便回答说"我看不见得"。这一句话，使同时在场的人事经理顿时打消了录用她的念头，理由是"此人比较傲"。一句话断送了一次良机，事后这位女孩儿表示很后悔。

（三）面试要领

面试中恰当得体的行为方式无疑会增强你的竞争力，帮助你获得成功，反之，则会损害你的形象，削弱你的竞争力，甚至导致求职面试的失败。

1. 要展现自信

自信在面试中是至关重要的，试想，如果你对自己都不自信，那么面试官会对你有信心吗？

2. 要态度诚恳

我们在自我介绍或回答一些问题的时候态度一定要诚恳，夸夸其谈或者说空话、大话、假话，容易给人留下华而不实的印象，但是也不要太过于恭维，这样会让别人觉得你很虚伪。

3. 忌答非所问

答非所问给人的感觉是说话抓不住重点，这种情况一旦出现就会被招聘者否决。

4. 忌不合逻辑

面试时，回答问题应该前后保持逻辑上一致，避免出现前后矛盾。考官问："请告诉我你的一次失败经历。""我想不起我曾经失败过。"如果这样说在逻辑上讲不通。又如："你有何优缺点？""我可以胜任一切工作。"这也不符合实际。

5. 忌举止失当

面试时不要坐立不安，也决不能做小动作，摇头晃脑、频频改变

史蒂文斯以前是计算机程序员，听说微软公司招程序员，他就信心十足地去应聘。面试时考官问的问题是关于软件未来发展方向方面的，这点他从来没有考虑过，故而惨遭淘汰。史蒂文斯觉得微软公司对软件业的理解令他受益匪浅，就给公司写了一封信表示感谢。这封信后来被送到总裁比尔·盖茨的手中。

3个月后，该公司出现空缺，史蒂文斯收到了微软的录用通知书。十几年后，凭着出色的业绩，史蒂文斯当上了微软的副总裁。

坐姿，更不能嚼口香糖、抽烟。在整个面试过程中，注意不要让自己的小毛病浮出水面。

小活动

测试人际交往的空间距离：随意指定两人，在比较宽敞的地方测试个人认为能够保持安全感的距离。比如A和B不认识，那么他们之间的距离是多少才能使两人心里有安全感？A和B认识但不熟悉，这个距离是多少？A和B比较熟悉，这个距离是否会更小？

6. 展示真实的自己

做真实的自己。面试官会通过与你交谈和询问你一大堆的问题对你做出评价。

面试时切忌伪装和掩饰，一定要展现自己的真实实力和真正的性格。有些毕业生在面试时故意把自己塑造一番，比如明明很内向，不善言谈，面试时却拼命表现得很外向、健谈。这样的结果既不自然，难逃有经验招聘者的眼睛。

> 面试时要展示你勤奋工作，追求团体目标的能力，大多数用人单位都希望找一位有创造力、性格良好，能够融入到团体之中的人。你必须通过强调自己给对方带来的好处来说服对方你两者皆优。

7. 提供翔实资料

面试时，带上一些你的能力证据，如果你的写作能力强，不妨拿出一些写作的东西；如果你是程序员，不妨展示一下你写过的代码；如果你有艺术天分，不妨展示一下你的作品。这都会证明你的能力。

小练习

请模拟面试场景，两人一组，一人负责完成动作，一人负责感受，并将感受描述出来。

动作	解释
挠头	不相信、迷惑、不好意思
抖腿	紧张
摇头	不同意、不相信或震惊
点头	表示同意或赞赏
咬嘴唇	紧张、害怕或焦虑
目光躲避	没有安全感，不自信
微笑	同意或满意
抬头挺胸	自信、果断
扭绞双手	紧张、不安或害怕
环抱双臂	防御、愤怒或不欣赏
身体前倾	注意或感兴趣

（四）面试中的其他问题

1. 不要贬低前任老板

如果你在面试官面前贬低你的前任老板，面试官可能会心想："如果他来我们公司了，以后会不会也如此贬低我们？"总爱贬低别人的人不仅会影响同事关系，也会无端增加公司的内耗，这是每个领导都不能容忍的。

2. 通过案例表现品质

很多面试官会提问"介绍一下你过去的经历"，很多求职者在面对这个问题时都采用平铺直叙的方式进行描述，我在哪儿哪儿上学、在哪里做了什么，这样的回答方式不能吸引面试官的兴趣。要想让面试官对你印象深刻，就应该把每一段经历中的能够与应聘岗位适应的能力描述出来，并通过举例证明。

3. 不要非大公司不进

很多应届生都想进大公司，甚至非 500 强公司不进，非国企不进，非外企不进，事业单位没有编制不考虑……这些想法会大大减少你的就业机会。所以，在找工作时，不一定要抱着上述想法，最要紧的是一定要找到一个正确的方向，先积累工作经验才是最重要的。

4. 面试杜绝谎言

面试时说谎或伪造历史，或许有可能给自己带来一丝荣耀，但一旦谎言被揭穿，面临的后果将不堪设想。因此，面试时应实话实说，表现出自己诚信的品质。

5. 面试后总结

面试后，你可以给某个具体负责人发一个短信或者写一封邮件，感谢他为你所花费的精力和时间，感谢他为你提供的各种信息。这样做不仅仅是出于礼貌，也是良好修养的体现。

万一通知你落选了，你应该虚心地向招聘者请教你有哪些欠缺，以便今后改进。这样，就可以知道自己到底为什么落选。一般来说，能得到这样的反馈不容易，你应该好好抓住时机。同时，你也要好好总结面试中的表现，以评估自己在哪些方面表现得很好，而哪些方面表现欠缺，以便下一次面试做得更好。

> 一旦和用人单位约好面试时间后，一定要提前5~10分钟到，以表示求职者的诚意，给对方以信任感，同时也可调整自己的心态，做一些简单的仪表准备，以免仓促上阵，手忙脚乱。

（五）了解薪酬待遇

企业都有自己的一套薪酬体系，越是知名的企业，薪酬体系就越稳定。他们不会因为某个人去打破他们的薪酬体系，所以如果他们认可了你的表现，你提的要求只要在那个职位的薪酬区间内，那么这个工作机会基本就到手了。

在谈薪酬之前，你要了解以下方面：

1. 知晓自己的价值

要知晓自己的价值，一方面可以通过现有的薪水进行判断，另一方面还可以通过网络、猎头、访谈等其他途径来知晓自己的价值。自己的价值包括：工作年限、综合能力、项目经验、教育经历和其他资源等。

2. 匹配薪酬待遇

网上提供了很多特定岗位相应的待遇，这些待遇一般包括工资、五险一金、公积金、带薪假、每年的工资涨幅等等，也可能还有一些其他的福利制度。通过以上的信息，相信你可以基本估计出自己的基本价值，但是仍然建议你在相关论坛上进行一些咨询，很多人力资源网站上都有比较详细的薪酬方案，同时也可以找个人力资源的朋友咨询一下。

3. 讲究谈判策略

了解职位在行业中的价格，再根据自己的经验和年限来衡量自己究竟值多少钱，这样在面试中对于公司提出的价格也会比较清楚。给自己定一个自己能接受的最低薪资，一旦公司给你的薪水低于你的期望值，先商量，如果商量不行，你也没有必要纠缠。同时，也要讲求谈判策略，给企业留余地，也给自己留机会。

小案例

学习旅游专业的张同学毕业后来到一家大型的旅游会展公司面试，在业内人士看来，这是一家非常有名气和实力的公司。在面试中，张小姐表现得非常出色，但当面试官问及她期望的薪金的时候，她提出了一个较高的薪金要求。担心面试官不能接受，她便强调说："薪金不是最重要的，重要的是我希望能在公司学习、工作。"由于她提出的薪金要求和该公司提供给新员工的薪金差距较大，面试官明确表示：这样的薪金要求，本公司不能接受，但既然张小姐认为薪金不是最重要的，不妨再商讨一下双方都可以接受的金额。张小姐的"缓兵之计"很好地缓和了"谈判局势"，使即将结束的面试得到转机，也使张小姐最后求职成功。

如果在职场上，你认为自己的能力有限，稳居中层，小富即安，那么就不要抱怨升职的机会和你擦肩而过。

（六）了解晋升机会

一些企业拥有比其他单位更多的晋升路线和机会。一些公司会基于员工工作的职位层级差异而对员工做出工作调整，另一些用人单位则是按照工作业绩来提拔员工。大型公司能给员工很多晋升机会，相反，小公司晋升空间相对较少。许多公司都有内部的工作调动制度，员工可以申请相应职位。在你接受一份工作之前，弄清楚公司的晋升程序将有助于你的长期生涯发展。

（七）处理求职遭拒

被用人单位拒绝是很正常的。关键是在求职过程中要树立信心，不放弃任何一次可能成功的机会，要有一种不达目的誓不罢休的精神。正所谓"精诚所至、金石为开"。任何用人单位都欢迎那种做事锲而不舍、百折不挠的人才。

▶ 小经验

求职者不被录取的部分原因如下：

序号	因素	后果
1	喜欢抱怨	单位不安定的因素，没人喜欢牢骚满腹的员工
2	出勤记录不良	表明此人技能不够，或做事没有干劲
3	没有目标	不知道自己的兴趣和方向
4	缺乏热情	应聘者缺乏积极性或工作主动性
5	过分的薪资要求	对工资的兴趣远高于对工作本身，可能没有足够的动力
6	个人形象不佳	代表对自己或对工作不负责任，或没有自信心
7	不成熟	难以承担重大责任或不能处理复杂的工作问题
8	拒绝加班	应聘者不以工作为重，责任感不够
9	夸夸其谈	表明应聘者语言胜于行动，可能能力或执行力欠缺
10	对福利或保险的额外关注	更多地关注公司能为他提供什么，而不是他能贡献什么

每一次被拒绝后，你要做的最重要的事情有两件：一是重拾信心，可以通过运动、倾诉等你喜欢的方式来缓解或释放求职遭拒给你带来的焦虑和打击；二是要问问招聘者自己有哪些方面需要改善，如果他们能够给你提供一些建议，这将是非常好的，因为他们是以用人单位的眼光来衡量求职者的，那么下次你就需要改变自己的策略，吸取经验，争取应聘成功。

完整地填妥公司的表格——即使你已经有简历。即使你带了简历来，很多公司都会要求你填一张表。你愿意并且有始有终地填完这张表，会传达出你做事正规、做事善始善终的信息。

▶ 小案例

马云在达沃斯论坛接受采访，谈他年轻时求职被拒绝30次的经历。

主持人：被拒绝的感觉如何？

马云：我觉得我们应该学会接受。……直到今天，还是有许多人拒绝我们。你知道，我考了三次才考上大学，在快要毕业的时候，我到处求职，我求职30次，全部遭到拒绝。我去应聘警察，人家说"啊，你不行"，我甚至去肯德基应聘服务员，当时肯德基来到中国，来我所在的城市开店，总共有24个人去应聘，结果23个人都被录取了，我是唯一那个没有被录取的人。去应聘警察的时候总共有5个人，结果4个人都录取，又只是我没有被录取。对我来说，当然有些沮丧，这样被人拒绝。哦，我还要提醒你，我还被哈佛大学拒绝了10次。

主持人：你跟他们说了10次想去，但他们还是拒绝？

马云：对，所以现在我有时会想，某一天我会去那里教书。

二、案例讨论 Case Discussion

案例一：诚恳的求职者

有一个人，年轻时家庭生活贫困，靠他一人养家糊口。一次，他到一家电器工厂去谋职，他走进这家工厂的人事部，向一位负责人说明了来意，请求给安排一个哪怕是最低下的工作。这位负责人看到他衣着肮脏，又瘦又小，觉得很不理想，但又不便直说，就找了一个理由说："你一个月以后再来看看吧。"

这本是个托词，没想到一个月后这个人真的来了，那位负责人又推说此刻有事，过几天再来吧。隔了几天，他又来了。如此反复多次，这位负责人干脆说出了真正的理由："你这样脏兮兮的是进不了我们的工厂的。"

这个人回去借了一些钱，买了一件整齐的衣服穿上又返回来。那位人事主管一看实在没有办法，便告诉他："关于电器方面的知识你知道得太少了，我们不能要你。"

两个月后，这位求职者再次来到这家企业，对人事主管说："我已经学了不少有关电器方面的知识，您看我哪方面还有差距，我一项项来弥补。"

这位人事主管盯着他看了半天才说："我干这行几十年了，头一次遇到像你这样来找工作的，我真佩服你的耐心和韧性。"结果终于答应他进了那家工厂工作。

这位求职者就是松下幸之助。

松下幸之助体现出的品质确实不是一般人能想到，或能做到的。我们不妨通过松下幸之助的面试经历，与自己进行对照检查。

> **巧妙的回答**
>
> 一家旅馆的老板测试3名男性面试者，问："假如你无意推开房门，看见女房客正在淋浴，而她看见了你，这时，你应该怎么办？"
>
> 第一位应试者说："说声'对不起'，然后关门退出。"
>
> 第二位应试者说："说声'对不起，小姐'，然后关门退出。"
>
> 第三位应试者说："说声'对不起，先生'，然后关门退出。"结果，第三位应试者被录取了。

讨论：

1. 松下幸之助的成功，最可贵的是什么品质？
2. 就这次面试而言，你可以向他学习什么？

案例二：智取工作

阿伟应聘电视台的记者职位非常顺利。当有人向他讨教秘诀时，他只说了一个"智"字。下面就让他谈谈他是如何出奇"智"胜的：

笔试已经过关，面试的竞争将更加激烈。因为这次电视台招聘记者名额只有四个，这就意味着要淘汰80%的笔试上线者。据说主考官是台长，此前透露风声，要大家做好思想准备，可能提一些意想不到的问题，以考查应聘者机智应变的能力。

考官们陆续走进了隔壁的小会议室，这时大家都紧张起来。说来奇怪，我反而镇定了下来，记得我第一次上讲台，双脚发抖，舌头打颤，一句话要截成好几段才能讲下去，把学生听得好累。不过没过几天就应付自如了，讲起课来妙趣横生。这一次，千万要吸取教训，姑且把那些考官们的提问当成学生的提问，学生的提问有时不也是怪怪的吗？何怕之有！

我被叫了进去，先回答了几个简单的问题，如年龄、职业、特长、为什么来应聘、当记者应具备的素质等等，这些我都有备无患，一一作了回答。这时，坐在中间的主考官开始向我提问：

"你说你爱好写作，可是我看了你填的报考表，在'自我评价'栏中居然出现了三次语法错误，现在既没有多余的表格，也不准涂改，你怎么办？"

我吃了一惊，填表时我字斟句酌，怎么可能……但时间不容我多想，时间拖得越长对我越不利，我必须当机立断。于是边想边回答："为了弥补失误，我将在表后附一张'更正说明'上面写着：'某某地方出现了三处语法错误，实属填表人的粗心大意，特此更正，并向各位道歉'，不过，"我顿了顿说，"在发出这份'更正说明'前，我不愿犯这种错误。"考官们笑了。事后我才明白，原来这是设计好的一个圈套。

主考官又提了一个问题："为了解这次招聘是否公开、公正、公平，电视台要求你做一次采访，你觉得首先要采访哪些人才最能让观众信服？"

这个问题有点棘手。为了不至于冷场，我一边重复主考官的问题"为了解这次招聘是否公开、公平，我觉得首先要采访这类人才能让观众信服……"一边利用这短暂的几秒钟在脑子里急剧搜索"目标"：

面试前要弄清楚你潜在雇主的一切，尽量为其需要度身定做你的答案，关于公司的、客户的，以及你将来可能担任的工作，用对方的用词风格说话。

面试遇到自己不知、不懂、不会的问题时，回避闪烁，默不作声，牵强附会，不懂装懂的做法均不足取，诚恳坦率地承认自己的不足之处，反倒会赢得主试者的信任和好感。

不要害怕承认错误，雇主希望知道你犯过什么错误以及你有哪些不足。不要害怕承认过去的错误，但要坚持主动地强调你的长处，以及你如何将自己的不足变成优势。

应聘人员？考者？上级主管？街头行人？……关键是一个"最"字，这是问题的核心。我心里渐渐有了谱儿，说："这类人就是落聘人员，因为有一个落聘者称赞这次招聘活动，心悦诚服，就具有相当强的说服力。我估计，被录取者都会说这次招聘很成功，有关领导也会说这次效果不错，但这不足以让观众相信，甚至产生怀疑心理。而街头行人可能不知道，采访未必能深入。所以，采访落聘人员，让他们说出真实感受，最有价值。"

尽管我对自己的回答比较满意，但所有考官都不动声色，相当严肃。我心里忐忑不安时，第三个问题接踵而至，"如果你这次落选了，那么，你将怨恨谁？"

我想了想，说："我不会怨恨你们，因为我相信你们的公平，我不会怨恨被录取者，因为他们比我强，我不会怨恨自己，因为我确实尽了力。但是，"我停了一下，"如果一定要问怨恨谁的话，我只怨恨名额太少了。"

所有考官都笑了起来，主考官微笑着解释："不是名额太少，而是应聘者太多。而且我们的庙里只能容纳这么多人。"接着，拿起笔在我的名字下重重地画了一道线。

三天后，我终于接到了录取通知书。

走入职场必须具备良好的基础能力，如沟通能力、解决问题能力，它是我们找到工作，并做好工作的基础。

讨论：

1. 阿伟在面试的表现中，应对自如，沟通能力突出。请问：我们应该如何训练这种能力？

2. 做人做事千万不可油嘴滑舌，职业化就是得体地说话、得体地做事。请问得体地说话应注意什么？

> 做好准备、参加面试也许会带来失败，可是这段经历也能帮你为符合目标、生活的工作更好地做准备。也许工作来得不会像你想象的那么快，但是相信它一定会到来。你已为它做好了准备。

三、过程训练 Process Training

活动一：面试模拟

6人一组，其中3人扮演招聘人员负责招聘，招聘岗位由本组人员自行决定。其余3人扮演求职者，完成一次招聘任务，招聘人员针对每个求职者的表现，要给出相关结论以便该求职者改善。一组人轮流当招聘人员，完成一次实际面试的模拟。每个人的面试时间是 5 ～ 10 分钟。最后由老师进行总结。

活动二：情景式面试

某超市逢节假日搞活动，针对一些商品进行促销，促销商品包括洗衣液、洗衣粉、洗发水等洗护用品，还有一些婴幼儿奶粉进行促销。现在需要招聘两名工作人员，学员分成 6 人一组，自行分配任务，完成一个销售计划的制订，并请老师和其他同学来裁定哪两位同学可以获得该职位。

活动三：薪酬谈判演练

有一个兰州拉面店的老板谈及如今的生意，感慨颇多。他曾经有过生意很好的时候，但后来却不做了。说到原因时，他说道：

"现在的人贼呢！我当时雇了个会做拉面的师傅，但在工资上总也谈不拢。"

"开始的时候为了调动他的积极性我们是按销售量分成的，一碗面给他 5 毛的提成，经过一段时间，他发现客人越多他的收入也越多，这样一来他就在每碗里放超量的牛肉来吸引回头客""一碗面才 4 块，本来就靠个薄利多销，他每碗多放几片牛肉我还赚哪门子钱啊"！

"后来看看这样不行，钱全被他赚去了！就换了种分配方式，给他每月发固定工资，工资给高点也无所谓，这样他不至于多加牛肉了吧？因为客多客少和他的收入没有关系。"

"但你猜怎么着？"老板有点激动了，"他在每碗里都少放许多牛肉，把客人都赶走了！""这是为什么？"现在开始轮到我们激动了。"牛肉的分量少，顾客就不满意，回头客就少，生意肯定就清淡，他（大师傅）才不管你赚不赚钱呢，他拿固定的工钱巴不得你天天没客人才清闲呢！"

结果一个很好的项目因为管理不善而黯然退出市场，尽管被管理者只有一个。

模拟并演练：两人一组，一人饰演老板（面试官），一人饰演大师傅（求职者），在确定求职者符合招聘条件的情况下，两人演练薪酬谈判，并请老师做最后总结。

> 面试就是谈"为什么是我？"和"为什么是你？"这两个问题。

四、效果评估 Performance Evaluation

评估一：面试表现评估

根据过程训练中的面试进行评估，完成针对每个求职者的表格。

项目	欠缺	较欠缺	一般	较好	好	注释
人格特质						
有激情						
心态开放进取						
专业能力和经验						
价值观向上						
沟通表达能力						
领导力						
团队合作能力						
人际交往能力						
主动性灵活性						
分析能力						
组织能力						
计算机技能						
外语水平						
总体评价						

评估二：部分企业面试题

面试其实是你潜在的用人单位或雇主测评你具备不具备他们所期望的技能。请试着和你的学习伙伴回答下列问题，并分析看看它们分别是要测评你哪方面的技能。

1. 给你一个 3 升的杯子和一个 5 升的（杯子是没有刻度的），要你取 4 升水来（水可以无限取），请问该如何操作。（沃尔玛面试题）

2. 你的同事工作懒散，经常迟到，影响到了整个部门，你会怎么处理？是否要与你的领导层沟通？（沃尔玛面试题）

3. 你需要从 A 地去 B 地，但你不知道能不能到，这时该怎么办？（Google 面试题）

4. 你有一个衣橱，里面塞满了各种衬衫，你会怎么整理这些衬衫，好让你以后找衬衫的时候容易些？（Google 面试题）

5.　4 个人晚上要穿过一座索桥回到他们的营地，可惜他们手上只有一支只能再坚持 17 分钟的手电筒。通过索桥必须要拿着手电，而且索桥每次只能撑得起两个人的分量。这 4 个人过索桥的速度都不一样，第一个走过索桥需要 1 分钟，第二个需要 2 分钟，第三个需要 5 分钟，最慢的那个需要 10 分钟。他们怎样才能在 17 分钟内全部走过索桥？（Google 面试题）

6.　有两根长短不一的香，每根香烧完的时间都为 1 个小时，请问你如何根据烧香的时间来断定出 15 分钟？（IBM 面试题）

7.　有 13 个球，只有 1 个与其他的球质量不一样，要求用天平称 3 次把这个球找出来。（GE 面试题）

8.　你让工人为你工作 7 天，回报是 1 根金条，这个金条平分成相连的 7 段，你必须在每天结束的时候给他们 1 段金条。如果只允许你两次把金条弄断，你如何给你的工人付费？（微软面试题）

9.　门外 3 个开关分别对应室内 3 盏灯，线路良好，在门外控制开关时候不能看到室内灯的情况，现在只允许进门一次，确定开关和灯的对应关系？（微软面试题）

10.　为什么城市下水道的井盖是圆的，而不是方的？（微软面试题）

第三节　面试中的测评

职场在线

你会怎么办？

单位经费紧张，现只有 20 万元，要办的事情有下列几项：

1. 解决办公打电话难的问题。

2. 装修会议室大厅等以迎接上级单位委托承办的大型会议。

3. 支付职工的高额医疗费用。

4. "五一"节为单位职工发些福利。

很明显，20 万元无法将这四件事情都办圆满，如果你是这个单位的分管领导，将如何使用这笔钱。

讨论流程：

1. 5 分钟的审题、思考时间；

2. 1 分钟的观点陈述时间；

3. 15 分钟的小组讨论时间；

4. 5 分钟总结。

这是某外资企业无领导小组讨论面试的一道题目，面试就这么简单。但通过这个面试，用人单位可以测评出你的如下多种能力和素养：沟通能力、团队合作能力、自我管理能力、信息处理能力、创新能力、批判性思维和解决问题能力、礼仪素养、执行力、领导力、营销能力……

当然，上述这些能力或素养还可以进行细分，比如沟通能力，包括有效口头沟通、积极聆听、说服他人、谈判能力、沟通礼仪等，自我管理能力可细分为学习能力、时间管理能力、情绪管理能力、压力管理能力、目标管理能力等。用人单位侧重哪个方面这就要看具体的岗位对能力提出的具体要求了。

一、能力目标 Competency Goal

面试是用人单位检验和测评你的能力的一个过程，只有拥有企业所需要的合适技能的人，才能获得人力资源经理的青睐，才能在面试中脱颖而出。面试中除了与招聘官面对面谈话，很多企业还设置了很多测评能力的过程与机会，你得通过这些测评才有可能最终获得你中意的就业岗位。如今单纯靠一张大学文凭就想找到好工作已经不太可能，根据一些权威的第三方测评机构的调查，用人单位招聘时除了关注你的专业能力之外，更关注的是有价值的软实力，即职业核心能力。

有些企业采用的行为面试就是测评你的能力到底符合不符合他们的能力要求。后文中的无领导小组讨论、文件筐测评、行政能力测评等都是测评你能力的工具，这些测评在招聘中经常用到。

通过本节的学习，你将能够了解：

1. 无领导小组讨论；
2. 文件筐测评；
3. 行政能力测评。

（一）无领导小组讨论测评

无领导小组讨论指由一组应试者组成一个临时工作小组，讨论给定的问题，并做出决策，它是采用情景模拟的方式对考生进行集体面试。由于这个小组是临时拼凑的，并不指定谁是负责人，目的就在于考查应试者的表现，尤其是看谁会从中脱颖而出，但并不是一定要成为领导者，因为那需要真正的能力与信心，还需有十足的把握。

评价者或者不给考生指定特别的角色（不定角色的无领导小组讨论），或者只给每个考生指定一个彼此平等的角色（定角色的无领导小组讨论），但都不指定谁是领导，也不指定每个考生应该坐在哪个位置，而是让所有考生自行排位、自行组织。面试官不参与讨论，只是对每个受测者在讨论中的表现进行观察（可以通过专门的摄像设备），对受测者的各个考查要素进行评分，从而对其能力、素质水平做出判断，看其是否能胜任岗位的要求。

无领导小组讨论测评通常分为以下几个环节：审题、个人观点陈述、自由讨论阶段、汇报讨论结果。一般每个小组是6~10人，也有更多人的情况。

行为面试是一种能有效排除个人的主观因素，以行为为依据、以目标为导向的有效选才工具。行为面试通过面试者的行为描述来判断其背后的品行、思想，准确概率较一般的面试方法要高。通过行为面试，能了解到应聘者的品行是否与岗位要求吻合，深入探索应聘者的动机和兴趣点。

要让人产生好感，富于热情。人们都喜欢请容易相处且为公司自豪的人。要正规稳重，也要表现你的精力和兴趣。

整个测评过程共有如下几种角色：

◆领导者 (leader)：该角色要对题目方案有大框架的认识，知道如何带领讨论大方向，知道如何有理由取舍小组讨论结果，一般面试官对该角色关注度较高。

◆协调者（coordinator）：当小组出现相反意见时，需要该角色进行协调。

◆计时者（Time-keeper）：这个角色通常起到计时的作用，当有小组成员偏题时及时提醒并适时中断，领导者角色出现后也可提醒领导者角色控制局面。

◆终结者（summarizer）：这个角色有时也可由领导者来担任，主要是针对之前每位小组成员的讨论进行总结发言，在其他人发言时，需要做好记录，并在总结时罗列出清晰的观点1、2、3、4等。

1. 总体把握

无领导小组讨论题，一般都没有正确答案，面试官只是想判断应聘者的沟通能力、团队合作能力、解决问题能力、领导力、执行力、决策能力以及性格等，所以面试时，不要考虑太多正确答案是什么，而是尽快地阅读材料后，找出某种解答逻辑、框架，越清晰有道理越好，有了框架，比如按时间、按类别、按性质等等，提出自己解答此问题的框架，然后分别提出几点理由即可，不要太啰唆、复杂，有说服力，清晰简单，同时又有道理即可。

> 无领导小组讨论的讨论题，从形式上来分，可以分为以下5种：
>
> 1. 开放式：例如，您认为什么样的领导才是个好领导？
> 2. 两难式：例如，您认为能力和合作精神哪个更重要？
> 3. 排序选择：例如，若母亲、妻子、儿子三人同时落水，该先救谁？
> 4. 资源争夺：例如，公司只有500万奖金，不同部门应如何分配？
> 5. 实际操作：针对存在的问题设计一个实际操作方案。

小训练

海上救援

现在在海难上，一游艇上有八名游客等待救援，但是现在直升飞机每次只能够救一个人。游艇已坏，不停地漏水。寒冷的冬天，刺骨的海水。游客情况：

1. 将军，男，69岁，身经百战；

2. 外科医生，女，41岁，医术高明，医德高尚；

3. 大学生，男，19岁，家境贫寒，参加国际奥数获奖；

4. 大学教授，50岁，正主持一个科学领域的项目研究；

5. 运动员，女，23岁，奥运金牌获得者；

6. 经理人，35岁，擅长管理，曾将一大型企业扭亏为盈；

7. 小学校长，53岁，男，劳动模范，"五一"奖章获得者；

8. 中学教师，女，47岁，桃李满天下，教学经验丰富。

请将这八名游客按照营救的先后顺序排序。（3分钟阅题时间，1分钟自我观点陈述，15分钟小组讨论，1分钟总结陈词）

每组10人，完成一次无领导小组测评。

2. 各环节考察

（1）审题

面试官宣读试题，求职者在规定时间内审题。这个过程最好拿笔列出思路要点，以便后面进行陈述。有些讨论是面试官规定了具体时间分配，例如限定了个人陈述需要限制在 20 分钟以内，自由讨论是半小时，但有些面试官只告诉你整个过程需要多长时间，这种没有规定具体时间分配的情况，最好由小组内的领导角色或者计时者来划分具体时间分配。

（2）个人观点陈述

针对题目提出自己的观点，其他人等可以边听边拿笔进行记录，或形成自己的观点，如果在审题阶段没有形成独特的观点，可以在听他人发言的过程中再继续调整自己的思路。

（3）自由讨论阶段

此阶段每个人都应该发言，否则会立刻被忽略掉，整个讨论过程应该由领导角色引导过程，注意控制不要偏离方向，不能过分纠结于细节。而且在此过程中，最好拿笔记录下他人的观点，这样能够对整个小组的结论和观点有个清晰的认识，同时也方便做最后总结。

（4）汇报讨论结果

这个汇报者又被戏称为终结者，是对整个小组的讨论结果进行总结发言，汇报者能够在很大程度上引起面试官的注意，如果表达流利、逻辑清晰，列出了本组观点，基本上面试官就可能对你有印象了。

在以上各个环节，几种角色又是何时产生的呢？这几种角色如何在整个讨论过程中发挥作用？下面我们以只限定总时间的讨论为例做一些了解。

面试官只限定了总的时间，如果你想要做计时者，就可以在面试官说开始的时候对大家说："我来给大家计时吧，审题 ×× 分钟，每个人自我陈述 ×× 分钟，自由讨论 ×× 分钟，最后的总结发言 ×× 分钟，现在开始。"如果面试官已设定好时间分配，那么争取计时者的角色就要放在个人陈述阶段之前了。

在个人陈述阶段或者自由讨论阶段如果发现有的同学偏题了，或者发言用时过长，这时需要计时者进行提醒："时间到，我们请下一位同学谈一下他的看法，谢谢。"如果偏题了，需要把讨论的方向引导回来。这个过程看似简单，但会让面试官给你较高的评价，因为你遵守规定，逻辑清楚，做事时不太容易受到干扰。

领导者一般在个人陈述阶段产生，主要是对题目有大框架的认识，可以引导讨论方向，如果讨论偏题，适当进行引导回正题。对于产生不同意见的双方进行协调，有时这个协调工作也由协调者来完成，但

无领导小组讨论的优点：

1. 能测试出笔试和单一面试所不能检测出的能力或素质；

2. 能观察到应试者之间的相互作用；

3. 能依据应试者的行为特征来对其进行更加全面、合理的评价；

4. 能够涉及应试者的多种能力要素和个性特质；

5. 能使应试者在相对无意之中暴露自己各个方面的特点，因此预测真实团队中的行为有很高的效度；

6. 能发现应试者表现出的个体上的差异；

7. 应用范围广，能应用于非技术领域、技术领域、管理领域和其他专业领域等。

领导者和协调者没有明显的界限。领导者比较容易引起面试官的注意，但如果领导得不好，也很容易被踢掉。

3. 面试官的考核角度

（1）沟通能力

沟通能力是职业中最重要的能力之一，它是我们做好工作的基础。你与他人沟通效果的好坏直接影响我们的工作效率和进度。能不能在工作中以理服人、以肚量容人是我们做好工作的前提。

（2）团队合作能力

团队问题是最常见的被淘汰的原因之一，也是面试官最主要的选人角度。讨论中，你是什么角色，这个角色与他人的配合、协调与沟通怎么样，愿意不愿意服从领导角色的安排，是不是从大局出发考虑问题？参与活动的积极程度如何，有没有全身心投入到活动中来？或作为领导在其中起着什么样的作用，组织协调能力怎么样，是如何激励小组成员的？

（3）解决问题能力

解决问题能力决定着组织和个人的业绩，是一个人生存和发展不可或缺的重要技能。如果你能从较高层次的视角看待问题并以熟练的技巧解决问题，这时，你就可以被委以重任，能成为一个团队或组织的领导，或者开创自己可以游刃有余的事业，这样离职业生涯的成功就不太远了。所以，你能不能在讨论中从诸多现象中找到真正原因，并针对真正原因设计出几个方案，且能从多种方案中做出最佳决策，你就有可能取得最终的胜利。

小训练

董事长要选择一个办公室主任，你觉得谁最合适？

1. 薛宝钗　　2. 贾宝玉　　3. 王熙凤　　4. 林黛玉

请说出理由。

（4）举止仪表与形象

应试者的体格外貌、穿着举止、精神状态也是主要考查的内容。考官不一定以貌取人，但糟糕的形象肯定不会为你加分。

（5）个性特征和行为风格

主要包括动机特征、自信心、独立性、灵活性、情绪管控等特点，还包括考查问题时从大处着眼，还是关注细节以及情绪的稳定性等。

（6）动机与岗位匹配性

对职位的选择是否源于对事业的追求，是否有奋斗目标，积极努力，

无领导小组讨论的缺点：

1. 对测试题目的要求较高；

2. 对考官的评分技术要求较高，考官应该接受专门的培训；

3. 对应试者的评价易受考官各个方面特别是主观意见的影响（如偏见和误解），从而导致考官对应试者评价结果的不一致；

4. 应试者有存在做戏，表演或者伪装的可能性；

5. 指定角色的随意性，可能导致应试者之间地位的不平等；

6. 应试者的经验可以影响其能力的真正表现。

兢兢业业，尽职尽责。

4. 无领导小组讨论的技巧

（1）集中精神：若担心遗忘，可边听边记。

（2）比较优势：群体面试比较注重的是与他人的对比，强调表现自己的过人优势。

（3）展现情商：沟通中的高情商是成功的必备素质。

（4）职业素养：你越是表现得有职业素养，你成功的概率就越大。

（5）把握机会：充分把握发言的表现机会，在几分钟内让主管记住你。

（二）文件筐测评

文件筐测评是让应聘者在限定时间（通常为1~3小时）内处理事务记录、函电、报告、声明、请示及有关文件，在只给出背景介绍、日历，没有旁人协助的情况下回复函电，做出决定，拟写批复等。

1. 文件筐测评特点

文件筐测评具有以下特点：

（1）文件筐测评把应聘者置于模拟的工作情景中去处理公文，兼备了情境模拟技术和纸笔测验的优点。

（2）文件筐测评是一套公文的组合，可以从多个维度上测评应聘者的胜任能力。

（3）文件筐测评高度仿真和接近管理实战，成绩与实际工作中的表现有很大的相关，对被试者未来工作绩效有很好的预测能力，即该测验具有良好的预测效果。

因此，只要被试者能够妥善处理文件筐中的各类文件，评价者就有理由认为被试者在一定程度上具备了胜任新职位所需的素质。

该测评有以下优点：

（1）考查的内容范围广。考查文件通常牵涉该岗位的方方面面，所以不仅仅是动态考查，也有很多静态考查。

（2）效率高。由于文件筐所采用的文件，类似于考生应聘职位上常见的文件，有时就是完全真实的文件，因此，若求职者能妥善处理测验文件，就被认为具备职位所需的素质。

2. 文件筐测评的内容

（1）文件内容

一般包括日常的琐碎事情及重大事情。

（2）文件来源及形式

文件来源主要有四个：来自上级、来自下级、来自组织内部及来自组织外部。

> 文件筐测验适宜测试的指标包括八种：计划能力、组织能力、协调能力、控制能力、分工意识、分析能力、决策能力和文字表达能力（沟通能力）。

文件的形式多种多样，包括电话记录、请示、批示、待签文件、报表、备忘录、商业函件、建议、投诉、电子邮件等。具体有下级呈来的报告、请示、计划、预算，同级部门的备忘录，上级的指示、批复、规定，外界用户、供应商、银行、政府有关部门和公司所在社区的函电、传真及电话记录，甚至还有群众的检举或投诉信，这些都是在管理人员的办公桌上出现频率比较高的文件。

小案例

你要应聘学校的文艺部部长职位，现有有以下事情需要你在 2 小时之内处理完毕，请将处理结果写在空白纸上。

（1）今天周五，本周六上午有一门专业课要考试，而且这门专业课相对较难，不用心复习很容易就挂了；

（2）本周六晚上的晚会，有一部分舞蹈及表演的服装还未到（这批服装是通过你向某公司租借的）；

（3）晚会开场前，某领导在开场前的致辞稿还没写，今天要写出来交给领导看看；

（4）兄弟院校有一部分同学过来参加表演，接待的流程还未拟；

（5）组织干事交上来的下半年的计划，需要过目或调整，预算需要再核实；

（6）本班的班级工作中，班主任组织的本周日出游计划需要作为班长的你进一步拟订措施和计划；

（7）本班两个同学产生了误会，需要你去调解；

（8）周六的晚会，关于邀请的嘉宾你和学生会主席产生了冲突，你需要尽快将这件事情确定下来；

（9）晚会的一位主持人因生病住院了，明天的晚会要找其他人代替；

（10）晚会的节目单已列举在这里，你需要看看是否合理，并尽快安排通知下去。

以上事件需要尽快形成处理方案，并说明理由，请在规定时间内完成。

（三）行政能力测评

行政职业能力测验（Administrative Aptitude Test，AAT），是指专门用于测查与行政职业上的成功有联系的一系列心理潜能的标准化考试。它不同于一般的智力测验，也不同于公共基础知识或具体专业知识技能的测验，它主要是通过测试一系列心理潜能，预测考生在行政职业领域内多种职位上取得成功的可能性。这种考试测验的是一个人在多年生活、学习和实践中通过积累而形成的能力，其性质是一种基本潜

> 如果你表现得"好像"对自己的工作感兴趣，那一点表现就会使你的兴趣变得真实，还会减少你的疲惫、你的紧张以及你的忧虑。
>
> ——［美］戴尔·卡耐基

在能力的考试。

当今的行政职业能力测验一般主要包括语言理解与表达、数量关系、判断推理、常识判断、资料分析这五个方面，主要考查应试者的反应能力，基本要求是速度和准确率，是人的能力的测试。

1. 语言理解与表达

语言理解与表达主要测查报考者运用语言文字进行思考和交流、迅速准确地理解和把握文字材料内涵的能力。

例：使他感到意外的是，商店里的服务人员总是微笑着，非常乐意回答我们的问题，她们对各种商品都____，并且不惜时间地为我们____她们的商品。填入横线部分最恰当的一项是（　　）。

A. 一目了然　介绍　　　　B. 了如指掌　展示

C. 疑团莫释　展览　　　　D. 洞若观火　展玩

解题：只有 B 选项符合上下文的通顺与搭配，所以答案是 B。

2. 数量关系

数量关系主要测查报考者理解、把握事物间量化关系和解决数量关系问题的能力，主要涉及数据关系的分析、推理、判断、运算等。

例：给你一个数列，但其中缺少一项，要求你仔细观察数列的排列规律，然后从四个供选择的选项中选出你认为最合理的一项，来填补空缺项。

1/36，1/5，1，3，4，（　　　　）

A. 1　　　　　B. 5　　　　　C. 6　　　　　D. 8

解题：$1/36=6^{-2}$，$1/5=5^{-1}$，$1=4^0$，$3=3^1$，$4=2^2$，$1^3=1$。所以，答案为 A。

3. 判断推理

判断推理主要测查报考者对各种事物关系的分析推理能力，涉及对图形、语词概念、事物关系和文字材料的理解、比较、组合、演绎和归纳等。

例：请从所给的四个选项中选择最恰当的一个填入问号处，使之呈现一定的规律性。

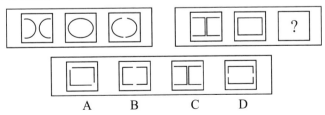

解题：因为只有 B 能使两套图形具有相似性，所以答案为 B。

4. 常识判断

常识判断主要测查报考者应知应会的基本知识以及运用这些知识分析判断的基本能力，重点测查对国情社情的了解程度、综合管理基本素质等，涉及政治、经济、法律、历史、文化、地理、环境、自然、科技等方面。

例：

"四书五经"中的"四书"指的是 _____。

A. 《诗经》《孟子》《孝经》《尔雅》

B. 《周易》《尚书》《礼记》《春秋》

C. 《大学》《中庸》《论语》《孟子》

D. 《尚书》《周易》《论语》《孝经》

解题：四书又称四子书，是《大学》《中庸》《论语》《孟子》的合称，答案应为 C。

5. 资料分析

资料分析主要测查报考者对各种形式的文字、图表等资料的综合理解与分析加工能力，这部分内容通常由统计性的图表、数字及文字材料构成。

例：甲乙两公司均为使用其公司数码产品有疑难问题的顾客提供24小时的热线电话咨询服务。拨打热线电话要收取相应的通话费用，所以通常来说，消费者只有在使用数码产品遇到困难时才会拨打电话。甲公司接到的热线电话数量比乙公司多 5 倍。这说明，甲公司的数码产品一定比乙公司的复杂又难用。以下各项如果为真，最能支持上述结论的是 _____。

A. 乙公司数码产品的消费者数量比甲公司的多 2 倍

B. 甲公司数码产品的消费者数量比乙公司的多 5 倍

C. 乙公司收到的有关数码产品质量问题的投诉比甲公司多 2 倍

D. 甲公司收到的有关数码产品质量问题的投诉比乙公司多 5 倍

解题：选 B 最符合逻辑。

> 一个知名企业的面试测评题：
> 一个聋哑人想买牙刷，他模仿刷牙的动作，成功地向店主表达，并完成了购买。现在，如果一个盲人想买一副太阳镜，他要如何表达？

二、案例讨论 Case Discussion

案例一：壳牌石油人才标准与面试流程

壳牌石油全称荷兰皇家壳牌集团（Royal Dutch / Shell Group of Companies），是目前世界第一大石油公司，总部位于荷兰海牙和英国伦敦，由荷兰皇家石油与英国的壳牌两家公司合并组成。壳牌集团的核心价值观是"诚实、正直和尊重他人"。

1. 人才招聘标准

（1）有工作能力，能顺利完成工作任务。

（2）个人价值观与企业的价值观相吻合。

（3）有创新思维，能与时俱进。

（4）敢于担当，有责任心。

（5）有主动性和勇气，有提升的潜能。

（6）具有良好的人际关系，理解他人，尊重他人，懂得倾听，协调关系。

（7）具有良好的分析能力。

（8）具有强烈的成就欲，能抵抗压力。

2. 面试特点

（1）本着"发现我未来的老板"的态度来实施招聘。

（2）考查求职者的分析和思维能力，包括对细节的敏感度，信息获取、处理、加工并得出结论。

（3）不重视学历和专业，更在乎基础能力和核心能力。

（4）耗时长。

（5）开鸡尾酒会。

3. 面试流程

（1）填表面试：这是初步筛选，通过学业及其他活动初步选出潜质较高的人群，80%~90% 的求职者在此环节被淘汰。

（2）电话面试：时长 15~20 分钟。

（3）结构化面试：时长为 50 分钟。面试人员将对求职者就个人资料、教育背景、职业目标、已有成就、社会活动经历等进行了解。面试人员是来自公司各部门的高级经理。此轮通过率为 25%。

（4）评估中心面试

◆无领导小组讨论：由 6~8 位求职者一起就一个商业议题进行集体讨论。

◆和面试人员午餐：考查社交礼仪、餐桌礼仪、举止谈吐。

◆议案：由求职者就一个议题作陈述，并接受质询。这主要是考查对问题的分析、判断、总结和当众演讲能力。

◆商业模拟：处理成批的业务。考查求职者的办事能力、执行力、如何应对压力、对复杂问题做出处理和决策。

◆鸡尾酒会：言行举止考查。

当评估中心的面试结束之后，将由资深的经理对测试的结果进行评估。如果有幸通过，面试就算成功了。

知名企业的人才标准高，招聘流程复杂。但只要具备了相应的能力，要获得一份心仪的职业不是特别难。

> 任何途径都是靠自己走出来的，而不是靠自己在梦中等来的。其中精确迈出第一步，是尤为重要的。

讨论：

1. 你有没有面试过大企业或知名企业的经验？你的感觉如何？

2. 在大企业面试过程中，你有没有心理上的恐惧或担心？你关注的主要问题是什么？

案例二：文件筐测评案例

一、案例背景

某软件公司与客户之间发生了合同纠纷，下面是软件公司技术主管阿文给客户的信。你作为软件公司的客户方的一名总监，接到函件后，应该给出一个方案说明如何处理该纠纷：

李总监，您好！

我是 XYZ 软件开发公司技术主管阿文，我们为贵公司定制的人力资源管理软件系统的试运行正在进行。按协议规定，在 9 月 20 日之前完成试运行。按照合同规定，我们曾商定过，9 月之前完成对贵公司使用者的培训。由于贵公司一直无法安排时间进行培训，贵公司主管人员以此为由，拒绝支付剩余款项。我们希望能否与您见面协商一下费用的支付问题及其他事宜？

谢谢您！

二、解决方案

以下提供的几种方案都是可能的选项，具体选择哪一种应该权衡利弊后再决定。

方案一：回信指责对方，坚持培训完成后付款。

方案二：暂时不处理。

方案三：回信中道歉，并承诺立即解决。

方案四：立即着手协调此事。先做如下处理，再考虑约见对方。

1. 授权下属进行详细情况的调查：了解软件的实际运行情况，并了解培训未能进行的原因。

2. 要求下属提供详细的书面调查报告，围绕合同内容，提出具体的解决问题方案。

3. 听取财务等相关部门的意见，修改预案，采取必要的措施，保证该项目的顺利完成。

4. 要求下属完成项目合同中未尽事宜，如做好人员培训的准备、修补完善软件系统等。

5. 如果本公司遇到特殊困难不能履行合同时，应按合同提出对策

> 在刺激和响应之间存在一个空间。在这个空间里，我们有权决定自己反馈，而我们的成长和自由都体现在其中。
>
> ——[奥]维克多·弗兰克

并做好谈判的准备。

　　6. 注意公司形象，考虑到与该公司长期合作的可能性，与对方保持良好的合作关系。

　　该案例的四种可能的解决方案都是可行的，但从实际效果来看，方案四是最佳方案。

讨论：

1. 你解决问题的前提和主要考虑的因素是什么？
2. 方案一、方案二和方案三为什么不可行？

三、过程训练 Process Training

活动一：能力和机遇

　　能力和机遇是成功路上的两个非常重要的因素。有人认为成功路上能力重要，但也有人认为成功路上机遇更重要。

　　若只能倾向性地选择其中一项，您会选择哪一项？并至少列举 5 个支持您这一选择的理由。

　　要求：

　　请您首先用 5 分钟的时间，将答案及理由写在答题纸上，在此期间，请不要互相讨论。

　　在主考官说"讨论开始"之后进行自由讨论，每组 6 人，讨论时间限定在 25 分钟以内。在讨论开始时每个人首先要用 1 分钟时间阐述自己的观点。注意：每人每次发言时间不要超过 2 分钟，但对发言次数不做限制。

　　在讨论期间，你们的任务是：

1. 整个小组形成一个决议，即对问题达成一致共识。
2. 小组选派一名代表在讨论结束后向主考官报告讨论情况和结果。

活动二：改道的火车

　　一群孩子在铁轨上玩儿，铁轨有 A、B 两道，A 道正在使用，B 道已经废弃停用，A 道上有 5 名小孩儿在玩儿，B 道上只有 1 名小孩儿在玩儿。这时一辆满载乘客的火车行驶过来，已经来不及刹车，作为扳道工的你，也已经来不及将在轨道上玩耍的孩子赶开，你唯一能做的

　　某次无领导小组讨论主要考查测评内容及评分权重（总分 100 分）：

　　1. 组织协调能力（15 分）；

　　2. 逻辑分析能力（10 分）；

　　3. 倾听尊重（14 分）；

　　4. 表达能力（11 分）；

　　5. 说服能力（8 分）；

　　6. 情绪稳定性（15 分）；

　　7. 自信心（8 分）；

　　8. 主动性（10 分）；

　　9. 反应灵活性（9 分）。

就是改道，这种情况下，你是让火车按原轨道行驶，还是让火车改道而行呢？

请分成小组，并按无领导小组的方式回答该问题。

四、效果评估 Performance Evaluation

评估：行政能力测评

1. 随着机器人的出现和不断发展，人和机器之间的分野日渐模糊，对机器人伦理地位的思考正在成为人类不可回避的价值基点。只有承认机器人是介于动物和人类之间的一种存在，承认其独立的伦理地位和内在价值，保持其存在的完整性，与其和平共处，才能在与机器的结合中发展出恰当的伦理规范。

这段文字主要讨论了（　　）。

A. 机器人与人工智能的市场化

B. 关于机器人伦理地位的思考

C. 如何看待机器人的社会价值

D. 人类如何与机器人和平共处

2. 一提起生物进化，映入人们脑海的多半是"物竞天择，适者生存"这八个字。然而，大自然并不只是沿着单一的路线前行，"合则双赢，争则俱败"，体现互助与合作精神的共生或许是影响历史进程的另一重大因素。

这段文字主要谈论了生物进化（　　）。

A. 是一个极其漫长的历程 　　B. 具有多样性的进化模式

C. 对历史进程具有重要影响 　　D. 其过程中或存在共生现象

3. 从所给的选项中，选择一个最合适的填入问号处，使之呈现一定的规律性（　　）。

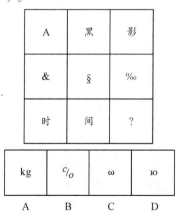

> 士人有百折不回之真心，才有万变不穷之妙用。立业建功，事事要从实地着脚，若少慕声闻，便成伪果；讲道修德，念念要从虚处立基，若稍计功效，便落尘情。
>
> ——洪应明

4. 某学校准备重新粉刷升国旗的旗台，该旗台由两个正方体上下叠加而成，边长分别为 1 米和 2 米，问需要粉刷的面积为（　　）。

A. 30 平方米　　　　　B. 29 平方米

C. 26 平方米　　　　　D. 24 平方米

5. 把 12 棵同样的松树和 6 棵同样的柏树种植在道路两侧，每侧种植 9 棵，要求每侧的柏树数量相等且不相邻，且道路起点和终点处两侧种植的都必须是松树。问有多少种不同的种植方法（　　）。

A. 36　　　　B. 50　　　　C. 100　　　　D. 400

6. 某企业调查用户从网络获取信息的习惯，问卷回收率为 90%，调查对象中有 179 人使用搜索引擎获取信息，146 人从官方网站获取信息，246 人从社交网站获取信息，同时使用这三种方式的有 115 人，使用其中两种的有 24 人，另有 52 人这三种方式都不使用，问这次调查共发出了多少份问卷（　　）。

A. 310　　　　B. 360　　　　C. 390　　　　D. 410

7. 从所给的选项中，选择一个最合适的填入问号处，使之呈现一定的规律（　　）。

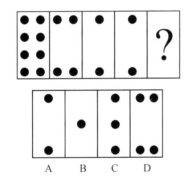

A　　B　　C　　D

8. （　　）与电磁波相当于火箭与（　　）。

A. 可见光 导弹　　　　B. 手机 卫星

C. 雷达 气流　　　　D. 磁场 太空

参考答案：B、D、A、D、C、D、B、C

第七章　在工作中成长

初入职场，从某种意义上来说，你才真正开启了你的事业和人生。在此之前我们在家长、学校和老师的庇护下学习和生活，有些事情，你可能没有承担太多责任，但现在，你自己要真正独立地去这个你还不太熟悉的世界闯荡，你要独自面对这一切，你要为你自己所有言论和行为负责，你的成功完全仰赖你是否努力，决定你能否获得晋升、能否加薪、能否获得更多机会的因素是你的个性、你不容置疑的履历以及你在现实空间和网络空间留下的无形资产。另外，不要以为学生时代结束了，学习也可以结束。学习还只是刚刚开始。只有这样，你才不至于被突如其来的变化甩在后面，你才能与你的工作一起成长。

> 在学校和生活中，工作的最重要的动力是工作中的乐趣，是工作获得结果时的乐趣以及对这个结果的社会价值的认识。
>
> ——［美］爱因斯坦

本章知识要点：

◆融入团队学沟通；

◆塑身正己职业化；

◆建立愿景影响力。

第一节　学会沟通：融入团队

职场在线

割草男孩的故事

一个替人割草的男孩儿打电话给一位老太太说："您需不需要割草？"

老太太回答说："不需要了，我已有了割草工。"

男孩儿又说："我会帮您拔掉花丛中的杂草。"

老太太回答："我的割草工也做了。"

男孩儿又说："我会帮您把草与走道的四周割齐。"

老太太说："我请的那人也已做了，他做得很好。谢谢，我不需要新的割草工人。"

男孩儿感谢老太太后便挂了电话。

此时，这位男孩儿的朋友问他："你不是就在那位老太太那儿割草打工吗？为什么还要打这电话？"

男孩儿说："我只是想知道老板对我工作的评价！"

　　割草男孩儿其实是在寻求与雇主的沟通和反馈。我们的工作其实就是一种持续不断的沟通与反馈。作为沟通发起人的割草男孩儿，他的沟通有效性决定了他是否能够让自己按领导的意图做事。同时，作为倾听者的有效性决定他是否能很好地理解他人，并为他们做事。

　　沟通就具有这种功能，它决定了你的工作的成效。

一、能力目标 Competency Goal

初入职场，你必须快速融入你所在的团队。个人有着这样或那样的缺陷，只有在团队中，你与其他成员共同协作，彼此贡献自己的资源和才华，才能真正让你成功。

另外，你在工作中的时间有时候比你与家人的时间还多，你的职业关系决定了你要与三种人接触：一种是你的顶头上司，也就是你的领导，一种是你的同事，一种是你的客户。与这三种人建立良好的关系，对你的职场有着至关重要的作用，也会让你在工作中受益无穷。如果与这三种人都搞不好关系，那就是你自己的问题了。你很有可能要找新工作了。沟通其实就是人与人之间、人与群体之间思想、感情等信息的传递和反馈的过程，以求思想达成一致和感情的通畅。职场中，与经常打交道的人建立和谐、稳定和有效的沟通关系比什么都来得重要，因为这直接影响你的日常情绪、工作状态和行事效率。

通过本节的学习，你将能够：

1. 学会快速融入团队；
2. 明白与领导沟通的道理；
3. 了解与同事沟通的意义；
4. 理解与客户沟通的作用。

（一）快速融入团队

我们加入了一个团队，并非就是一个合格的团队成员。要想真正地融入团队，与团队同呼吸共命运，就需要与团队成员一起解读彼此的感受和情绪，不断磨合，并相互适应，还要根据团队的实际情况，随时随地调整自己的行为方式，与其他成员充分沟通，彼此尊重，休戚与共，同时一起协商解决有争议的问题。在这个过程中，团队成员将一起共享彼此的资源和天赋，并有效地利用大家的技能和知识，互相信任、互相配合，慢慢形成独特的团队精神，最终融入团队，真正成为团队中不可或缺的一员。

职场新人在加入一个团队之后，要快速转变心态，通过正常工作交流，建立和谐的人际关系，找到融入团队的最快的途径。在团队中，过于浓厚的个人色彩会使人有"格格不入"的感觉，难以被团队成员接受。因此，成为一名合格的团队成员首先要"融"，与团队成员融为一体，融洽相处，和乐融融。更具体地说，就是你要

每年在美国NBA职业篮球比赛结束后，通常会从各个优胜队中挑出最优秀的队员，组成一支"梦之队"赴各地比赛，以制造新一轮高潮，但其比赛结果总是令球迷失望——胜少负多。原因在于他们不是真正意义上的团队，虽然他们都是最顶尖的篮球选手，但是由于他们平时分属不同球队，组成明星队后，无法固守自己的角色，无法培养团队精神，更不能形成有效的团队合力。

成为团队中的一分子，也视他人为团队中的重要成员，更要被他人视为团队中的一员。

快速融入团队能给我们带来很多益处，如表7-1所示：

表7-1　融入团队的益处

利于解决问题	团体群策群力解决问题的能力及效果是个体不可能达成的，它集中了每一个成员的优势，同时避免了成员的劣势。这是团体成员融为一体的最高境界。
获得安全保障	在初入团队时，学习经验、知识技能等资源都会感到不足，团队能提供学习机会、犯错的包容以及发展空间。在团队中的安全感大于"单打独斗"。
满足心理需求	归属感及亲和性是由于工作场所已形成了一个小型的社交、联谊中心。遭受挫折时，有人安慰；得到奖赏时，有人分享。这些心理上的需求满足会给个人带来激励。

那么如何快速融入团队呢，以下三个方面的沟通就会明白告诉你。

（二）与领导沟通

每个人不可能都成为领导，但几乎每个人都会成为领导的下属。和自己的顶头上司打交道，是多数人日常工作的重点，沟通的效果既体现你的沟通能力，又能影响你的职业发展，因此如何与上司沟通要高度重视，不然，你的职业前途会有阴影。

1. 尊重上级领导，是良好沟通的前提

古语云："事上敬谨，对下宽仁。"下级对待上级要尊敬，上级领导不仅使用权力，也需要威信与影响力。尊重领导，是心理成熟的标志。当你满足了领导对于尊重的需要时，你同样会得到很好的回报。当然，尊重不等于盲从。这里的"尊重"主要是内心敬重，对领导言行、品格、作风和处事方式的认可；而"顺从"是指无论正确与否都无条件听从领导指令和安排，无原则地执行命令，是下属对"尊重领导"的误解。顺从领导反映的是下属不健康的心态，传递的是下属对领导的迎合和奉承，体现的是人与人关系的不平等，实质上是对领导不尊重。

> **如何说服上司**
>
> 1. 能够自始至终保持自信的笑容，并且音量适中。
>
> 2. 善于选择上司心情愉悦、精力充沛时的谈话时机。
>
> 3. 已经准备好了详细的资料和数据以佐证你的方案。
>
> 4. 对上司将会提出的问题胸有成竹。
>
> 5. 语言简明扼要，重点突出。
>
> 6. 和上司交谈时亲切友善，能充分尊重上司的权威。

▶ 小活动

实现有效沟通的基本步骤

1. 事先准备。其中最重要的是要有一个目标。只有双方有共同的目标，沟通才更易成功。

2. 确认需求。通过倾听，确定对方的需求是什么。

3. 阐述观点。不要直接表达观点，可以先说明其带来的好处，最后引出你的观点。

4. 处理异议。若遇到异议，可利用对方观点中对自己有利的部分，说服对方。

5. 达成协议。双方终于达成一致，这是沟通成功的标志。

2. 做好本职工作，是良好沟通的保证

无论你在什么岗位，兢兢业业、踏踏实实地做好本职工作是良好沟通上下级关系的基础。有的人常在领导面前夸夸其谈，言过其实，特别喜欢在领导面前表现自己，这些只能获得领导暂时的信任，很快就会感到你"华而不实"。你不应该把领导的注意力引向你个人，而应该时刻塑造自己专业而积极、健康的职业形象，尽量多提本部门的业绩和成就。

> 喜怒哀乐之未发，谓之中，发而皆中节，谓之和。致中和，天地位焉，万物育焉。
> ——《中庸》

3. 了解领导风格，是良好沟通的基础

从领导风格来分类，可以把领导粗略地分为独裁型领导、民主型领导、参与型领和放任型领导四种具体特征和行为，如表7-2所示：

表7-2 领导类型、特征和主要行为

风格类型	独裁型领导	民主型领导	参与型领导	放任型领导
基本特征	决策权基本集中在最高领导者的一种领导类型。	非重大决策，均和下属做出的一种领导类型。	很多决策是与下属协商一致的基础上达成，把人际关系的协调放到首位。	决策权基本授予下属，领导者主要负责指导、协调和激励职员。
主要行为	◆多数决策由领导者做出； ◆下属的职责主要是执行决策； ◆对下属的工作进行严密的监督； ◆属于以工作为中心的管理态势，而不重视对人际关系的协调，属于高工作、低关系的领导方式。	◆按照下属的职责范围授权决策； ◆鼓励和吸收下属参加有关决策制定； ◆对下属的监督比较宽松； 既重视人际关系协调，又注重生产效率提高。在管理风格上是高工作、高关系的领导方式。	◆乐于听取员工的意见； ◆在做出决定以前同有关人员商议； ◆尽量用说服的方法，使别人接受自己的主张。	◆下属有自主权，许多问题由下属决定； ◆通过协调、指导来调动下属的积极性和创造性； ◆对下属提供支持和帮助，但基本不对下属进行监督，是一种低工作、高关系的领导方式。

无论上级属于哪一种领导类型，作为下属的你，必须调整自己的态度很好地适应他。领导的个性也不尽相同，有的人刚愎自用，有的人优柔寡断，有的人性格粗犷，有的人作风细腻，有的人安全保守，有的人追求完美，也有的人任人唯亲，等等。同时，作为下属，要了解领导的个性，才能有针对性地做好与领导的沟通工作。

> 如何向上司请示汇报
> 1. 仔细聆听上司的命令；
> 2. 与上司探讨目标的可行性；
> 3. 拟订详细的工作计划；
> 4. 在工作进行之中随时向上司汇报；
> 5. 在工作完成后及时总结汇报。

4. 适当提出建议，是做好工作的条件

（1）不要随意否定和批驳上司的意见，不擅权越位

响应是维护领导权威的最好方式，下级对领导的命令应当服从，即便有意见或不同想法，也应执行。如果你认为领导的错误明显，和你想法严重相左，确有提出的必要，最好寻找一个能使领导意识到而不让其他人发现的方式纠正，让人感觉领导自己发现了错误而不是下属指出的，如一个眼神、一个手势或一声咳嗽都可能解决问题。

（2）灵活变通，让自己的想法被上级接受

即使你的意见是正确的，最好采取引导、试探、征询的方式说出来，更容易被上级采纳。在许多时候，仅仅引导、提供资料、提出建议就足够了，其中所推导的结论，最好让领导自己去定夺。同时，聪明的下属往往是提出多种不同的方案，供领导从中做出选择，而仅仅一种方案则有强迫之嫌。

（3）必要时也要说"不"

上级安排的工作超出了自己的能力，无论如何努力都完成不了；上级作出错误的决定，可能会严重损害个人或者团队利益的事情；或者是上级要求你违背自己的原则和良心的事——面对这些问题，必须对上级说"不"。

对上级说"不"，不仅需要讲求方式和方法，更需要讲求一定的技巧，具体的方式要依据场合和领导的风格等多种因素，综合考虑。

总之，与领导经常进行富有艺术性的沟通，可以帮你建立一个融洽和谐的工作环境。如果能把自己的发展目标与单位或企业的发展目标相融合，乐于助人，忠诚于自己的单位、忠诚于自己的事业等等，这类员工是领导最喜欢的。

（三）与同事沟通

同事是你天天在一起打交道的伙伴，是你工作和生活中的亲密战友，如果与同事沟通不畅通，要获得职位上的晋升和工作上的成功是比较困难的事情。如何做好与同事的沟通真的是一门学问，需要我们花时间去学习。

1. 与同事沟通的原则

（1）真诚

真诚是人与人相处的根本，沟通的有效性在于真诚，"精诚所至，金石为开"。对方认可了你的真诚，沟通就有了良好基础。在办公室里无论是什么样的同事，你都应当平等对待、互学互助，建立起和谐的工作关系。

（2）尊重

有效的沟通必须做到尊重和理解，不是所有的沟通都能使彼此同意对方、达成共识，意见分歧、观点对立是常有的事，重要的是尊重和理解。彼此尊重，从自己先做起，宜采用商谈、讨论以及提出建议的方式，而不能以"命令"或责怪的口吻把自己的想法强加于沟通对象。

与同事的沟通技巧

1. 不要有亲疏之分；
2. 保持合适距离；
3. 态度上尊重对方；
4. 学会适当赞美；
5. 委婉指出错误；
6. 有分歧求同存异；
7. 保持平常心；
8. 不搞"圈子沟通"；
9. 不带不良情绪；
10. 勿讲他人坏话。

美国管理协会特别推出

有效沟通的10项建议：

1. 沟通前把概念澄清；
2. 放出信息的人确定沟通目标；
3. 研究环境和性格等情况；
4. 听取他人的意见，计划沟通内容；
5. 及时获取下属的反馈；
6. 既要注意切合当前的需要，又要注意长远目标的配合；
7. 言行一致；
8. 听取他人的意见要专心，真正明了对方的原意；
9. 学会换位思考，提高全局意识和协作意识；
10. 本着对工作高度负责的态度和对事不对人的态度对待沟通与协作。

小技巧

职场沟通的7个黄金句型

1. 最婉约地传递坏消息句型：我们似乎碰到一些状况……

2. 上司传唤时责无旁贷句型：我马上处理。

3. 表现出团队精神句型：××的主意真不错！

4. 说服同事帮忙句型：这个报告没有你不行啦！

5. 巧妙闪避你不知道的事句型：让我再认真想一想，3点以前给您答复好吗？

6. 承认疏忽但不引起上司不满句型：是我一时失察，不过幸好……

7. 对批评要表现冷静句型：谢谢你告诉我，我会仔细考虑你的建议。

（3）宽容

我们的世界因多元化而精彩，我们要容许风格和存在方式的多样性。宽容就是尊重个性，不能强求一律。要学会积极主动地适应别人的性格特点；容忍别人和你有不同的见解和感受，体谅别人的处境；在心理上接纳别人，学会欣赏别人。只有你欣赏别人，别人也才会欣赏你。宽容他人，也是自身修养、处世素质与处世方式的一种进步。宽容他人就是善待自己。人免不了犯错误，我们还要宽容别人的错误。

工作和生活，有许多事情你不妨用宽容去试着解决一下，或许它能解决矛盾，化干戈为玉帛，帮你实现目标。

2. 与同事沟通的技巧

（1）灵活表达观点

和同事意见相左，或看到同事有明显错误或缺点，如果无伤大雅，不关原则，大可忽视，不必斤斤计较。即便是确有必要指出，也要考虑时间、地点、对象的接受能力，委婉地指出。如果过于直率，即使你是实话实说，也不会受到欢迎。沟通中的语言至关重要，应以不伤害他人为原则，不用直言伤害的语言；要用鼓励的语言，不用斥责的语言；用幽默的语言，不用呆板的语言。

（2）赞美常挂嘴边

同事的进步，要适时关注，适当赞美，同事的微小变化也要注意发现。要时常面带微笑，对他人微笑本身就是一种赞美。微笑的魅力是无穷的，每次走到办公室里，抬头挺胸，积极阳光，微笑着向同事问好，情绪是会感染他人的。只有这样，别人才愿意与你交往。

（3）务必少争多让

不要和同事争什么荣誉，这是最伤害人的。你帮助同事获得荣誉，他会感激你的功绩和大度，更重要的是增添了你的人格魅力。要远离

径路窄处，留一步与人行；滋味浓的，减三分让人尝；此是涉世一极安乐法。
——《菜根谭》

争论，对一些非原则性的问题，切忌去争什么你输我赢，否则，其结果只能使双方受到伤害，百害而无一利。

（4）经常联络感情

在同事交往中，会有相处得好的，则形成了自己的交际圈。在激烈竞争的现实社会中，空闲的时候给同事打个电话、写封信、发个电子邮件，哪怕只是只言片语，同事也会心存感激。对进入自己人际圈的同事要常常联络，一个电话、一声问候，就拉近了同事之间的距离。

小技巧

与同事关系恶化怎么办

◆如果你伤害了别人，无论是有意还是无意，都应该道歉。

◆告诉对方，你很珍惜你们之间的友谊。

◆如果对方接受道歉，你应该立即改正错误的行为，并以此表现出自己的悔意。

◆若你真诚道歉，对方还不接受，你必须继续努力，用行动说明自己的诚意。

◆如果你们的关系彻底破裂，你还是应该尊重对方，表现出礼貌，而不要横眉冷对。

◆如果对方对你很粗鲁，有不当的举动，请不要以牙还牙，而应该以德报怨。

◆如果对方粗鲁的行为影响了你的工作，或者对你构成骚扰或威胁，那么请把相关情况记下来，并向上级汇报。

职场"五要""五不要"

1. 要爱你的工作；
2. 要学会微笑；
3. 要善解人意；
4. 要有原则；
5. 要尊重别人隐私；
6. 不要轻易表达意见；
7. 不要迟到；
8. 不要因为个人好恶影响工作；
9. 不要和上司发生冲突；
10. 不要太严厉。

3. 与同事沟通的忌讳

（1）切忌打小报告

尊重别人的隐私是保护自己的最好方法。决不能把同事的秘密当作取悦别人或排挤对方的手段，害人之心不可有。以宽容、平和的心对待别人的隐私，是在为自己减少惹来不必要的危险和烦恼的机会。

（2）谨慎将所有责任背上身

很多人不会拒绝同事的请求，怕得罪人，企图在办公室做一个老好人，这样的想法是错误的。谨记自己不是"超人"，公司并不会要求你解决所有难题。所以最好专注去做一些较重要和较紧急的工作，这比每件工作都做不好要理想很多。委婉地道出你的苦衷，说出你的原则，必能获得同事的谅解，赢得对方的尊重。

（3）和同事交友要慎重

和同事过于亲密，就容易让彼此有过高的期望值，很容易惹麻烦，也容易被误解。把朋友的这种感情带到同事间,在有些情况下是可行的,但是在某些情况下不太容易处理好。如果感情掺杂在同事关系中,有时候会把事情弄得更糟。另外,在办公室的利益冲突下生长的友谊有时候很脆弱,很容易受伤。

(四)与客户沟通

只有真正有效的沟通,才能发现客户的需求,为客户提供优质高效的服务,更好地推销产品和服务。利润越来越薄、竞争越来越激烈的时代,企业要想发展,不只是职业经理人或者销售人员,甚至仅仅是一名企业内的普通员工,都要努力提升与客户沟通的水平。

与客户沟通,主要是要把握好三个环节:了解客户、触动客户、维系客户。

1. 了解客户,发现客户的显性需求

(1)通过倾听来了解

学会倾听,不仅仅是听客户说话的内容,更重要的是体会客户说话的原因(目的),是如何表达的(语音语调),听上去的感觉(词语的选择),说话的时机(与接收者的心理活动相关),以及在话被说出来的时候看上去的感觉和内心的感觉等等。因此,如果你在和某个潜在客户对话时想要了解谈话的实际内容,你需要调动整个身心来进行谈话。从而透过谈话内容的表面"感知"其实际所表达的内容。

> 与客户沟通之道:仁义者动情;明智者说理;好炫耀者夸奖;好言者倾听;好强者激将;好面子者提示;贪婪者送礼;无主见者给借口。因人而异,投其所好,善说者之道也。

小技巧

与顾客沟通"九避免"

◆避免说"我不知道",应该说"我想想看"。

◆避免说"不行",应该说"我想做的是……"

◆避免说"那不是我的工作",应该说"这件事可以由××来帮助你"。

◆避免说"我无能为力",应该说"我理解您的苦衷"。

◆避免说"那不是我的错",应该说"让我看看该怎么解决"。

◆避免说"这事你应该找我们领导说",应该说:"我请示一下领导,看这事该怎么办"。

◆避免说"你要求太过分了",应该说"我会尽力的"。

◆避免说"你冷静点",应该说"我很抱歉"。

◆避免说"你再给我打电话吧",应该说"我会再给您打电话的"。

(2)通过提问来了解

和客户交谈,尤其是在推销自己的产品时,要学会提问。提问是

> **与客户沟通四原则**
>
> 1. 利:正如孙子兵法所言"合于利而动不合利而止"。
>
> 2. 情:先以情动之,用感情遮住赤裸裸的金钱关系,往往能达到意想不到的效果。
>
> 3. 法:以法约之,必须公事公办,手续齐全合法,客户才能安心。
>
> 4. 乐:以乐愉之,一方面要懂得幽默,另一方面尽量使你们的合作愉快,甚至让对方恋恋不舍。

一门非常有趣的学问，要善于提问，提到点子上，如果只是一味地向客户推销，就会打击客户的购买和消费的欲望，即使再好的产品和服务也是无人问津。

只有将提问一步一步地深入客户的内心，你才能了解到客户的真正需求。这样一来，你就化被动为主动，成功的可能性就越来越大。

2. 触动客户，激发客户的隐性需求

想要客户认同你的公司、你的产品，包括你个人，你就要学会触动客户。

（1）赞美认同与关怀感恩

赞美顾客一定要诚恳，顾客对真诚的赞美是不会拒绝的。顾客是上帝，在与顾客的沟通中要自始至终表现出热忱的欢迎和诚挚的感谢，要树立"为顾客服务不是给予，而是报答"的思想。

（2）描绘美好未来与唤起眼前危机

人们做事情最根本的动力是：追求快乐与逃避痛苦。和客户沟通的过程中你要强调假如买了以后可以带来的好处和利益，以及假如不买所带来的坏处和损失。尽可能描绘得具体详细，让客户有种身临其境的感觉，能促使客户早做决定。

（3）苦练内功提升自身

有人说，三流的推销员推销产品，二流的推销员推销公司，一流的推销员不仅推销产品、推销公司，更重要的是推销自己。

> 与客户沟通应避免的用语
> 1. 冷淡的话；
> 2. 否定性的话；
> 3. 他人的坏话；
> 4. 太专业的话；
> 5. 太深奥，让人难以理解的话。

 小活动

与公司以外的人谈论如下内容是否妥当？为什么？

谈论内容	妥当与否	原因
公司的内部矛盾		
公司的重要客户		
公司的财务信息		
领导的工作作风		
公司的使命愿景		
公司的领导成员		

3. 维系客户，保持客户的长期需求

企业都有这样的感觉，开发一个新客户的成本要远远高于维系一个老客户的成本。维系客户的方法如下：

（1）搜集客户信息，建立客户档案

从第一次和客户接触时就要有意识地搜集客户基本资料，然后不断地完善。客户档案一般包含这样的信息：客户的姓名、性别、年龄、生日、工作单位、地址、邮箱地址、兴趣爱好、家庭成员情况、联系电话、身份证号码、体质类型、健康状态；每一次商谈的内容、购买的产品、规格、数量、购买时间、产品消费记录、投诉记录、投诉处理结果等。

收集到这些信息后，还要对数据进行检查、挑选、修改和更新，以保证数据的可靠性、真实性与及时性。这样与客户沟通的效果才能准确并有针对性。

（2）采用多种方式，与客户联系

其实，对客户的售后维系花不了你太多的时间，关键是让顾客感觉到你没有忘记他们。有的时候，一张小小的卡片，一个祝福的电话，一个联络的邮件，赠送客户一个小礼物，都可帮助你维系你的顾客关系，使你的顾客成为你永续的资源。与顾客接触联系的方法主要有以下几种：登门拜访、电话沟通、事件召集、信件沟通、网络沟通，等等。

另外，我们还要记住：你公司的其他部门的同事，你也要把他们当客户看，也要为他们服务。

> 将自己的热忱与经验融入谈话中，是打动人的速简方法，也是必然要件。如果你对自己的话不感兴趣，怎能期望他人感动。
>
> ——[美]戴尔·卡耐基

二、案例讨论 Case Discussion

案例一：沟通攸关性命

只是对几个词语的误解就能意味着生死离别。

历史上曾经发生的诸多空难在很大程度上源于沟通不畅：

1977年3月27日，非洲西北部大西洋中大雾下的特内里费岛。荷兰皇家航空公司一个航班的机长以为空中交通管制员明确指示他起飞，然而管制员只是给他一个准备起飞的指令。尽管荷兰籍机长与西班牙籍的管制员之间都使用英语，但由于存在口音以及用词不当的问题，从而造成了语义混淆。荷兰皇家航空波音747在飞行跑道上撞到了一架全速前进的泛美公司的747，583人丧生。

1990年1月25日，阿维安卡（Avianca）52航班由于恶劣天气在机场上空盘旋待命，飞行员向交通管制员报告说，他们就在纽约肯尼迪机场附近，他们的波音707"燃料供给不足"。由于管制员总是听到类似的理由，所以他们并未采取特别行动。尽管飞行员清楚地知道问题的严重性，但他未使用关键术语"燃料告急"——这句话可以让管制员把他们的飞机排在所有飞机之前降落，但说出这句话，也有可能让

> **如何与客户保持联系**
> 1. 给予问候；
> 2. 学会告别；
> 3. 精心准备礼品；
> 4. 以电话、信函、邮件等方式保持联系；
> 5. 经常拜访；
> 6. 对承诺的事项予以落实和回报。

他以后有停飞的可能。机场管制人员根本没有理解飞行员所面对的真正问题。最终，耗尽燃料的飞机坠毁于距肯尼迪机场25公里处，73人丧生。

1997年9月26日，印尼嘉鲁达航空公司的客机坠毁于丛林之中，地点在苏门答腊岛的棉兰机场向南仅20英里处，机上234人全部丧生。空难的原因是飞行员与航空管制员在"左"与"右"的概念上发生了沟通混淆，而当时飞机要降落的机场处于能见度极差的条件下。

2000年12月31日，受台风影响，新加坡航空公司波音747的飞行员将飞机停在了台北。中国台湾地区"民用航空局"在60天前发布了一个公告，告知飞行员：9月13日至11月22日，由于机场建设的原因，05R跑道将被停用。但是这名飞行员并没有看到此信息。控制塔工作人员告诉他从05L跑道起飞，飞行员却驶进了与它平行的05R跑道。起飞过程中，滑行不到4秒钟，飞机就撞上了跑道上的混凝土障碍物、挖掘机等其他设备，83人丧生。

盘点以上多起空难，我们就会发现沟通失败在其中起着至关重要的影响。

讨论：

1. 以上案例中的空难都与不良沟通有关。从你过往经历中有没有没有听清指令就贸然行动的经历。如果有，请与同伴分享。如果没有，也请找出一个相关案例。

2. 你与客户、同事或领导沟通中如遇沟通不畅，你会如何处置？请举例说明。

案例二：35次紧急电话

在日本东京奥达克余百货公司的一天下午，彬彬有礼的售货员接待了一位来买唱机的美国女顾客，为她挑了一台未启封的索尼牌唱机。事后发现，原来是错将一个空心唱机货样卖给了那位顾客。于是，立即向公司作了报告。经理接到报告后，觉得事关利益和公司信誉，马上召集有关人员研究。当时只知道那位女顾客叫基泰丝，是一位美国记者，还有她留下的一张"美国快递公司"的名片。据此仅有的线索，奥达克余公司公关部连夜开始了一连串接近于大海捞针的寻找。先是打电话向东京各大旅馆查询，毫无结果。后来又打电话，后来又打国际长途，向纽约的美国快递公司总部查询，深夜接到回话，得知基泰

危机公关策略是影响危机公关成败的最直接因素。危机公关传播的主要策略包括：尽快搜集并公布事实真相、成立危机处理小组、慎选新闻发言人、及时澄清负面消息、掌握议题建构的主动权。危机的发展周期一般有四个阶段：危机潜在期、危机突发期、危机持续期和危机解决期。危机潜在期，是危机处理的最容易的阶段，也是危机公关传播的最佳阶段。

丝父母在美国的电话号码。接着，又给美国挂国际长途，找到了基泰丝的父母，进而打听到基泰丝在东京的住址和电话号码。几个人忙了一夜，总共打了 35 个紧急电话。

第二天一早，奥达克余公司给基泰丝打了道歉电话。几十分钟后，奥达克余公司的副经理和提着大皮箱的公关人员，乘着一辆小轿车赶到基泰丝的住处。两人进了客厅，见到基泰丝就深深鞠躬，表示歉意。除了送来一台新的合格的索尼唱机外，又加送唱片一张、蛋糕一盒和毛巾一套。接着副经理打开记事簿，宣读了怎样通宵达旦查询基泰丝住址及电话号码，及时纠正这一失误的全部记录。

基泰丝说她打开商品时火冒三丈，觉得自己上当受骗了，立即写了一篇题为《笑脸背后的真面目》的批评稿，并准备第二天一早就到奥达克余公司兴师问罪。没想到奥达克余公司纠正失误如同救火，为了一台唱机，花费了这么多的精力，这些做法，使基泰丝深为敬佩，她撕掉了批评稿，重写了一篇题为《35 次紧急电话》的特写稿。

《35 次紧急电话》稿件见报后，反响强烈，奥达克余公司因一心为顾客着想而声名鹊起，使顾客对奥达克余百货公司充满好感，门庭若市。后来，这个故事被美国公共关系协会推荐为世界性公共关系的典范案例。这种危机时与客户沟通运用得当的话所取得的效果比平时宣传要好得多。

> **高手的沟通策略**
> 策略一：80% 的时间倾听，20% 的时间说话。
> 策略二：沟通中不要指出对方的错误，即使对方是错误的；你沟通的目的不是去不断证明对方是错的。
> 策略三：顶尖沟通者善于运用沟通三大要素——文字 7%，声音 38%，身体语言 55%。沟通就必须练习一致性。

讨论：

1. 危机时刻特别体现一个组织和一个人的能力。你有过类似的经历吗？如果有，请与学习伙伴分享。

2. 危机公关其实就是要与受众用心沟通，想受众所想，急受众所急。危机公关需要什么能力？

三、过程训练 Process Training

活动一：与客户沟通训练

请按照下面角色扮演训练表和沟通效果训练核查表的内容进行角色扮演的演练，这种训练可以多次进行，还可以进行真实操作，即与真正的客户来进行训练，这样对提高与客户沟通能力非常有效。如果用录像录下来，事后进行点评并加以改进，效果最好。

（一）角色扮演训练表

分组	将学员分成三人一组，每组中一个为观察员，观察员用一张调查表评价学员扮演者的表演。每人要轮换角色进行表演。
说明	向大家介绍此案例中的扮演角色，给每人留几分钟时间研究他要扮演的角色，做好准备。这个练习的目的是要教授学员如何吸引买主、激起他的购买欲。
角色	你是李四，你与张三一直有生意往来。
销售人员	A公司一直断断续续购买此产品好几年。这家公司购买过你的产品，但是大部分是购买你竞争厂家的产品，你得到订单的购买额总是很少。这家公司对你似乎是临时用用而已。今天你想通过对张三购买订单的时间和给你一些订单的原因判断，看看是否能得到大额订单。
客户	你是张三，A公司的采购员。李四与你一直有多年的交易，你与李四的竞争厂家有大部分生意，并且十分满意。偶尔你在急用时也给李四少量订单，因为李四公司的服务比他的竞争厂家更好。今天当李四向你介绍一项产品时，你会与他签订大额订单，如果他： 1. 向你展示了一些比他的竞争对手更优越的项目； 2. 向你保证他们良好的服务或丰富的售后支持。 除非李四具体问到一些服务方面的情况，你不要主动说这件事。
观察员	观察并回答下列问题： 1. 李四提了多少问题？听了多少提问？ 2. 他谈到产品的特性和利益了吗？ 3. 在访谈进行到什么阶段时，买主才进行谈话？ 以你的意见，李四发现他"得到较少订单"的原因了吗？
讨论	得不到订单或不能成交的因素有哪些？请一一列举出来并加以演练。

（二）沟通效果训练核查表

销售人员：　　　　　买主：　　　　　访谈目标：　　　　　日期：			
	是	否	谈话（举出具体例子）
销售结果			
1. 注意：在头30分钟得到订单了吗			
2. 利益：向买主介绍利益了吗			
3. 订约：要求订单了吗？多少次			
介绍技巧			
1. 销售人员有效利用助销工具了吗			
2. 销售人员有效强调产品利益了吗			
3. 销售人员有效利用事实了吗			
4. 销售人员强调方案及服务了吗			
5. 销售人员有效地摆脱拒绝了吗			
6. 销售人员有效地处理拒绝了吗			
7. 销售人员有效地尝试订约了吗			
8. 销售人员消除脏话了吗			

续表

9. 销售人员达到访谈目标了吗			
客户参与程度			
1. 销售人员恰当询问和阐述质量问题了吗			
2. 销售人员使用提问作为开场白来吸引客户了吗			
3. 销售人员让客户讲话了吗			
4. 销售人员真正在听吗（举例）			
5. 展示介绍是客户提出的吗			

活动二：看图答问

（一）看图回答问题（如下图）

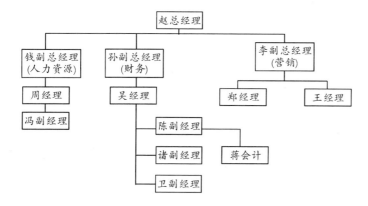

（二）问题与讨论

1. 卫副经理应该找谁询问员工福利的事情？

2. 蒋会计的顶头上司是谁？如果他的顶头上司不在，他应该向谁汇报工作或需求帮助？

3. 谁对产品的定价、分销和推广负主要责任？

4. 赵总经理的职责是什么？

四、效果评估 Performance Evaluation

评估：沟通能力测试

（一）情景描述

1. 如果某个学校校长请你为即将毕业的学生举办一次介绍公司情况的晚间讲座，而那天晚上恰好有部最新的美国大片首映，你会（　　）。

> 最大的沟通技巧就是重视别人的意见，说出自己的观点。

A. 立即接受邀请

B. 同意去，但要求改期

C. 以有约在先为由拒绝邀请

2. 如果某位重要客户在周末下午 5：30 打来电话说，他们购买的设备出了故障，要求紧急更换零部件，而主管人员及维修师已下班，你会（　　）。

A. 亲自驾车去 30 公里以外的地方送货

B. 打电话给维修师，要求他立即处理此事

C. 告诉客户下周才能解决

3. 若某位与你竞争最激烈同事向你借一本经营管理畅销书，你（　　）。

A. 立即借给他

B. 同意借给他，但声明此书无用

C. 告诉他书被遗忘在火车上

4. 如果某位同事为方便自己出去旅游而要求与你调换休息时间，在你还未决定如何度假的情况下，你（　　）。

A. 马上应允

B. 告诉他你要回家请示夫人

C. 拒绝调换，推说自己已经参加旅游团了。

5. 你如果在急匆匆地驾车赶去赴约途中看到你同事的车出了故障，停在路边，你（　　）。

A. 毫不犹豫地下车帮忙修车

B. 告诉她你有急事，不能停下来帮她修车，但一定帮她找修理工

C. 装作没看见她，径直驶过去

6. 如果某位同事在你准备下班回家时，请求你留下来听他"倾吐苦水"，你（　　）。

A. 立即同意

B. 劝他等两天再说

C. 以夫人生病为理由拒绝他的请求

7. 如果某位同事因要去医院探望夫人，要求你替他去接一位乘夜班班机来的大人物，你（　　）。

A. 立刻同意

B. 找借口劝他找别人帮忙

C. 以汽车坏了为由拒绝

8. 如果某位同事的儿子想选择与你同样的专业，请你为他做些求职指导，你（　　）。

推销之神原一平的格言

1. 推销成功的同时，要使客户成为你的朋友；

2. 任何准客户都有其一攻就垮的弱点；

3. 对于任何积极奋斗的人来说，天下没有不可能的事情；

4. 越是难缠的客户，购买力越强；

5. 找不到出路时，为何不去开辟一条；

6. 应该使准客户感到，认识你是非常荣幸的；

7. 不断地认识新朋友，这是成功的基石；

8. 说话时，语气要缓和，但态度要坚定；

9. 与客户沟通，善于听比善于辩更重要。

A. 马上同意

B. 答应他的请求，但同时声明你的意见可能已经过时，他最好再找些最新资料做参考

C. 只答应谈几分钟

9. 你在某次会议上发表的演讲很精彩，会后几位同事都向你索取讲话提纲，你会（　　　）。

A. 同意，并立即复印

B. 同意，但并不十分重视

C. 同意，但转眼即忘记

10. 如果你参加了一个新技术培训班，学到了一些对许多同事都有益的知识，你会（　　　）。

A. 返回后立即向大家宣讲并分发参考资料

B. 只泛泛地介绍一下情况

C. 把这个课程贬得一钱不值，不泄露任何信息

（二）评估标准及结果分析

全部回答"A"：你是一位善良、极有爱心的人。但你要当心，千万别被低效率的人拖后腿，再不要被别有用心者利用。

选择"A"最多：你很善于合作，但并非失去个性。你认为礼尚往来是一种美德，在商业生活中亦不可缺少。你慷慨助人，同时也希望别人同样回报你。

选择"B"最多：你是一位以自我为中心的人，不愿意为自己找麻烦，不想让自己的生活规律、工作秩序受到任何干扰。无疑，你有困难时也很难得到别人的帮助。

选择"C"最多：你是一个名副其实的孤家寡人。

> **不能传递负面消息**
>
> 假如你对你的上级和公司有看法，你不能对你的同部门同事、死党以及你的下属讲。这种负面的信息，是绝对不应该传递的，这个标准其实在组织当中是一个常识，但是这个标准很少在公司的员工手册以书面文字的形式体现出来。只有在肯德基的店长手册里面有一条就是，负面的信息不能向他人传递。那么负面信息应该向谁传递呢？判断一个组织的高效率与否，有一个很重要的标志就是：坏消息向上传的速度。

第二节　职业化：塑身正己

职场在线

> 有一次，微软全球技术中心举行庆祝会，员工集中住在同一家宾馆。深夜，因某项活动日程临时变动，前台小姐一个个房间打电话通知。第二天，她吃惊地说："你知道吗？我给50多个房间打电话，这帮来自全球不同区域的家伙起码有30个人拿起话筒的第一句是'你好，微软公司'"。
>
> 这个故事不禁让人对微软肃然起敬，来自全球不同区域的员工能这么口径统一地接电话，说明这一定是一家非常规范的公司。这样的规范，给别人带来的第一感觉就是——这家公司，靠谱儿！所以，我们为什么需要职业化，因为职业化给我们带来的是别人对我们的信任和尊重。而信任和尊重不仅让我们赢得了那些百般挑剔的客户，同时也吸引了那些才华卓著的求职者。

全球各地的雇员能以标准的、统一的口径来为顾客提供服务，职业化正是微软这家"微小又软弱"的公司强大而成功的原因之一。职业化是对工作的尊重与热爱，是对事业孜孜不倦的一种追求精神，也是现代企业要求员工必须具备的首要素质。职业化是一种潜在的文化氛围，是一种在职场中专用的语言和行事规则，是员工与员工之间必须遵守的道德与行为准则。职业化是成功的代名词，是生存与发展的硬道理，也是职场人士最强的竞争力。

一、能力目标 Competency Goal

福特基金会对一项问卷调查统计结果显示：在对应聘者主要素质的要求中，排在前五位的是责任意识、敬业精神、团队合作精神、品德、踏实肯干；在对应聘者主要能力的要求中，排在前五位的是沟通、专业、解决问题、灵活应变、自我管理。对于"当前大学生最欠缺的是什么？"排在前五位的回答是：工作经验、吃苦耐劳能力、解决问题能力、沟通能力、责任意识。事实上，一个人的成功智商约占20%，情商约占80%。我们所说的职业素养均包含了责任意识、敬业精神、意志品质、自信心等情商要素。也就是说，一个人职业素养的高低是决定他事业成功与否的根本性因素。

通过本节的学习，你将能够：

1. 什么是职业化；

2. 职业化的特征；

3. 历练执行力。

（一）什么是职业化

职业化是一种精神，一种力量，一套规则，是对职业的价值观、态度和行为规范的总和。职业化要求员工的工作状态实现标准化、规范化、制度化，要求员工的知识、技能、观念、思维、态度、心理等方面符合职业规范和标准。职业化是国际化的职场规则，想要成为职场中的成功者，想要取得职业生涯的辉煌，就必须懂得和坚守这个规则。

职业化包括如下四个方面：职业化的工作态度、职业化的工作道德、职业的工作技能和职业化的工作形象。

1. 职业化的工作态度

职业化的工作态度就是做事情要力求完善，尽其所能把事情做到最好，有了这种态度，才能叫职业化或专业化。

职业化的工作态度主要表现在：以顾客的眼光看事情；耐心对待你的顾客（包括内部顾客，即你的同事）；把职业当成你的事业；对自己的言行负责；用最高职业标准要求自己；一切以业绩为导向；为实现自我价值而工作；积极应对工作中的困难；懂得感恩，接受工作的全部。

如果你在工作中，对待每一件事情都有一种"The buck stops here（责任到此，不能再拖）"的精神，出现问题绝不推脱，而是设法改善，那么你将赢得足够的尊敬和荣誉，你的职业化素质也会越来越高。

我们所急需的人才，不是那些有多么高贵的血统或者多么高学历的人，而是那些有着钢铁般坚定意志、勇于向工作中的不可能挑战的人。

——[美]戴尔·卡耐基

小案例

有一天，拿破仑·希尔（美国励志大师）站在一家商店出售手套的柜台前，和受雇于这家商店的一名年轻人聊天。他告诉拿破仑·希尔，他在这家商店服务已经4年了，但由于这家商店的"短视"，他的服务并未受到店方的赏识，因此，他目前正在寻找其他工作，准备跳槽。在他们谈话中间，有位顾客走到他面前要求看看一些帽子。这位年轻店员对这名顾客的请求置之不理，一直继续和希尔谈话，虽然这名顾客已经显出不耐烦的神情，但他还是不理。最后，他把话说完了，这才转身向那名顾客说："这儿不是帽子专柜。"那名顾客又问，帽子专柜在什么地方。这位年轻人回答说："你去问那边的管理员好了，他会告诉你怎么找到帽子专柜。"

4年多来，这位年轻人一直处于一个很好的机会中，但他却不知道。他本来可以和他所服务过的每个人结成好朋友，而这些人可以使他成为这家店里最有价值的人。因为这些人都会成为他的老顾客，而不断回来同他交易。他拒绝或忽视运用自制力，对顾客的咨询爱搭不理，或是冷冷淡淡地随便回答一声就把好机会一个又一个地损失掉了。

上述案例中的主人公就是由于没有建立职业化的工作态度的一个典型的反面例子，所以，很快就不得不另请高明了。我们的职场新人在面对不稳定状态的第一份工作时，由于心不在焉，也由于彷徨观望，很容易犯上面这种毛病。

2. 职业化的工作道德

职业化的工作道德就是坚持信任组织，无论何时何地都要最大限度地维护组织的利益和形象。维护所在组织的利益是每一个职业化员工必须恪守的基本职业道德。

职业化的工作道德主要表现为：①以诚信的精神对待职业；②廉洁自律，秉公办事；③严格遵守职业规范和公司制度；④绝不透露公司机密；⑤永远忠诚于你的公司；⑥公司利益高于一切；⑦全力维护公司品牌；⑧克服自私心理，树立节约意识；⑨培养职业美德，缔造人格魅力。

3. 职业化的工作技能

职业化的工作技能，最简单的解释就是做事要有做事的样子。

职业化的工作技能主要表现在：①制定清晰的职业目标；②学以致用，把知识转化为职业能力；③把复杂工作简单化；④第一次就把事情做对；⑤加强沟通，把话说得恰到好处；⑥重视职业中的每一个细节；⑦多给客户一些有价值的建议；⑧善于学习，适应变化；

⑨突破职业思维，具备创新能力。

◤小案例

　　香港机场在全亚洲，甚至全世界排名都是第一，做到这一点非常不容易。他们为什么能够做到呢？因为他们的职业化精神做得非常好。香港机场之所以能够做到非常职业化，有人总结出三个原因。第一，是Best people，即最好的团队；第二，是Best facilities，即最好的设备；第三，是Air sea & land links，即它们是海陆空连接的，所以运转得非常迅速。香港机场的设备很先进，最重要的是香港机场的工作人员做事情非常专业化。在香港机场，你随便问一个工作人员，很少有人回答你：你去找哪一个，你该打什么电话。几乎每个人都把自己当作窗口，你随便找到一个工作人员，你大概就找到答案了。

> 你可以从别人那里汲取某些思想，但必须用你自己的方式加以思考，在你的模子里铸成你思想的砂型。
> ——[美]杰里米·兰姆

4. 职业化的工作形象

　　职业化的工作形象最简单的解释就是像干那一行的样子。例如，如果你是在医院上班，别人可以从你的言谈举止、处事方式等方面看出你是否是个内行。

　　职业化形象的要点是：统一化、标准化、简单化、精致化。职业化的工作形象主要包括职业化的服饰礼仪、职业化的形体礼仪、职业化的工作礼仪。

> 职业化是一个过程，并且这个过程一定不会永远的风和日丽而只能是风雨兼程，要成功，就要努力，就要坚持，因为今天工作不努力，明天你就要努力找工作。

（二）职业化的特征

　　职业化是一种个人行为规范及行为本身，它包括职业人显性素养和隐性素养：显性素养是指外在形象、知识结构和各种技能；隐性素养包括职业道德、职业意识和职业态度。职业化员工应当具备以下基本特征：

1. 职业化要求训练有素

　　训练有素，就是拥有训练有素的思想（共同的价值观、共同的奋斗目标等等），训练有素的行为（共同的行为规范、共同的解决问题方法等等），关注于做事情同时能把事情做好的员工。21世纪职场中生存的第一要则：只有高度职业化才能生存。

◤小链接

　　有一则古老的寓言：在非洲草原上，如果见到羚羊在奔逃，那一定是狮子来了；如果见到狮子在躲避，那就是象群发怒了；如果见到成百上千的狮子和大象集体逃命的壮观景象，那是什么来了？蚂蚁军团！

> 小事成就大事，细节成就完美。
> ——[美]戴维·帕卡德

蚂蚁是何等的渺小微弱，任何人都可以随意处置它，但它的团队，就连兽中之王也要退避三舍。蚂蚁虽小，可都是训练有素的动物，他们团队奋进，统一行动，整齐划一，无坚不摧，而这就是训练有素的强大力量！可见，即使是个体弱小的动物，也没有关系，如果做到训练有素，团结一致，精诚协作，他们就能变得非常强大。

2. 职业化就要求关注细节

细微之处体现专业，是职业化的精髓。对职场中人来说，不论从事何种工作，我们的职业要求我们处处体现专业性，尤其在细微之处。

职场中影响你成功的最大祸根，就是从小养成疏忽的习惯。而职业化的最好方法就是不分大小，把任何事都做得精益求精，尽善尽美。

3. 职业化要求双赢共享

机遇与挑战并存的时代让竞争成为一个沉重的话题。职场中明争暗斗乃至恶语中伤时有发生。双赢其实可以很简单，即用美德为竞争镶边着色，让折射的阳光照亮携手同行的路程，在诚实守信、关爱和睦中共同进步。竞争体现着时代特色，共赢更是代表着一个民族和个人的高度。因此，共赢与共享，是职业化素质的基本要求，也是我们中华民族的传统美德。

小知识

提起鳄鱼，你所能联想到的形容词可能是残暴、嗜血……但在公元前450年，古希腊历史学家希罗多德来到埃及，在奥博斯城的鳄鱼神庙，他发现大理石水池中的鳄鱼，在饱食后常张着大嘴，听凭一种灰色的小鸟在自己嘴里啄食剔牙。

这种灰色的小鸟叫"燕千鸟"，又称"鳄鱼鸟"或"牙签鸟"，它在鳄鱼的血盆大口中寻觅水蛭、苍蝇和食物残屑。有时候，燕千鸟干脆在鳄鱼栖息地营巢，好像在为鳄鱼站岗放哨，只要一有风吹草动，它们就会一哄而散，使鳄鱼猛醒过来，做好准备。因此，鳄鱼和小鸟之间结下了深厚的友谊。

> 自主自发是一种极为难得的美德，它能驱使一个人在不被吩咐应该去做什么事的情况下，就主动地去做应该做的事情。
> ——[美]拿破仑·希尔

4. 职业化要求坚持付出

职业化就像你学习任何一项技能一样，刚开始总是举步维艰，不过努力到一定程度，你就可以触类旁通、举一反三了。职场中人都明白"二八法则"的推理：假设要实现完全的职业化需要你付出5年的时间，那么在你前4年的努力当中，你可能只能实现20%的职业化。在这一阶段，量变还未引起质变，毫无疑问付出是要大于回报的。遗憾的是，很多人都在这一阶段就放弃了，主要原因来自"看不到效果"。但是如果你坚持进入第五年，你20%的努力也许会获得甚至超越80%的回报。所以，如果你没有得到你想要的回报，那说明你的努力还远远不够。要知道，勤奋胜过一切天赋！

5. 职业化要求挑战未知

在工作中，经常会遇到各种难题。"聪明的人"往往能够看出完成这些工作的困难程度和成功的可能性到底有多大，其结果却大多会选择退缩和回避，因为他们"聪明"地认为这些都是不可能完成的任务。

而有些"傻人"好像就不会想这么多，他们"傻乎乎"地迎难而上，全力以赴，即使最后失败了也在所不惜。有时想想，人生最精彩的华章，并不是你在哪一天拥有了多少钱，也不是你在哪一刻获得了美妙的赞誉。最激动人心也最令人难忘的，或许就是你在某一关键的瞬间，咬紧牙关战胜了自己。如果你想要摆脱平庸的工作状态，拥有精彩卓越的人生，就应当摆脱内心的恐惧和退缩，不断挑战自我。

西方有句名言："思想决定命运。"不敢向有难度的工作挑战，就是对自己的潜能没有信心。这种思想最终会让无限的潜能化为乌有。

> 不要在工作面前退缩，说这不可能，劳动会使你创造一切。
> ——[印]谚语

小案例

麦当劳兄弟的故事

20世纪20年代，麦当劳兄弟告别乡村，勇闯美国著名影城好莱坞。

1937年，历经多次挫折的兄弟二人，抱着永不服输的念头，借钱办起了全美第一家"汽车餐厅"，由餐厅服务生直接把三明治和饮料送到车上。也就是说，麦当劳兄弟二人最初办的是路边餐馆，定位于服务到车、方便乘客的经营模式。

由于形式独特，方便周到，餐厅很快一炮打响，一时间他们的"汽车餐厅"独领风骚。后来人们纷纷仿效，办"汽车餐厅"的人日益增多。结果，麦当劳的生意大不如初，而且每况愈下。

在困难面前，兄弟二人没有丝毫的退缩、沮丧和消沉，而是继续琢磨着再一次超越现状的良策。他们摒弃了原有"汽车餐厅"的服务理念，转而在"快"字上大做文章，以简单、实惠、快捷的全新经营理念吸引了千千万万顾客蜂拥而来。

后来，他们兄弟二人一直都没有满足于现状，而是想尽各种方法出奇制胜，比如推出小纸盘、纸袋等一次性餐具，进行了厨房自动化和标准化的革命等，不断迎接新的机遇和挑战。

美国标准石油公司曾经有一位小职员叫阿基勃特。他在出差住旅馆的时候，总是在自己签名的下方，写上"每桶4美元的标准石油"字样，在书信及收据上也不例外，签了名，就一定写上那几个字。他因此被同事叫作"每桶4美元"，而他的真名倒没有人叫了。

公司董事长洛克菲勒知道这件事后说："竟有职员如此努力宣扬公司的声誉，我要见见他。"于是邀请阿基勃特共进晚餐。后来，洛克菲勒卸任，阿基勃特成了第二任董事长。

（三）执行力决定职业化

职业化如果没执行力来佐证，它的一切都是一句空话。

执行力是指团队中的个体把上级的任务和想法变成行动，把行动变成结果，从而保质保量完成任务的能力。执行力是一种经过培养训练而逐渐形成的一种优良特质。要成为一名成功者，不一定需要具备多么高的智商或者高明的社交技巧，但需要在实践中不断培养和运用好执行力。不管从事任何职业、任何工作，要做出骄人的成绩，获得成功，都必须重视执行力的作用和力量。你的成功都取决于你是否有执行力。

小故事

亲手叩响机遇之门

卡罗·道恩斯原是一家银行的职员，但他却放弃了这份在别人看来安逸而自己觉得不能充分发挥才能的职业，来到杜兰特的公司工作。当时杜兰特开了一家汽车公司，这家汽车公司就是后来声名显赫的通用汽车公司。

工作六个月之后，道恩斯想了解杜兰特对自己工作优缺点的评价，于是他给杜兰特写了一封信。道恩斯在信中提出了几个问题，其中最后一个问题是："我可否在更重要的职位从事更重要的工作？"

杜兰特对前几个问题没有回答，只就最后一个问题做了批示："现在任命你负责监督新厂机器的安装工作，但不保证升迁或加薪。"

杜兰特将施工的图纸交到道恩斯的手里，要求："你要依图施工，看你做得如何。"

道恩斯从未接受过任何这方面的训练，但他明白这是个绝好的机会，不能轻易放弃。道恩斯没有慌乱，他认真钻研图纸，又找到相关人员，做了缜密的分析和研究，很快他就弄明白了这项工作，终于提前一个星期完成了公司交给他的任务。

当道恩斯去向杜兰特汇报工作时，他突然发现紧傍杜兰特办公室的另一间办公室的门上方写着：卡罗·道恩斯经理。

1. 执行力是主动积极

不必领导交代，主动地去完成自己应该做的事，一定会让你获得不错的声誉。如果只有在别人注意时才有好的表现，那么你永远无法达到成功的顶峰。一个合格的职业人不应是被动地等待上司安排工作，而是应该主动去思考岗位需要自己做什么，然后努力地去完成。主动的行为才能养成主动的习惯。行为的日积月累，让人形成了思维和行

> 人生恰恰像马拉松一样，只有坚持到最后的人才能称为胜利者。
>
> ——[日]池田大作

为的模式。工作同样也是一种习惯。主动做事就是一种习惯，而且是非常优秀的习惯。

2. 执行力是承担责任

什么是主动？阿尔伯特·哈伯德在《把信送给加西亚》一书中这样解释——"世界会给你以厚报，既有金钱也有荣誉，只要你具备这样一种品质，那就是主动。"主动，是一种态度，它反映着一个人对待问题、对待工作的行为趋向和价值趋向；主动，是一种品质，它是任何人取得成功所必须具备的一种重要品质。积极主动的人总是认为，无论在什么情况下，自己总有选择的权利。所以他们对自己总有一份责任感，因为命运操纵在自己手里，而自己并不是环境或者他人的附庸。对一件事情，他们总是认为，自己可以主导事情的发生、发展。

> 在一个崇高的目标支持下，不停地工作，即使慢，也一定会获得。
> ——[美]爱因斯坦

小故事

西晋时的祖逖，从小勤练武术，钻研兵法，立志要做一番大事业。刘琨也是个有抱负的年轻人，两人很快便成为好朋友。一天晚上，半夜过后，祖逖忽然被一阵鸡鸣声吵醒，他连忙把刘琨唤醒说："这鸡鸣声把人吵醒，虽然很讨厌，但我们可以趁此机会早些起床练习武艺。""好啊！"刘琨欣然同意。于是两人来到院子里，专心地练起刀剑来。从此，两人每到夜半，一听到鸡鸣，便起床练剑。

当时，祖逖看到国家被匈奴军队攻陷了很多城池，非常着急，他认为这是他的责任，于是，立刻上书皇帝，请求率兵北伐，收复失地。皇帝很高兴，封祖逖为"奋威将军"，带领军队北上。由于祖逖和刘琨作战英勇，不久便收复了很多北方的城池，立下了汗马功劳。

> 要达成伟大的成就，最重要的秘诀在于确定你的目标，然后开始干，采取行动，朝着目标前进。
> ——[美]博恩·崔西

3. 执行力是立即行动

碰到问题，一般有两种处理方式：一是果断处理，二是犹豫不决。前者能够及时解决问题，为下一步工作做好充分的准备。而后者在做事上既耽误了时间，又失去了做事的最佳时机。正如马丁·科尔所说："世间最可怜的，是那些做事举棋不定、犹豫不决、不知所措的人，是那些自己没有主意、不能抉择的人。这种主意不定、意志不坚的人，难以得到别人的信任，也就无法使自己的事业获得成功。"

小案例

蜀之鄙有二僧，其一贫，其一富。贫者语于富者曰："吾欲之南海，何如？"富者曰："子何恃而往？"曰："吾一瓶一钵足矣。"富者曰："吾数年来欲买舟而下，犹未能也。子何恃而往？"越明年，贫者自南海还，以告富者，富者有惭色。

西蜀之去南海，不知几千里也。僧富者不能至而贫者至焉。人之立志，顾不如蜀鄙之僧哉？是故聪与敏，可恃而不可恃也，自恃其聪与敏而不学者，自败者也。昏与庸，可限而不可限也；不自限其昏与庸而力学不倦者，自力者也。

——《为学一首示子侄》

这个故事让我们懂得，天下的事没有困难和容易的区别。只要努力去做，困难的事也变容易了；如果不做，容易的事也会变得困难。事情确实是这样的，两个人的梦想原本相同，但现在只有一个人实现了它，差别就在于一个人去行动了。职场中的我们都应该相信，现在就开始行动，不再犹豫，不要等待，主动一些，努力一些，执着一些，一切就会变得美好起来。

（四）职业化需要高效工作

在职场中工作的效率很重要，高效率地完成工作不仅对升职有一定的好处，也会改变自己的生活效率，当然，这也是职业化的必然要求。并不是每位职场人士的工作都是那么有效率，很多人工作方法不当，耗费了很多时间和精力，结果并不是他们所预期的，如何高效地工作是职场人士的一大困扰。

1. 工作秩序条理化

工作必须有条理，如下表格（见表7-3）或许能帮到你：

表7-3　工作秩序条理化行动

清理与规范	把办公桌上与正在做的工作无关的东西清理干净，所有的工作项目都应该在档案中或抽屉里占有一定的位置。确保你现在所做的工作应该是此刻最重要的工作。
抗扰与行动	力戒有吸引力的工作的干扰或因你厌烦了手头上的工作，而放下正在做的事情去干其他呼声较高的工作。在结束这项工作之前，为它采取了所有应该采取的处理措施。
整理与核查	按规则把已经处理完毕的东西送到它应该去的地方去。再核对一下剩下的重点工作，然后再去开始进行第二项最重要的工作。

2. 工作方法多样化

工作中必须开动脑筋找到更多方法，我们整理一下，发现了如下方法（见表7-4），非常适用：

表7-4　工作多样化方法

综合	运用系统论、运筹学等原理，可以同时综合进行几项工作，把工作单方向一件一件依次进行的办法，叫作垂直型工作。如一大排人，一个一个地传递砖头，效率比较低。

续表

结合	把若干步骤结合起来。有两项或几项工作，它们既互不相同，又有类似之处，互有联系，可以把它们结合，利用其相同或相关的特点，一起研究解决，省去重复劳动。
重排	即改变步骤的顺序。要善于打破自然的时间顺序，采取电影导演的"分切""组合"式手法，重新进行排列。
变更	即改变工作方法。一种是分析改善，即分析现行的手段方法，找出问题，加以改进。另一种是独创改善，即不受现行方法局限，提出各种设想，从中选择最佳手段和方法。
穿插	把不同性质的工作内容互相穿插，避免打疲劳战，如写报告需要几个小时，中间可以找人谈谈别的事情，让大脑休息一下；又如上午在办公室开会，下午去调查研究。
代替	即把某种要素换成其他要素。如能打电话的就不写信，需要写信的改为写便条，需要每周出访的改为隔周一次，在不出访的那一周里，可用电话来代替出访。
标准	即用相同的方法来安排那些必须时常进行的工作。比如，记录时使用通用的记号，这样一来就简单了。对于经常性的询问，事先可准备好标准答复。

3. 工作内容简明化

美中贸易全国委员会主席唐纳德·C.伯纳德在《提高生产率》一书中讲到提高效率的"三原则"，即为了提高效率，每做一件事情时，应该先问三个"能不能"：

（1）能不能取消它？

（2）能不能把它与别的事情合并起来做？

（3）能不能用更简便的方法来取代它？

最容易不过的是忙碌，最难不过的是有成效地工作。而化繁为简，善于把复杂的事物简明化，是防止忙乱、获得事半功倍之效的法宝。

二、案例讨论 Case Discussion

案例一："把这家伙挖过来！"

在一个阳光明媚的中午，一位商人来到一家喧嚷繁忙的餐厅。

"先生，有人招呼你吗？"一位端着满满一托盘脏碟子的小伙子匆匆忙忙从商人旁边经过。

"还没有，我赶时间，给我一份沙拉和面包圈。"商人说道。

"好的，这就给你拿来。你喝点什么？"

"健怡可乐，谢谢。"

"对不起，我们只卖百事可乐，行吗？"

"那就柠檬水吧。"商人的餐点很快就来了。小伙子仍旧匆忙地在餐厅里穿梭。

> 一个人不能骑两匹马，骑上这匹，就要丢掉那匹。战略是一种选择与放弃的学问，你决定做这个，就必须放弃那个，鱼与熊掌不可兼得，否则一无所获。
>
> ——［德］歌德

过了一会儿，有人突然从商人的左手边冲了过来，长手臂绕过商人的右肩。你猜怎样？在商人的眼前出现了——一罐冰凉解渴的健怡可乐！

"哇，谢谢你！"

"不客气！"小伙子又跑到别处去忙了。

商人的第一个念头是："把这家伙挖过来！成为我的雇员！"他显然不是一个一般的服务员。商人趁他注意到自己的时候，招手请小伙子过来："抱歉，我以为你们不卖健怡可乐。"

"没错，先生，我们不卖。"

"那这是从哪儿来的？"

"街角的杂货店，先生。"

商人惊讶极了，问："谁付的钱？"

"是我，才2块钱而已。"

听到这里，商人不禁为他的专业服务所折服，"但是我还有一个疑问：你忙得不可开交，哪有时间去买呢？"

小伙子面带微笑，说："不是我买的，先生。我请我的经理去买的！"

几个月之后，小伙子不在这家店做服务生了。他升任了另一家公司的经理。

"把这家伙挖过来！成为我的雇员！"一个职业人如果具备真正的执行力，即使他职位低微，也会受到关注，就会成为职场上的一种稀缺资源，成为所有CEO和招聘经理追逐的对象。因为这种人才能真正出色地完成任务、达成目标。

讨论：

1. 案例中的服务员虽然是一位处于最低职位的员工，但他快乐工作，并以此为荣，而且释放一种让顾客看得见并体会得到的执行力。在你的工作职位中，你如何让你的执行力落到实处？

2. 你在工作中有没有推诿过？你觉得培养执行力最大的障碍是什么？

案例二：司马迁的责任

司马迁的《史记》，上始轩辕，下至大汉，130篇，50多万字，叙史2400多年，可谓鸿篇巨制。他为何要写《史记》，其实是责任使然。

一是对父亲负责。司马迁的父亲司马谈任史官。一天，司马谈拉着

司马迁

儿子司马迁的手哭着说："我们的先辈是周室的太史，曾经显赫一时，后来衰落了。你复为太史，可以接续祖上的事业。做了太史，不要忘记我欲续写历史的愿望。过去四百多年，诸侯相兼，史记断绝。今汉朝兴起，海内一统，对于出现的明主贤君忠臣死义之士，我作为太史不能完成为他们树碑立传的任务，废天下之史文，甚是不安，你一定要牢记在心啊！"听了父亲的谆谆教诲，司马迁低下头，痛哭流涕地回答说，我虽然不敏，但也要把先人的事情记录下来，不敢有丝毫的疏失。

二是对职务负责。司马迁的官职是太史令，在历代朝廷中的地位并不十分显赫，也没有多少俸禄。主要职责是记录史事，掌管历法，观测天文等。但在司马迁看来，这个职位是神圣的，他把做好本职工作视为第一要务，守职尽责，兢兢业业。正当司马迁潜心撰写《史记》的时候，祸从天降。他因为征伐匈奴大将军李陵投降匈奴在皇帝面前为其辩护，又在没有钱进行赎罪的情况下，不得不遭受腐刑的处罚，并由太史令改为中书令。对于一个男人来讲，最大的耻辱莫过于遭受腐刑了。这件事若放在他人身上，要么觉得无脸见人，一死了之，要么从此一蹶不振，投笔求生。但司马迁并没有这样做，而是身残志坚不坠青云之志，忠实地继续从事自己神圣的职责，直到献出自己宝贵的生命。

三是对历史负责。写史难，写人难，写政治人物更难。以撰写政治人物为主的《史记》是难度大又费力不讨好的事。而且，周道废弛，秦朝拔去古文，焚灭诗书，到了汉朝，国家藏书十分散乱，要想编纂一部纵横几千年的通史，没有丰富翔实的资料做基础，困难程度可想而知。同时，作为真实记录历史的一名史官，又不能不要良心，瞎编乱造，胡扯乱拉，这无疑又增加了难度。

在种种困难面前，司马迁没有随波逐流，也没有见风使舵，而是抛弃世俗的偏见，不为名所困，不为利所诱，甚至也不会在遭受奇耻大辱时放弃，他以这种对历史负责的精神，真实客观地记录历史，终于完成了《史记》。

> 每个人都被生命询问，而他只有用自己的生命才能回答此问题；只有以"负责"来答复生命。因此，"能够负责"是人类存在最重要的本质。
> ——［奥］维克多·费兰克

汉朝的历史学家班固说，司马迁"其文直，其事核，不虚美，不隐恶，故谓之实录"。也就是说，他的文章公正，史实可靠，不空讲好话，不隐瞒坏事。司马迁的《史记》在我国历史上第一次建立杰出的通史体裁，建立了史学独立地位，同时也建立了史传文学传统。《史记》的诞生，是中国文化史上的一件大事。

讨论：

1. 司马迁能克服极大困难完成《史记》，他最感人的品质是什么？
2. 司马迁是个非常典型的职业史学家，他的职业精神体现在哪里？

三、过程训练 Process Training

活动一：如何吸引顾客

（一）训练要求

人数：40 人左右。

活动时间：50 分钟。

训练场地：室内。

用具：多媒体教室、便笺、白板、笔等若干。

（二）活动背景

前不久，你在某大学校园里面开了一家 "创客咖啡" 馆，然而由于经营经验缺乏，在初期创业，遭遇困难。一个月下来，平均每天只有 100 多元的营业额，入不敷出。怎样才能吸引更多的顾客？你会在今后的经营上注意哪些细节呢？

> 你被雇用是因为：
> 1. 专业优势、特殊才能——你具有竞争力；
> 2. 用数据说话——你能够做出客观的判断；
> 3. 职业道德——你是正直的。

（三）训练过程

1. 将训练者分成人数均等的若干小组，以 5~8 人为宜；

2. 引导各组训练者讨论下列问题：

（1）你会聘请什么类型的人员作为自己的店员？如何培训店员？

（2）你会怎样改进咖啡馆经营理念？

3. 各组选派代表阐述本组的观点；

4. 对各组的观点进行评价总结。

（四）训练分享

1. 若处理好了上述两个小问题，你认为咖啡馆生意的可能情况是什么？为什么？

2. 或许你会发现，你的咖啡馆可能与周边的咖啡馆大同小异，没什么新意。针对于此，你是否想过 "这样合适吗" "怎样做会更好" 的问题？若没想过，说明什么问题？

> 职业化的三个基本点：
> 1. 为客户考虑：为高标准的产出负责；
> 2. 互相信赖：团队协作；
> 3. 不断学习：为自己的职业生涯负责。

活动二：回到童年

（一）活动规则

1. 折飞机：每人一张白纸，每人按照自己的想法把白纸，折成飞机。

2. 试飞机，定指导员：每个团队轮流站成一条直线，每个团队轮流站成一条直线，队员一个个把飞机扔出去，队长会记住谁的飞机飞得最远，然后指定这架纸飞机的主人为教导员。

3. 赛飞机：发给每个团队 75 张白纸，并且要求在 10 分钟内把纸变成飞机从刚才的直线的后面向前扔，如果飞机落地时超过 15 米外的一条直线就得到 2 分，得分最高者获胜。

（二）活动总结

1. 战略的正确：提升执行力的首要因素就是战略的正确。

2. 向对手学习：不如对手就学习对手，最终通过自我完善，超越对手。

3. 做好流程规划：一个好的流程的规划，需要有人专门负责折飞机，有人运送飞机，有人扔飞机。好的流程可以缩短时间，减少冲突，同时增加每个人的专业化能力，提高生产率。

4. 团队合作：团队执行力才是真正的效力。

四、效果评估 Performance Evaluation

评估：对执行力理解的测试

执行力是指相关人员在工作中能迅速理解上级意图，进而形成目标并制订出具体可行的行动方案，然后通过各类资源的合理利用和对任务优先顺序的安排，保证方案的高效、顺利实施，并努力达成工作目标的能力。

某人力资源公司推出了执行力三级能力的等级测评，它可能不一定精确。请你仔细阅读如下测评标准，请根据你的理解提出自己的意见，增加、补充或修改现有的内容，填写在"你的修改意见"栏。

等级	行为表现	你的修改意见
初级	1. 根据公司或上级的要求，结合本岗位的职责，确定自己的短期工作； 2. 能分解工作目标，较好地协调和控制工作进度，并能顺利高效地完成各项任务； 3. 能较好地执行企业或部门的各项管理规章制度。	
中级	1. 能够配合企业制定生产目标，并能提出实现目标的建议； 2. 能够很好地协调和控制工作进度，积极创造条件完成各项任务； 3. 能够很好地执行企业及部门的各项管理规章制度。	
高级	1. 能配合企业制定生产目标，并能把控目标的进度； 2. 能够高效地完成各项任务； 3. 能够严格执行企业及部门的各项管理规章制度，能对其中的一些条目提出执行改进意见。	

第三节　影响力：建立愿景

有一个小和尚在一座深山寺庙里担任撞钟一职。半年下来，他觉得无聊之极，认为自己仅仅是"做一天和尚撞一天钟"而已。

有一天，主持宣布调他到后院劈柴挑水，原因是他不能胜任撞钟一职。

小和尚很不服气地问："我撞的钟难道不准时、不响亮？"

老主持耐心地告诉他："你撞的钟虽然很准时、也很响亮，但钟声空泛、疲软，没有感召力。钟声是要唤醒沉迷的众生，因此，撞出的钟声不仅要洪亮、有力，而且要圆润、浑厚、深沉、悠远。"

本故事中的小和尚犯了一个常识性职场错误，即"做一天和尚撞一天钟"。全球闻名的调查和咨询公司盖洛普就用一个经典的词——"不敬业"（Non-engagement）来形容这种人。小和尚进入寺院的当天起就一直不明白撞钟的标准和重要性，游离在工作团队之外，文化上、心理上和战略上都与组织格格不入，导致自己的努力方向、工作成效与组织整体发展方向不一致，以致造成自己在人力、时间和资源上的浪费，也没有取得工作的实效，导致工作懈怠而被调换岗位。

职场新人一定要避免小和尚的这种"撞钟"心态。

一、能力目标 Competency Goal

作为新员工，你要积极融入团队，做满意而快乐的员工，做敬业而有效率的员工，努力让自己与组织和团队的文化和战略相匹配，以达成自己和组织最大的效率。

通过本节的学习，你将能够：

1. 明白如何做高效和敬业的员工；
2. 了解如何适应企业文化；
3. 了解公众表达的重要性；
4. 明白做一个自我实现的人的重要性。

各个国家和城市的领导者们，必须把创造就业作为他们的首要使命和头号目标，因为好工作，已成为世界各国领导人的新钞票。每一位领导人，都必须把全球的这一新想法放在心中，不然，就会使他们的城市和国家陷入危险之中。

——[美]吉姆·克里夫顿

（一）做高效的员工

如何处理与组织的关系是我们职业生涯成功与否的重要标志。每一个职场人士都有一种与组织的关系模式。

有四种与组织、团队、单位或雇主的关系模式值得职场新人们注意，那就是：退出—建议—忠诚—怠工，这四种关系模式是按照建设性—破坏性—积极性—消极性的维度呈现出来的。它们的基本模型如图 7-2 所示：

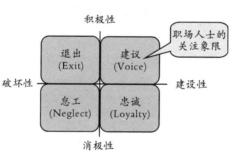

图 7-2　对工作满意度的反应

（1）退出（Exit）：直接离开组织。包括寻找新的工作岗位或辞职。

（2）建议（Voice）：采取主动的、建设性的努力和行动来改善工作环境、条件或现状，包括提出改进建议、主动与上司以及其他类型的团队一起讨论所遇到的问题。

（3）忠诚（Loyalty）：被动或乐观地等待工作环境、条件或现状的改变或改善，包括面对外部批评时站出来为组织说话，以及相信组织及管理层会做出"正确的事"而不至于犯错误。

（4）怠工（Neglect）：主观上被动地听任事态越来越糟糕，长期缺勤、迟到、降低努力程度，增加错误或失误率。

显然，上述图形显示，第一象限才是我们职场新人最应该关注的。有很多组织的研究表明，积极、快乐而具有建设性的员工通常都是高效率的员工，其流动率和缺勤率更低，辞职行为更少，工作过程中的表现也优异。所以，在任何一个组织或单位，我们争取都要做高效率的、有建设性的快乐员工。

（二）做敬业的员工

敬业员工是稀缺资源，是每一家企业和每一个 HR 争夺的对象。所以，争取做一名敬业的员工，对我们来说具有极其现实的意义。

美国历史最悠久和最权威的民意调查机构——盖洛普公司（Gallup Consulting），通过对健康企业成功要素的相互关系进行的近 40 年潜心研究，对全球数千家企业、数百万员工进行了深入的调查，建立了"盖洛普路径"的模型。盖洛普研究发现员工敬业度高的公司与低的公司相比，生产事故率低 49%，产品缺陷少 60%，生产标准高 12%，产能高 18%，客户满意度高 52%，利润率高 44%。我们由此可得出结论：高度敬业的员工将开启企业踏上成功之路的大门。

盖洛普开发出一个全球顶尖的大企业都非常欣赏的工具——Q12，即 12 个问题，他们发现这 12 个关键问题最能反映员工的保留、利润、效率和顾客满意度这 4 个硬指标。Q12 是测评一个工作场所的优势最简单和最精确的方法，也是测量一个企业管理优势的 12 个维度。它包括如下 12 个问题：

1. 我知道对我的工作要求吗？
2. 我有做好我的工作所需要的材料和设备吗？
3. 在工作中，我每天都有机会做我最擅长做的事吗？
4. 在过去的六天里，我因工作出色而受到表扬吗？
5. 我觉得我的主管或同事关心我的个人情况吗？
6. 工作单位有人鼓励我的发展吗？
7. 在工作中，我觉得我的意见受到重视吗？
8. 公司的使命目标使我觉得我的工作重要吗？
9. 我的同事们致力于高质量的工作吗？
10. 我在工作单位有一个最要好的朋友吗？
11. 过去六个月内，团队有人和我谈及我的进步吗？
12. 过去一年里，我在工作中有机会学习和成长吗？

这 12 个问题就构成了职业人在企业成长的敬业阶梯的四个层次，

著名人力资源管理咨询公司美国翰威特咨询认为敬业员工的行为表现有三个层面：

第一层是乐于宣传（say），就是员工经常会对同事、可能加入企业的人、客户与潜在客户，说企业的好话；

第二层是乐意留下（stay），就是员工有留在组织内的强烈欲望；

第三层是全力付出（strive），这是敬业的最高境界，就是员工不但全心全力地投入工作，并且愿意付出额外的努力促使企业成功。

如图 7-3 所示：

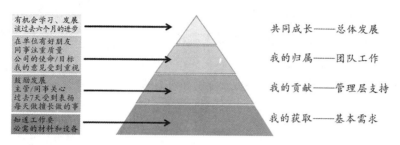

图 7-3　敬业阶梯图

如何提升自己的敬业度

1. 保持敬业的工作态度；

2. 热爱本职工作；

3. 积极主动；

4. 有责任心；

5. 不要拖延怠工；

6. 提高自我约束能力和管理能力；

7. 反应快捷，善于解决问题；

8. 善于学习；

9. 勇于创新，不断提高。

从近几年盖洛普在全球调查结果来看，中国从业人员的数据不是那么理想，或者说非常地糟糕。据 2013 年的调查结果所显示 2012 年度中国员工的敬业度只有 6%，不到全球 13% 的一半，在全球敬业末座。面对这么神奇的数据，作为贴上了"吃苦耐劳"标签的中国人之一的你如何看呢？

如果我没有其他特长来建立我的优势，那么，变成敬业的员工可能是我最快捷和最有效的方法了。如今，很多全球知名企业都用这个 Q12 来做管理工具。同时，作为职业人，我们也不时地拿这个 Q12 来问问自己，并朝这个问题期望的方向努力。成为敬业的员工吧，你将在任何地方都会受到欢迎。

（三）做适应企业文化的人

走出校门，加入一家新公司，进入一个新单位，一切都很陌生。我们要尽快适应组织的基本内部和外部环境、组织结构框架以及身边的人，以便能更快更好地融入新的工作氛围。我们经常听到企业里面的人说："说你行，你就行，不行也行；说你不行，你就不行，行也不行。"其实这个"行也不行"就是不能适应企业文化、游离在组织之外的人的一个真实写照。

企业文化是指企业和企业人的思想和行为，也可说是全体员工共同拥有的信念与价值观，也就是在企业组织里，大家对什么是对、什么是错有一致的共识。不同的公司有不同的企业文化。如何适应企业文化与战略呢？我们不妨从如下方面着手：

1. 新人培训

新人入职一定要重视新员工培训。新员工培训是一个把新录用的员工从局外人转变为企业人的过程。这是新员工了解企业的好机会。它不但可以帮助员工了解企业的体系架构、行为规范、福利待遇、可用资源等，更重要的是将企业文化大义灌输到员工的大脑。

企业文化是一个组织由其价值观、信念、仪式、符号、处事方式等组成的其特有的文化形象，简单而言，就是企业在日常运行中所表现出的各方面。企业文化有三大功能：引导策略进行方向、调整组织成为弹性的有机体，以及在不确定的状况下能提供所有员工决策的基准。

▶ **小案例**

华为新员工入职培训时间为一周，培训内容包括：诚实守信，服从组织规则，团结合作、集体奋斗，责任心与敬业精神，自我批判、不断进步，以客户为中心六大部分。公司总裁任正非特别在培训书的前言里提到："我们呼唤英雄。不让雷锋吃亏，本身就是创造让各路英雄脱颖而出的条件。雷锋精神与英雄行为的核心本质就是奉献。在华为，一丝不苟地做好本职工作就是奉献，就是英雄行为，就是雷锋精神。"真正的华为人经过入职培训等一系列培训和长期工作，大多能成为现代中国最敬业、最职业化的一群人之一。

当然，入职培训只是他们培训的一部分，入职的前半年以及整个职业生涯都有大量的培训。下面是前半年的培训内容：

第1阶段：新人入职，让他知道来干什么的（3~7天）。

第2阶段：新人过渡，让他知道如何能做好（8~30天）。

第3阶段：让新员工接受挑战性任务（31~60天）。

第4阶段：表扬与鼓励，建立互信关系（61~90天）。

第5阶段：让新员工融入团队主动完成工作（91~120天）。

2. 多问多学

投入到一个新的工作环境中肯定有很多陌生和不了解的东西，这就要求新员工多学、多问、多了解。对于看得见的规矩，则找来公司的制度、流程和职位说明书加以学习；对于看不见的规矩，工作中遇到难题或是处理问题拿不准时，应主动大方地请教身边的同事，培养自己对公司的归属感。

3. 谦虚行事

在对公司的企业文化还没有基本了解的情况下，急于表现自己的所知所能，不但不能让别人对你刮目相看，还容易弄巧成拙，给人锋芒毕露的感觉，容易让人产生厌恶感，这不利于融入公司的企业文化。

每家公司都有自己独特的企业文化，作为新人都要有一个逐步适应的过程。在没有了解公司的企业文化之前，千万不要急于求成，以至于给别人留下不好的印象。谦虚行事才是最明智的做法。

▶ **小案例**

小王的专业经验非常丰富，跳槽到一家大型 IT 企业后，更是摩拳擦掌，很想大干一场，加入公司不到一周的时间就做出一份长达 30 多页企划案，放到老板桌前。令小王迷惑不解的是，老板接到企划案后非但没有表扬他，反而大皱眉头。后来小王通过同事了解到：原来公司一贯奉行稳健经营的作风，而小王的企划案虽然具有开拓性，但是存在着巨大的经营风险，和公司的企业文化不符。

4. 融入团队

企业文化最终体现在员工的行为上，融入到一个公司的企业文化中，也就是融入这个大的团队里。而团队必然有文化和他自身的一套规矩。想要被一个团队所接纳，就得想办法接受和认同他们的价值观念，在这个团队找准自己的角色和职责。积极参加公司举办的各种活动，这是新员工融入团队的一个有效方法。哪怕是共进一次午餐，也可以加深你和同事之间的关系。因为在工作中你和同事深入接触的机会有限，大家都忙于自己的事务，不可能过多地交流。而在一些非正式场合则可以对公司的团队有更深的了解。但融入团队并不是拉帮派、搞小圈子。办公室是一个讲究团队士气和团结精神的地方，和同事相处，要一视同仁，切不可内部分帮分派，游离于公司的主流文化之外。

职业倦怠的特征

情感衰竭：指没有活力，没有工作热情，感到自己的感情处于极度疲劳的状态。

去人格化：指刻意在自身和工作对象间保持距离，对工作对象和环境采取冷漠、忽视的态度，对工作敷衍了事，个人发展停滞，行为怪僻。

无力感或低个人成就感：指倾向于消极地评价自己，并伴有工作能力和成就体验的下降。

（四）克服职业倦怠

进入职场，你可能一直想努力地、热情地从事你所爱的工作，但有时，你一个人长期从事某种职业，在日复一日重复机械的作业中，体验到的身心俱疲、能量被耗尽的感觉，你开始产生厌倦心理，在工作中难以提起兴致，打不起精神，只是倚仗着一种惯性来工作。这时，你就可以被诊断为职业倦怠了。

职场新人要明白职业倦怠是职业中的一种非常正常而且普遍的现象，出现了也并不可怕。如果我们经常参加中长跑比赛，由于氧气的供应落后于身体的需要，跑到一定距离时，会出现胸部发闷，呼吸困难，四肢无力。这种现象称为"极点"。这时，要以顽强的意志继续跑下去，同时加强呼吸，调整步速。再经过一段距离后呼吸变得均匀，动作重新又感到轻松，一切不适感觉消失，这就是所谓的第二次呼吸状态。

职业倦怠也是一样，职业人的工作热情降低，工作态度消极，自我评价倾向于消极，认为在工作中不能发挥自己的才干，而且枯燥无味，工作效率随之也会大幅下降，甚至开始打算跳槽甚至转行。

职业倦怠虽然多是心理上的原因所引起，但它会影响到心理和身体方方面面，所以我们要从心理和生理的两方面来解决。如下方法是比较有效的方法（见表7-5）：

表7-5 解决职业倦怠方法行动

采取行动	问自己可以做些什么、自己还有其他什么选择，可以主动和老板或领导沟通发生了什么问题，应该如何解决等。
调整观念	应该考虑调整自己的主观思想。有些策略可以参考，例如比下有余的策略，还有一种人就是用乐观到底的策略。
抒发情绪	可以找自己的朋友把情绪抒发出来，情绪管理就像大禹治水一样，最好能够疏导。若得不到疏导，就会出现心理问题。

续表

散心调剂	在生活上培养一些好的兴趣和爱好，如旅游或做些公益活动，能够让你暂时转移注意力，这是避开压力很好的辅助策略。
发现意义	很多人倦怠是因为工作失去了意义。好好地问自己，自己想要追求什么？如果一点意义都找不到，也许就真的该考虑换工作了。
强身健体	饮食、营养、运动以及适当的医药，保持健康的身体。心理健康要以身体健康为基础，假如能够生活作息正常、适当运动，活力充沛，就会跟倦怠状态有很大不同。

职业倦怠因工作而起，直接影响到工作准备状态，然后又反作用于工作，导致工作状态恶化，职业倦怠进一步加深。它是一种恶性循环的、对工作具有极强破坏力的因素。因此，如何有效地消除职业倦怠，对于职业人提高工作绩效、重返健康生活有着重要意义。

（五）做会演讲的人

演讲是一项能提升人际影响力的能力。史蒂夫·乔布斯、马云等的经验就是很好的证据，根据一项经常被引用的数据表明，人们感到最害怕的十件事情是：（1）公开演讲；（2）高度；（3）虫子；（4）财务困扰；（5）深水；（6）疾病；（7）死亡；（8）飞行；（9）孤独；（10）狗。公开演讲被排在第一位，真是有点不可思议。

因为惧怕，而没有练习，很多人很自然地认为做好演讲是很困难的事情。演讲真有那么可怕吗？其实不然。

你演讲的机会特别多，通常，像项目发布、庆典发言、日常会议讨论、年终总结等，你需要对你不愿意见的听众和你不愿意讲的话题做好演讲准备。每次演讲，即使你不情愿，也都是一个展示你自己知识和技能的绝佳机会。你要好好把握，每经过一次演讲都能给你一次提升，克服你的恐惧、增强你的信心。

1. 如何做好演讲准备

下面的一些要点，你都需要关注：

（1）确定演讲的目的；

（2）讲听众最感兴趣的内容；

（3）了解你的听众；

（4）用令人信服的证据来支持你的观点；

（5）你的思路、结构要明确；

（6）尽量激发听众的兴趣。

2. 给你一个临阵磨枪的三段论模式

这里所说的三段论模式可以用来构思任何类型的演讲，不管是时长几十秒的小即兴演讲还是长达一小时的长篇大论。

演讲的好处

演讲有促进演讲者成长的作用，可以让我们更自信，遇事更从容。

演讲有培养良好人际关系的作用，可以让我们与身边的人和事更融洽。

演讲有不断的自我完善的作用，可以让我们克服缺点，扬长避短。

演讲有培养我们高尚情操的作用，可以让我们的精神得到升华。

第一段是开场白。你可以在这里进行问候，或祝贺，或简明扼要地告诉听众你要说什么。例如，你可以说，接下来，我要给大家带来三个大家感兴趣的故事。

开场白是给你的演讲定调子，让听众有心理准备。

第二段是演讲主体。这里你也可以按照主体的三段论一样来把演讲内容依次分为三个部分。这三个部分，你可以分别用三个词、三句诗、三个问题等来概括。这是很多名人在演讲中惯常采用的模式。

> 一人之辩，重于九鼎之宝；三寸之舌，强于百万之师。
> ——刘勰《文心雕龙·论说》

小案例

乔布斯在斯坦福大学毕业典礼上的演讲，就是三个部分。结构如下：

我今天很荣幸能和你们一起参加毕业典礼，斯坦福大学是世界上最好的大学之一。我从来没有从大学毕业。说实话，今天也许是在我的生命中离大学毕业最近的一天了。今天我想向你们讲述我生活中的三个故事。不是什么大不了的事情，只是三个故事而已。

第一个故事是关于如何把生命中的点点滴滴串联起来。

……

我的第二个故事是关于爱和损失的。

……

我的第三个故事是关于死亡的。

……

在你们即将毕业，开始新的旅程的时候，我也希望你们能这样：

求知若饥，虚心若愚。（Stay Hungry, Stay Foolish.）

非常感谢你们。

第三段是对你的演讲进行总结。你千万不要以为你之前讲的听众都记住了，或者都听懂了。根据"漏斗原理"，你讲的东西他们大部分都忘记了。所以总结非常有必要。

3. 观点要用可信的证据来支持

即使你的声誉很吸引人，但如果你说假话，还是没有人会信服，或者说，如果你是一名专家，如果你一直用晦涩难懂的专业名词你也不容易让人理解。所以，你应该运用可信的、容易理解的证据来支持你的观点，这样才更有说服力。

4. 你要演练

如果没有进行数次演练就能演讲好，这完全是凭空想象的梦。演练能帮你控制好时间，可以帮你衔接各部分之间的过渡，还可以在你

> 如果有一天神秘莫测的天意将我从这里把我的全部天赋和能力夺走，而只给我留下选择其中一样保留的机会，我将会毫不犹豫地要求将口才留下，如此一来我将能够快速恢复其余。
> ——[美]丹尼尔·韦伯斯特

完善演讲过程，并发现演讲本身的瑕疵。

你的工作中的演讲机会一定少不了，那现在就开始演练吧。它能激发你的工作热情，能帮你建立职场自信，同时，也能协助你树立起职场的影响力。

（六）做自我实现的人

美国心理学家亚伯拉罕·马斯洛在 1943 年在《人类激励理论》论文中所提出了需求层次（hierarchy of needs）理论。论文中将人类需求像阶梯一样从低到高按层次分为五种（见图 7-4），分别是：

生理需求（Physiological needs）

安全需求（Safety needs）

爱和归属感（Love and belonging）

尊重（Esteem）

自我实现（Self-actualization）

第一层次的生理需求如果得不到满足，生理机能就无法正常运转，生命就会因此受到威胁。只有这些最基本的需求满足到维持生存所必需的程度后，其他的需求才能成为新的激励因素。

第二层次的安全需求比生理需要较高一级，当生理需求得到满足以后就要保障这种需求。人人都会产生安全感的欲望、自由的欲望、防御的实力的欲望。

第三层次的社会需求是指个人渴望得到家庭、团体、朋友、同事的关怀爱护理解，是对友情、信任、温暖、爱情的需求。

第四层次的尊重需求，包括自我尊重、自我评价以及尊重别人。与自尊有关的，如自尊心、自信心，对独立、知识、成就、能力的需求等。

自我实现之路

1. 把自己的感情出口放宽，莫使心胸像个瓶颈。

2. 尝试从积极乐观的角度看问题，从长远的利害做决定。

3. 多欣赏、少抱怨；坐而空谈，不如起而实行。

4. 设定积极而有可行性的生活目标，然后全力以赴去实现。

5. 对是非之争辩，只要自己认清它是真理之所在，纵使违反众议，也要站在正义的一边。

6. 莫使自己的生活僵化，为自己在思想与行动上留一点儿弹性空间，偶尔放松一下身心。

7. 与人坦率相处，让别人看见你的长处和缺点，也让别人分享你的快乐与痛苦。

图 7-4　马斯洛需求层次图

第五层次的自我实现需求，是最高等级的需求。满足这种需求就要求完成与自己能力相称的工作，最充分地发挥自己的潜在能力，成为所期望的人物。这是一种创造的需求。有自我实现需要的人，似乎在竭尽所能，使自己趋于完美。自我实现意味着充分地、活跃地、忘我地、集中全力全神贯注地体验生活。

在马斯洛看来，人都潜藏着这五种不同层次的需求，但在不同的时期表现出来的各种需求的迫切程度是不同的。人的最迫切的需求才是激励人行动的主要原因和动力。人的需求是从外部得来的满足逐渐向内在得到的满足转化。

刚走入职场的职业新人，绝大部分都能顺利满足需求层次理论中的第一层次的需求，如今的社会发展和工作现实也基本能满足人们这个层次的需求，如果你还在这一阶段拼命挣扎，那你个人的因素可能占首要地位，你得好好努力了。还有很大一部分群体，第二层次需求也已满足。所以我们的关注点应该放在第三、第四和第五个层次的需求上。如何满足社会需求、尊重需求和自我实现需求，对每个人都因人而异。好好学习，努力工作，给自己每个不同的阶段都设立不同的目标，集中精力朝目标进发，做一个在职场上、生活中有影响力的人，做一个自我实现的人，是完全有可能的。

二、案例讨论 Case Discussion

案例一：春风又绿江南岸

京口瓜洲一水间，钟山只隔数重山。
春风又绿江南岸，明月何时照我还。

这是王安石的诗《泊船瓜洲》，其中的"春风又绿江南岸"可谓是千古名句，尤其以"绿"字为世人所称道。

"春风又绿江南岸"的原句是"春风又到江南岸"，王安石觉得"春风又到江南岸"的"到"字太死，看不出春风一到江南是什么景象，缺乏诗意，想了一会儿，就提笔把"到"字圈去，改为"过"字。后来细想一下，又觉得"过"字不妥。"过"字虽比"到"字生动一些，写出了春风的一掠而过的动态，但要用来表达自己想回金陵的急切之情仍嫌不足。于是又圈去"过"字，改为"入"字、"满"字。

就这样王安石改了十多次，仍未找到自己最满意的字。他觉得有些头疼，就走出船舱，观赏风景，让脑子休息一下。王安石走到船头上，眺望江南，春风拂过，青草摇舞，麦浪起伏，更显得生机勃勃，景色如画。他觉得精神一爽，忽见春草碧绿，这个"绿"字，不正是我要找的那个字吗？一个"绿"字把整个江南生机勃勃、春意盎然的动人景象表达出来了。想到这里，王安石好不高兴，连忙奔进船舱，另外取出一张纸，把原诗中"春风又到江南岸"一句，改为"春风又绿江南岸"。

自我实现的人是美国心理家马斯洛提出的。所谓自我实现指的是："人都需要发挥自己的潜力，表现自己的才能，只有人的潜力充分发挥出来，人的才能充分表现出来，人才会感到最大的满足。"这就是说，人们除了上述的社会需求之外，还有一种想充分运用自己的各种能力，发挥自己自身潜力的欲望。

真可谓"踏破铁鞋无觅处，得来全不费工夫"。

王安石可谓是中国古代的大文豪，对一个字都不放过，这么精益求精，不可谓不执着和敬业。正是这一字的改动，才让《泊船瓜洲》这一首诗活了起来。敬业往往体现在细节的追求上，古人说得好："泰山不拒细壤，故能成其高；江海不择细流，故能就其深。"

案例二：自我实现的人的人格特征

自我实现的人，具有稳定而健康的人格特征。年轻人通常很难达到自我实现，因为年轻人还有许多较低层次的需要，如安全、爱、自尊等等还没有得到适当程度的满足，没有形成持久的价值观、智慧、意志力及稳定的爱情关系，也未明确选择自己要为之终身奋斗的事业。因为我们正处于追求自我实现的康庄大道上。不过，年轻人具有极大的发展潜力，他们通过积极努力，是可以逐渐接近这一水平或目标的。马斯洛所描述的自我实现者的形象是十分理想的，是极端的心理健康者。但我们可以与马斯洛的自我实现的人的 15 个特征做一个对比，你看看是否具备，或在哪些方面应该努力。

请与你最要好的朋友一起讨论并完成下表：

序号	自我实现的人的人格特征	是 / 否	我的改进方向
1	全面和准确地洞察和知觉现实与他人		
2	接纳自然、自己与他人		
3	自然地表达自己，对人坦率和真实		
4	以问题为中心，而非以自我为中心，献身于某种事业或使命		
5	超然独立的特性，离群独处的需要，平静安详，保持冷静		
6	意志自由、坚强：在环境和文化中能保持相对独立		
7	对周围现实保持奇特而经久不衰的欣赏力，充分地体验自然和人生中的一切美好东西		
8	具备人生自我超越的高峰体验能力和经验		
9	为他人着想，对人充满爱心，表现出极大的宽容与理解		
10	注重与朋友间的友谊，人际关系深切和充实		
11	具备民主的精神，谦虚待人，尊重别人的权利和个性		
12	致力于目标，比常人更能体验到活动本身的乐趣		
13	富有哲理的、善意的幽默感		
14	具有独创、发明和追求创新的特点		
15	反对盲目遵从，在某种程度上超脱于包围他们的文化		

三、过程训练 Process Training

活动一：团队与你

请根据你的过往经历回答下列问题：

1. 你是否参加过成功的组织或团队？如果是的话，请列出三条让这一团队成功的理由。

你曾经参加过的团队成功的理由	
1	
2	
3	

2. 你的学习和工作经历中所在单位你最敬重的领导人是哪一位？是什么领导特质让他（她）独一无二？他（她）所面临的挑战是什么？你如何学习他（她）的领导技能？

活动一：为产品质量负责

顾客如何评判产品质量呢？他们会对同一类产品进行比较，总结出自己使用产品的感受。成功的企业会在自己的战略中设立绩效监测指标，即规定如何测量成功的指标。就拿员工绩效考评来说吧，通过绩效考评，公司可以知道员工是否为顾客提供了高质量的产品和服务。这些指标可以包括次品率、成本或销售额。评估的对象可是有待改进的领域。指标还可以与服务挂钩，如响应时间、服务态度以及资源是否正确使用等。

作为一名普通员工，你将如何为保证产品质量而做出贡献？请列出五种具体的行动。

保证产品质量的五项行动	
1	
2	
3	
4	
5	

四、效果评估 Performance Evaluation

评估一：对影响力理解的测试

影响力是指相关人员说服或影响他人接受某一观点、推动某一议程或领导某一具体行为的能力。

某人力资源公司推出了影响力三级能力的等级测评，它可能不一定精确。请你仔细阅读如下测评标准，请根据你的理解提出自己的意见，增加、补充或修改现有的内容，填写在"你的修改意见"栏。

等级	行为表现	你的修改意见
初级	1. 能清晰地陈述相关事实，以支持个人观点； 2. 能呈现经过准备的合理案例，可以运用直接证据说服对方作出承诺或保证。	
中级	1. 通过指出他人的担心或忧虑，强调共同利益来说服他人； 2. 能够预期别人的反应，可以根据需要运用适当的风格和语言应对； 3. 能用案例或论据创造出双赢的局面，进而实现双方的目标。	
高级	1. 与专家或第三方结成联盟，并建立幕后支持，以构成影响别人行为的有利态势； 2. 能清晰预期他人的反应，并根据需要运用适当的风格和语言应对； 3. 精心策划事件以间接影响他人（如计划的变更、时间的安排、陈述有关提案、影响证言等）。	

参考文献

1. 塞缪尔·H.奥西普，路易斯·F.菲茨杰拉德.《生涯发展理论》（第四版）.上海：上海教育出版社，2010

2. 罗伯特·C.里尔登，珍妮特·G.伦兹，小詹姆丝·P.桑普森，加里·W.彼得森.《职业生涯发展与规划》（第3版）.北京：中国人民大学出版社，2013

3. 约翰·米勒.《QBQ！问题背后的问题》.北京：电子工业出版社，2016

4. 埃德加·H.沙因，约翰·万·曼伦.《职业锚：变革时代的职业定位与发展》.北京：电子工业出版社，2016

5. 埃德加·H.沙因.《职业锚：发现你的真正价值》.北京：中国财政经济出版社，2004

6. 戴安·萨克尼克，威廉·班达特，丽沙·若夫门.《职业指导》（第7版）.北京：中国劳动保障出版社，2005

7. 布莱德·哈林顿，道格拉斯·T.霍尔.《职业生涯规划与管理》.北京：机械工业出版社，2013

8. 詹姆斯·S.奥罗克.《管理沟通》（第4版）.北京：中国人民大学出版社，2011

9. 吉姆·克利夫顿.《盖洛普写给中国官员的书》.北京：中国青年出版社，2012

10. 理查德·尼尔森·鲍利斯.《你的降落伞是什么颜色？》.北京：中国华侨出版社，2014

11. Norman C. Gysbers, Mary J. Heppner, Joseph A. Johnston.《职业生涯咨询——过程、技术及相关问题》（第二版）.北京：高等教育出版社，2007

12. 克莱顿·克里斯坦森，詹姆斯·奥沃斯，凯伦·迪伦.《你要如何衡量你的人生？》.长春：吉林出版集团有限责任公司，2015

13. 莉迪娅·安德森，桑德拉·博尔特.《初入职场：美国AAA级职业规划指导手册》.北京：中国人民大学出版社，2010

14. 罗伯特·N.罗瑟尔，克里斯托夫·F.阿川.《领导力教程——理论、应用与技能培养》（第3版）.北京：清华大学出版社，2008

15. 詹姆斯·克劳森.《克劳森领导学》.北京：中国人民大学出版社，2009

16. 斯蒂芬·P.罗宾斯，蒂莫西·A.贾奇.《组织行为学》.北京：中国人民大学出版社，2008

17. 雅克·德洛尔.《教育——财富蕴藏其中》.北京：教育科学出版社，2013

18. 金树人.《生涯咨询与辅导》.北京：高等教育出版社，2007

19. 许湘岳，徐金寿.《团队合作教程》（修订版）.北京：人民出版社，2015

20. 许湘岳，吴强.《自我管理教程》（修订版）.北京：人民出版社，2015

21. 许湘岳，陈留彬.《职业素养教程》.北京：人民出版社，2015

22. 许湘岳，吴强，郑彩云.《解决问题教程》.长春：吉林大学出版社，2013

23. 武洪明，许湘岳.《职业沟通教程》（修订版）.北京：人民出版社，2015

24. 许湘岳，蒋璟萍，费秋萍.《礼仪训练教程》（修订版）.北京：人民出版社，2016